高等职业教育经管平台课系列教材

人力资源
管理概论

—— 姚正大 ◎ 主编 ——

黄恋　陈艳　李卫平 ◎ 副主编

中国轻工业出版社

图书在版编目（CIP）数据

人力资源管理概论 / 姚正大主编. —北京：中国轻工业出版社，2020.9
高等职业教育经管平台课系列教材
ISBN 978-7-5184-3085-7

Ⅰ.①人… Ⅱ.①姚… Ⅲ.①人力资源管理 – 概论 Ⅳ.①F241

中国版本图书馆CIP数据核字（2020）第123318号

责任编辑：崔丽娜　　责任终审：杜文勇　　整体设计：锋尚设计
策划编辑：张文佳　　责任校对：燕　杰　　责任监印：张　可

出版发行：中国轻工业出版社（北京东长安街6号，邮编：100740）

印　　刷：河北鑫兆源印刷有限公司

经　　销：各地新华书店

版　　次：2020年9月第1版第1次印刷

开　　本：787×1092　1/16　印张：15.25

字　　数：360千字

书　　号：ISBN 978-7-5184-3085-7　定价：45.00元

邮购电话：010-65241695

发行电话：010-85119835　传真：85113293

网　　址：http://www.chlip.com.cn

Email：club@chlip.com.cn

如发现图书残缺请与我社邮购联系调换

200461J2X101ZBW

Preface / 前言

网络经济、知识经济为主导的新经济时代，横扫全球的力量正在重新塑造工作环境、劳动力和工作本身，企业要在变革加剧、日益激烈的市场竞争中谋求更大发展，须加大对人力资源及人力资源管理的重视，在原有人力资源管理系统的基础上有所突破和创新，以适应时代发展的需要，满足企业可持续发展的需求。

本书共十章，基本涵盖了人力资源管理学科的主要内容，力求使读者对该学科的整体知识体系有一个全面的认识，框架清晰，内容精练，结合实际。全书主要分为两大部分：第一章主要集中介绍人力资源管理相关的基础概念、人力资源管理理论的历史发展及影响人力资源管理的相关要素；第二章开始系统地论述人力资源管理的各个职能环节，包括人力资源规划、工作分析与工作设计、人员招聘、人力资源培训与开发、绩效考核与绩效管理、薪酬设计与管理等。基于人力资源管理学科的特点，本书在结构设计上既注重人力资源管理基本理论的介绍，又关注实务的可操作性，主要结构包括学习目标、章前导引、章节内容、关键术语、课堂讨论、案例分析等，用以让持有不同学习目的的读者掌握知识要点，因此，本书既适合作为高等院校经济管理类专业学生的教材，对于企业界而言，也是一本以浅显易懂、简明扼要的方式讲授人力资源管理基本理论和方法的读本。

本书在编写过程中借鉴了大量学者的研究结果和实践者的经验总结，在此致以深深的敬意和谢意！由于编者个人能力、时间等方面的限制，恳请读者对本书的不足之处进行批评指正。

编者
2020年5月

Contents / 目录

第一章 人力资源与人力资源管理概述

引导案例　IBM：培养"将军"的地方 002
第一节　人力资源概述 003
第二节　人力资源管理概述 009
第三节　人力资源管理的演变过程 032
本章小结 036

第二章 工作分析与工作设计

引导案例　美国银行：人与岗位的匹配 039
第一节　工作分析概述 040
第二节　工作分析的程序 044
第三节　工作设计 046
本章小结 051

第三章 人力资源规划

引导案例　飞龙集团的兴衰 054
第一节　人力资源规划概述 055
第二节　人力资源供需预测和综合平衡 060
第三节　人力资源规划的编制、运用及控制 071
本章小结 078

第四章 人员招聘

引导案例　上海通用汽车有限公司的招聘策略 080
第一节　人力资源招聘概述 081
第二节　人员招募 083
本章小结 089

第五章 培训与开发

引导案例　别具一格的杜邦培训 091
第一节　员工培训与开发概述 092
第二节　员工培训与开发的流程 096
第三节　员工培训的方法 108
本章小结 113

第六章 绩效管理

引导案例　东风本田汽车有限公司的绩效管理 115
第一节　绩效概述 117
第二节　绩效管理 121
本章小结 129

第七章 薪酬管理

引导案例　可口可乐中国公司的薪酬制度 131
第一节　薪酬管理概述 133
第二节　薪酬理念与薪酬策略 137
第三节　薪酬体系设计 142
第四节　核心人才的长期薪酬 155
本章小结 159

第八章 员工关系管理

引导案例　谷歌公司的福利激发创造力 161
第一节　员工关系管理概述 162
第二节　劳动关系管理 165
第三节　劳动安全与健康管理 181
本章小结 184

第九章 职业生涯规划管理

引导案例　穿越玉米地 186
第一节　职业生涯与职业生涯管理 187
第二节　职业生涯管理理论 189

第三节　个人职业生涯规划..................196
第四节　组织职业生涯规划..................207
本章小结..................209

第十章 国际化人力资源管理

引导案例　打破区域疆界，弹性运用人力..................211
第一节　国际化人力资源管理概述..................213
第二节　国际化人力资源管理的内容..................220
第三节　国际化人力资源跨文化管理..................229
本章小结..................235

参考文献..................236

第一章
人力资源与人力资源管理概述

教学目的

通过本章学习使学生对人力资源管理有一个全面的了解,在掌握人力资源管理的基本含义、功能和目标的基础上,对人力资源管理在企业内部的地位和作用能有一个清楚的认识。

教学重点

人力资源管理的含义、功能和目标;人力资源管理的基本职能及其关系;人力资源管理的地位和作用。

教学难点

对人力资源管理在企业中的地位的认识以及在实际工作中人力资源管理所发挥的作用。

知识目标

掌握人力资源管理的基本理论和方法,熟悉人力资源管理的业务流程。

能力目标

树立现代人力资源管理理念,能够操作人力资源管理的各项业务。

> **引导案例**

IBM：培养"将军"的地方

不想当元帅的士兵不是好士兵，而只有能为士兵成长为元帅提供帮助的军队才是好军队。IBM就是这样一个能够培养"将军"和"元帅"的地方，这个企业的"人才新干线"就是为了全方位打造企业领导力的后备军而设的。在质和量上均衡发展的IBM接班人队伍，人才生命周期生生不息，成就了IBM百年不变的辉煌。

IBM后备力量的发展是从两个基本层面着手的：一是从IBM China 4000多人的员工队伍中选出15%~20%的有突出表现和发展潜力的顶尖人才；二是领导梯队，通过"长板凳接班人计划"确认每一个关键性职位未来3~5年的接班人，并有针对性地制订培养计划。从人才生命周期规划、识别、吸引到雇佣、融入、培育、激励、保留，不合格的则放弃，IBM"人才新干线计划"是一个超越执行层面的单点计划，全面应对企业对人才的全盘需求，并实现人才发展的每个环节的连贯性。

"无论你进IBM时是什么颜色，经过培训，最后都会变成蓝色。"这是在IBM内部流传最广的一句话。但是细看会发现，IBM人的蓝色深浅不一，职位越高，蓝色越深越纯，人数越少，形成了一个规则分层的"金字塔"。这个塔层结构形成了一个自然的竞争机制，工作时间越长，员工和公司都越了解对方，最终使员工的生涯发展与公司的业务发展形成一个互动和优化的状态。IBM相信员工都能从塔底往上走，其严谨的流程能把不同深浅的人配置到"调色板"最准确的位置上。IBM"人才新干线"从人才战略的高度，通过大量的创新实践，打造出人才快速发展的体系架构，为企业持续发展输送源源不断的后备军，提高了企业的核心竞争力。

启发思考：

（1）什么因素成就了IBM百年不变的辉煌？IBM在人力资源管理方面有何长处？

（2）IBM"人才新干线计划"里包含了人力资源管理的哪些环节？

（3）IBM"长板凳接班人计划"对应了人力资源管理的哪个环节？

第一节 人力资源概述

一、人力资源的含义

（一）资源的概念

资源，在《辞海》中被解释为"资源的来源"。而在管理学和经济学中，资源主要是指为了创造物质财富而投入到生产过程中的所有要素，包括土地、资金、技术、信息和人力等。现代社会中，整合利用各种资源创造财富的主体是企业，企业只有拥有并利用好这些资源，才能实现自身价值的最大化。资源主要可以分为物质资源、信息资源和人力资源三大类。

1. 物质资源

物质资源是人类生存和发展的基础，它又可以分成自然资源与资本资源两类。其中，自然资源是天然存在的自然物，是未经人类加工的资源，如土地、水、生物、能量和矿物等，它既是人类赖以生存的重要基础，又是社会生产的原料来源和布局场所；资本资源则是人们对自然资源开发或加工后用来创造财富的物质资源，如机器、厂房、道路、汽车等。一般而言，自然资源可以免费使用，资本资源则必须付费使用。随着市场经济的不断发展，原来许多免费使用的自然资源逐渐变成了有偿使用的资本资源。

2. 信息资源

信息资源是组织生产及管理过程中所涉及的一切文件、资料、图表和数据等信息的总称。在当今信息时代，信息资源是国民经济和社会发展的重要资源，它的产生、获取、处理、存储、传输和使用贯穿组织生产、经营和管理的全过程。信息资源与物质资源的不同点在于：物质资源具有明显的独占性与有限性，信息资源则具有共享性与无限性。

3. 人力资源

人力资源是生产力诸要素中最积极、最活跃的"第一资源"，尤其在知识经济时代，人力资源成为企业获取持续竞争优势的战略性资源和决定性因素。

| 课堂讨论

人力资源为什么被视为生产力诸要素中最积极、最活跃的"第一资源"？

> **想一想**
>
> 物质资源、信息资源和人力资源主要包括哪些内容？请举例说明。除了上述物质、信息与人力外，还有哪些可以看作资源加以利用？

（二）人力资源的概念

"人力资源"这一概念最早由约翰·康芒斯先后于1919年和1921年在其著作《产业信誉》和《产业政府》中提出。我国最早使用"人力资源"这一概念的文献是毛泽东于1956年为《中国农村社会主义高潮》所写的按语，"中国的妇女是一种伟大的人力资源。必须挖掘这种资源，为了建设一个伟大的社会主义国家而奋斗"。现代意义上的"人力资源"概念是管理学大师彼得·德鲁克于1954年在其《管理的实践》一书中正式提出并加以明确界定的。他认为，与其他资源相比，人力资源是一种特殊的资源，必须通过有效的激励机制才能加以开发利用，并为企业带来可观的经济价值。20世纪60年代以后，随着西奥多·舒尔茨提出人力资本理论，人力资源的概念更加深入人心，对人力资源的研究也越来越多。

时至今日，对于人力资源的含义可概括为两类解释，即"能力观"与"人员观"。持"能力观"的学者认为，人力资源的含义应当从能力的角度来界定，认为人力资源是指人的能力或潜力，持这种观点的人所占比例较大。持"人员观"的学者则从人员或人口的角度来界定人力资源的含义，认为人力资源就是具有劳动能力的全部人口或人员。"能力观"更接近人力资源的本质，因为人只有具备了一定的能力或素质，才能创造财富。可以说，人力资源的本质就是能力，而人只不过是能力的载体而已。此外，界定人力资源的概念必须考虑到组织的战略目标。基于此，我们将人力资源定义为：人力资源是指一定时期内组织中的人所拥有的，能够支持组织目标实现的体力和脑力的总和。这个解释包含以下几个要点：

第一，人力资源的本质是人的脑力和体力的总和，统称为劳动能力。

第二，人的劳动能力要与组织的目标发生联系，必须支持组织目标的实现。

第三，人的劳动能力必须是组织所拥有的，这里的"组织"可以大到一个国家或地区，也可以小到一个企业或作坊。

（三）人力资源与人口资源、劳动力资源和人才资源的比较

与人力资源相近的概念有人口资源、劳动力资源和人才资源，为了更好地理解人力资源的含义，我们对上述几个概念做简要的分析与比较。

人口资源是指一个国家或地区一定时期所拥有的人口总量，侧重于人口的数量，是一个最基本的人口底数，劳动力资源、人力资源和人才资源都来源于这个最基本的资源。

劳动力资源是指一个国家或地区一定时期拥有的具有劳动能力的劳动适龄人口，通常是16~60岁的人口群体。

人才资源是指一个国家或地区中具有较多科学知识、较强劳动技能，对组织目标的实现起关键或重要作用的那部分人。人才资源突出的是质量的概念，是人力资源中较优秀的那部分人。

人口资源、人力资源、劳动力资源和人才资源四个概念强调的重点不同：人口资源主要强调数量；人力资源与劳动力资源在强调质量的同时，也重视数量概念；人才资源则主要强调质量。就数量而言，这四者存在一种包含关系，如图1-1所示。

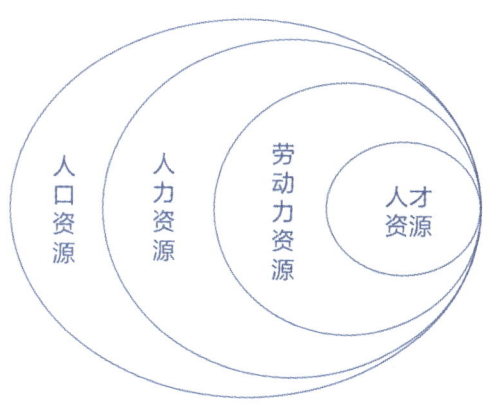

图1-1　人口资源、人力资源、劳动力资源、人才资源的包含关系

| 想一想 |

请结合实际，思考一下中国的人口资源、人力资源、劳动力资源及人才资源。

（四）人力资源与人力资本的比较

"人力资源"与"人力资本"也是容易混淆的两个概念，人们常将它们通用，其实这两个概念是有一定区别的。

1. 资本与人力资本的概念

马克思认为，资本是指那些能够带来剩余价值的价值。"资本"一词在语义上有三种解释：一是掌握在资本家手里的生产资料和用来雇佣工人的货币；二是经营工商业的本钱；三是牟取利益的凭借。对于"人力资本"的含义，被誉为"人力资本之父"的西奥多·舒尔茨认为，人力资本是劳动者身上所具备的两种能力：一种能力是通过先天遗传获得的，由个人与生俱来的基因所决定；另一种是后天习得的，由个人经过努力学习而形成，读写能力是任何民族人口的人力资本质量的关键组成部分。一般而言，人力资本是体现在劳动者身上的一种资本类型，它以劳动者的质量，即劳动者的知识程度、技术水平、工作能力以及健康状况等来表示，是这些方面价值的总和。

2. 人力资源和人力资本的关系

人力资源和人力资本两个概念既有联系又有区别。

二者的联系在于：它们都以人为研究对象，都是与人有关的概念。人力资源是资本性资源，是人力投资的结果。而且，现代人力资源理论是以人力资本理论为根据的，人力资本理论是人力资源管理的理论基础；人力资源经济活动及其收益的核算是基于人力资本理论进行的；二者都是在研究将人力作为生产要素所导致的经济增长及其在经济发展中的重要作用时产生的。

二者的区别在于：第一，研究问题的角度和关注的重点不同。人力资源是将人力作为财富的来源看待，从人的潜能与财富之间的关系角度来研究人力问题，是从更广泛的意义上对人力问题的研究。人力资本是通过投资形成的存在于人体中的资本形式，是形成人的脑力和体力的物质资本在人身上的价值凝结，从投入与产出的角度来研究人力在效益和经济增长中的作用，关注的重点是收益问题，即投资能否带来收益以及带来多少收益。第二，计量的形式不同。资源是存量的概念，资本则兼有存量和流量的概念，人力资源是指一定时期内组织中的人所拥有的，能够支持组织目标实现的体力和脑力的总和，其存量表现为质和量两个因素的乘积。而人力资本，如果从生产活动的角度看，往往是与流量核算相联系的，表现为经验的不断积累、技能的不断增进、产出量的不断变化和体能的不断消耗；如果从投资活动结果看，又与存量核算相关联，表现为投入教育、培训、迁移和医疗保健等方面的资本在人身上的凝结。第三，研究的内容不同。如上所述，人力资源概念的外延比人力资本要宽。人力资源既包括未经开发的自然人力资源，又包括开发后的人力资源，是一个概括性的范畴。人力资本则是一个反映价值量的概念，是指能够投入到经济活动中并带来新价值的资本。人力资源问题的研究可以从开发、配置、管理和收益等方面进行，而人力资本问题的研究则可以从投资和收益等方面进行。

| 案 例 |

隆格丰田公司建立了基于雇员队伍多元化优势的竞争战略。该公司拥有一支能讲20多种语言的规模60人的销售队伍，这些雇员为公司提供了适应顾客日益多元化的强大竞争优势。因此该公司的人力资源部为隆格公司的成就做出了贡献。在其他经销商的销售人员每年流失一半的情况下，隆格公司的雇员保持率达到了90%，这多少得归功于其强调内部晋升的政策，其管理人员队伍中有2/3以上的少数民族成员。该公司还采取措施吸引更多的女性加盟，如增加1名销售管理人员专门为无经验的销售人员进行培训。在一种竞争对手可以轻易仿制产品、陈列室以及大部分服务的业务中，隆格依靠雇员队伍的多元化建立了竞争优势。

（资料来源：加里·德斯勒. 人力资源管理. 第9版. 刘昕译. 北京：中国人民大学出版社，2010.）

二、人力资源的性质

人力资源作为一种特殊的资源形式，具有不同于自然资源的特殊方面。具体言之，人力资源的性质可概括为以下几个方面。

1. 生物性

人首先是一种生物。人力资源存在于人体之中，是有生命的"活"资源，与人的自然生理特征、基因遗传等紧密相连，人的最基本的生理需要带有某些生物性的特征。因此在管理中，首先要了解人的自然属性，根据人的自然属性与生理特征进行符合人性的管理。人力资源属于人类自身所特有，因此具有不可剥夺性，这是人力资源最根本的性质。

2. 能动性

能动性是人力资源区别于其他资源的本质所在。在价值创造的过程中，人力资源总是处于主动的地位，是劳动过程中最积极、最活跃的因素，能够发挥主观能动性，有目的、有意识地利用其他资源进行生产，推动社会和经济的发展。同时，人力资源具有创造性思维的潜能，能够在人类活动中发挥创造性的作用，既能创新观念、革新思想，又能创造新的生产工具、发明新的技术。其他资源则相反，它们服从于人力资源，在价值创造过程中总是处于被利用、被改造的被动地位。

3. 时效性

时效性是指人力资源的形成与作用效率要受其生命周期的限制。作为生物有机体的个人，其生命是有周期的，每个人都要经历幼年期、少年期、青年期、中年期和老年期。其中，只有青年期和中年期才是创造财富的最佳时期，有效时间大约40年；其他阶段的人要么处于成长和发育时期，要么处于衰退时期，尚不足以用来进行价值创造。生命周期和人力资源的这种倒"U"型关系决定了人力资源的时效性。因此，人力资源的开发与管理必须尊重人力资源的时效性特点，做到适时开发、及时利用、讲究时效，最大限度地保证人力资源的产出，延长其发挥作用的时间。人力资源储而不用，才能就会荒废、退化，而未及时开发或利用的人力资源，不仅难以成为财富创造与社会发展的有生力量，还可能成为经济发展和社会进步的障碍。

4. 增值性

物质资本在使用的过程中，由于磨损、自然腐蚀或损坏等原因，效率和效益是递减的。人力资源则不同，它不会因为使用而消失，反而会因为不断地使用而更有价值，因此是一种高增值性资源。美国经济学家舒尔茨曾经指出："土地本身并不是使人贫穷的主要因素，而人的能力和素质却是决定贫富的关键。旨在提高人口质量的投资能够极大地有助于经济繁荣和增加穷人的福利。"他测算出美国1929—1957年间经济增长中人力资源投资的贡献度高达33%。在知识经济时代，社会经济的发展主要依赖于人类的智能与劳动创造，人力资源将因此成为推进经济增长的"发动机"，其增值性也会体现得越来越明显。

5. 社会性

人总是处在一定的社会和时代之中，人之所以为人，是因为人有区别于动物的社会性。人的思想、理念、文化、观点、意识等都是基于一定的社会环境而产生，又会随着社会的发展而变化，因此人力资源具有社会性。人力资源的社会性，主要体现在人的社会关系中。正如马克思所说："人的本质……实际上，它是一切社会关系的总和。"人力资源的形成、配置、利用、开发是通过社会分工来完成的，是以社会关系的存在为前提的。在现代社会化大生产的条件下，个体要通过一定的群体来发挥作用，合理的群体组织结构有助于个体的成长及高效地发挥作用，不合理的群体组织结构则会对个体构成压抑。群体组织结构又在很大程度上取决于社会环境，社会环境构成了人力资源的大背景，它通过群体组织直接或间接地影响人力资源开发，这就对人力资源管理提出了要求：既要注重人与人、人与群体、人与社会的关系协调，又要注重组织中团队建设的重要性。

6. 可再生性

资源可分为可再生性资源和不可再生性资源两大类。人力资源是一种可再生性资源，在开发与使用过程中，不会像矿藏等不可再生性资源那样持续减少与不可恢复，反而会凭借自身的机制加以恢复，并保持总体数量。人力资源的可再生性体现为人口的再生产和劳动力的再生产，通过人口总体内个体的不断更替和"劳动力耗费—劳动力生产—劳动力再次耗费—劳动力再次生产"的过程得以实现。同时，人的知识与技能的陈旧、老化也可以通过培训和再学习等手段得到更新。当然，人力资源的可再生性不同于一般生物资源的可再生性，除了遵循一般生物学规律之外，还受人类意识的支配和人类活动的影响。所以，人力资源要实现自我补偿、自我提高与自我更新，必须进行二次开发乃至多次开发。

| 案　例 |

在一项以银行为对象的研究中，研究人员根据平均资产收益率以及资本收益率这两个财务指标对不同银行的绩效进行评估。结果他们发现，"分析的结果表明，不同银行之间在人力资源管理实践方面的差异与它们之间的较大财务绩效差异（大约30%）相关"。然而，不同的银行是否能够从某种具体的人力资源管理实践（如雇员参与、以结果为导向的绩效评价以及企业内部职业发展机会等）中受益，则取决于银行的类型，同时也取决于银行的战略目标。

（资料来源：加里·德斯勒. 人力资源管理. 第9版. 刘昕译. 北京：中国人民大学出版社，2010.）

第二节 人力资源管理概述

一、人力资源管理的含义

(一)管理的基本问题

人力资源管理属于管理的范畴,因此在界定人力资源管理的含义之前,有必要先了解管理的含义与目标等基本问题。

1. 管理的含义与目标

管理是人类最基本的社会活动之一,也是人类特有的一种社会现象。长期以来,许多中外学者都对管理下过定义,但由于管理的广泛性和复杂性及研究的侧重点不同,至今仍未形成统一的概念。其中有如下几种有代表性的解释:

①弗雷德里克·W.泰勒认为,管理就是要"确切地知道要别人干什么,并注意让他们用最好、最经济的方法去干"。

②亨利·法约尔认为,"管理就是实行计划、组织、指挥、协调和控制"。

③赫伯特·A.西蒙认为,"管理就是决策"。

④丹尼尔·A.雷恩认为,"给管理下一个广义而又切实可行的定义,可以把它看成是这样的一种活动,即它发挥某些职能,以便有效地获取、分配和利用人的努力和物质资源,来实现某个目标"。

上述定义可以说从不同侧面、不同角度揭示了管理的含义,或者揭示了管理某一方面的属性。综合各种管理学派的观点,我们认为,管理就是一个协调工作活动的过程,以便能够有效率和有效果地同他人一起或通过他人实现组织的目标。这个概念具有以下三层含义。

第一,管理是一个协同工作的过程,这个过程代表了一系列进行中的有管理者参与的职能活动。

第二,管理是与他人一起或通过他人实现组织的目标,这就区分了管理职位和非管理职位。

第三,效率和效果是管理活动追求的两大目标(图1-2)。其中效率是指以尽可能少的投入获得尽可能多的产出;效果是指所从事的工作和活动有助于组织达到目标。可见效率是关于做事的方式,而效果涉及结果,或者说达到组织的目标,二者相辅相成,共同构成管理活动追求的目标。

2. 管理的职能

管理的职能即管理的职责和功能,通俗地讲,其所探讨的是"管理者做什么"的问

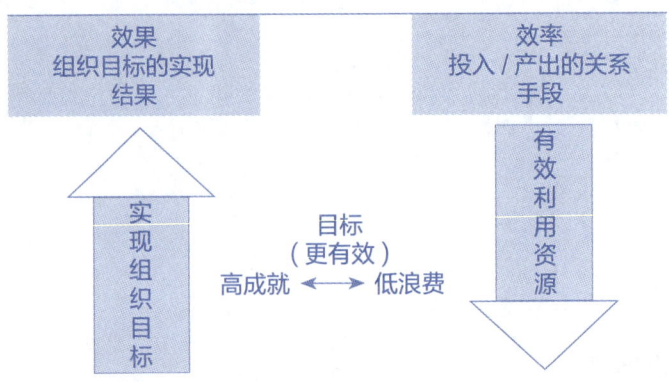

图 1-2 管理活动的两大目标

题。最早系统地提出管理职能的是亨利·法约尔,1916年他在《工业管理和一般管理》一书中将管理的职能划分为计划、组织、指挥、协调和控制五项。此后,各个管理学派从不同角度对管理的职能提出了各种不同的看法(表1-1),可谓仁者见仁,智者见智。我们根据管理过程学派的观点,认为组织各级管理者都要承担的基本职能有四个(图1-3),分别是计划、组织、领导和控制。

表1-1 管理职能划分的主要观点(○表示观点提到的内容)

年份	人物	计划	组织	领导	协调	控制	激励	人事	调集资源	通信联系	决策	创新	管理者的努力
1916	法约尔	○	○	○	○	○							
1934	戴维斯	○	○			○							
1937	古利克	○	○	○	○	○		○		○			
1947	布朗	○	○	○		○			○				
1948	厄威克	○											
1951	科曼	○	○	○	○	○			○				
1953	特里	○	○	○		○							○
1955	孔茨	○	○					○					
1956	特里	○	○		○		○						
1958	麦克利兰	○	○	○		○							
1964	梅西	○	○			○		○					
1964	孔茨	○	○	○		○		○					
1966	希克斯	○	○			○	○				○	○	

续表

年份	人物	计划	组织	领导	协调	控制	激励	人事	调集资源	通信联系	决策	创新	管理者的努力
1972	特里	○	○	○	○	○							
1979	梅西	○	○	○		○					○	○	
1984	罗宾斯	○	○	○		○							

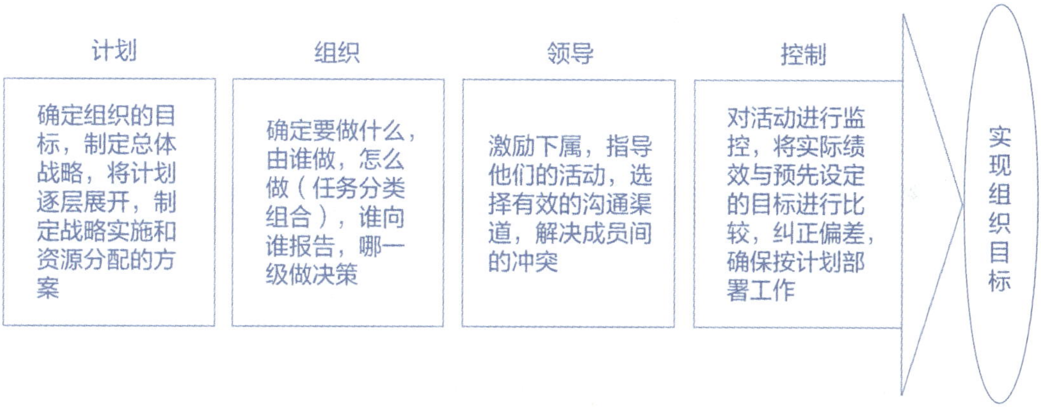

计划：确定组织的目标，制定总体战略，将计划逐层展开，制定战略实施和资源分配的方案

组织：确定要做什么，由谁做，怎么做（任务分类组合），谁向谁报告，哪一级做决策

领导：激励下属，指导他们的活动，选择有效的沟通渠道，解决成员间的冲突

控制：对活动进行监控，将实际绩效与预先设定的目标进行比较，纠正偏差，确保按计划部署工作

→ 实现组织目标

图 1-3　管理的基本职能

（1）计划。计划是指根据组织的内外部环境，并结合自身的实际情况，制定合理的总体战略和发展目标的过程，通过工作计划将组织战略和目标逐层展开，形成分工明确、协调有序的战略实施和资源分配方案。

（2）组织。组织主要是指在战略和目标的指导下，明确组织当前的工作任务并对任务进行分类与整合，通过设置一系列的机构和职位来承担这些工作任务，同时，通过明确组织中的指挥链并进行相应的职责和权限划分，构建起完整的组织管理体系。

（3）领导。领导是充分利用各种方法和手段对下属进行有效的激励，并为下属提供必要的指导和支持，以集中精力实现组织预定目标的过程。

（4）控制。控制是为确保组织目标的顺利实现，遵照一定的科学程序，对组织内部各种工作的进展情况与实际效果进行监控和评估，并在其偏离预定轨道时采取措施加以纠正的过程。管理者在进行管理时始终处于一种过程当中，以连续的方式从事着计划、组织、领导和控制活动。

| 课堂讨论 |

领导与管理有何区别，请结合实际进行分组讨论。

（二）人力资源管理的含义

1954年，彼得·德鲁克也提出了"人力资源"这个概念，此后，工业关系和社会学家 E. 怀特·巴克在1958年出版的《人力资源功能》一书中，首次将人力资源作为管理的普通职能加以讨论，成为对"人力资源管理"（Human Resource Management，HRM）的最早界定。其后，国内外学者从目的、过程、制度、主体、综合等多种不同的视角来解释人力资源管理的概念，进而形成以下几种具有代表性的观点。

1. 目的观

"目的观"主要从人力资源管理的目的出发来解释它的含义，认为它借助对人力资源的管理来实现组织的目标。例如，人力资源管理就是通过各种技术与方法，有效地运用人力资源来达成组织目标的活动。

2. 过程观

"过程观"主要从人力资源管理的过程或承担的职能出发，把人力资源管理看成一个活动过程。例如，人力资源管理是负责组织人员的招募、甄选、训练及报酬等功能的活动，以达成个人与组织的目标。

3. 制度观

"制度观"主要揭示了人力资源管理的实体，认为它就是与人有关的制度和政策等。例如，人力资源管理是指影响雇员的行为、态度以及绩效的各种政策、管理实践和制度。

4. 主体观

"主体观"主要从人力资源管理的主体出发解释其含义，认为它是人力资源管理者与部门的工作，持这种观点的人所占的比例不多。例如，人力资源管理指那些专门的人力资源管理职能部门中的专业人员所做的工作。

5. 综合观

"综合观"主要从目的、过程等方面出发综合地进行解释，持这种观点的人占较大的比重。例如，人力资源管理是指组织为了获取、开发、保持和有效利用在生产过程中必不可少的人力资源，通过运用科学、系统的技术和方法所进行的各种相关的计划、组织、领导和控制的活动，以实现组织既定目标的管理过程。

应该说，"综合观"更接近人力资源管理的本质。我们在吸取上述观点合理因素的基础上，将人力资源管理界定为：人力资源管理是组织通过各种政策、制度和管理实践，对人力资源进行合理配置、有效开发和科学管理，充分挖掘人力资源的潜力，调动人的积极性，提高工作效率，从而实现组织目标的管理活动。

二、人力资源管理的功能

围绕人力资源所开展的管理活动的作用即人力资源管理的功能。它必须通过人力资源管理的职能来实现，是履行人力资源管理职责的结果。我们认为，人力资源管理的功能主要有五个方面：吸纳（选人）、激励（用人）、开发（育人）、维持（留人）以及整合，如图1-4所示。

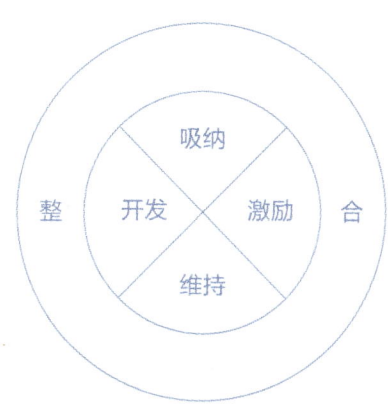

图1-4 人力资源管理的功能

其中，吸纳功能主要是根据组织目标确定所需员工条件，通过规划、招募、测评或选拔、录用等获取组织所需要的优秀员工；激励功能主要是通过引导与改变员工的态度、行为，让员工在现有的职位上创造出优良业绩；开发功能主要是通过员工培训、工作丰富化、职业生涯管理等，不断培训员工、开发员工潜质，让员工保持能够满足当前及未来工作需要的技能；维持功能主要是通过薪酬、绩效、晋升、劳动关系等一系列管理活动，保持员工的积极性、主动性与创造性，使员工有一个安全、健康、舒适的工作环境，以提高员工的满意度，使其安心工作；整合功能是指通过组织文化、信息沟通、人际关系和谐、矛盾冲突的化解等有效整合，使组织内部的个体、群体的目标、行为、态度趋向组织的要求和理念，使之形成高度的合作与协调，发挥集体优势，以提高组织的生产力和效益。

这五项功能中，吸纳功能是前提，它为其他功能的实现提供了条件，如果选择了不恰当的员工进入组织，会给其他功能的发挥带来极大的障碍；激励功能是核心，是其他功能发挥作用的最终目的，如果不能激励员工创造出优良的绩效，其他功能的实现就失去了意义；开发功能是手段，只有让员工掌握了相应的工作技能，激励功能的实现才能具备客观条件，否则就会导致员工"心有余而力不足"；维持功能是保障，只有将吸纳的人员保留在企业中，开发和激励功能才会有稳定的对象，其作用才可能持久；整合功能是关键，战略性人力资源管理的发展使其他功能有了统一的方向与目标，人力资源管理的政策与实践才具有一致性，而不会相互冲突。

想一想

为什么人力资源管理对管理者很重要?

三、人力资源管理的目标

人力资源管理的目标可以从最终目标和具体目标两个层次来理解。人力资源管理的最终目标就是有助于实现企业的整体目标,人力资源管理是企业管理的一个组成部分,从属于整个企业管理,而对企业进行管理的目的就是实现企业既定的目标,因此,人力资源管理的目标也应当服从和服务于这一目的。当然,不同企业的整体目标内容可能各异,但其最基本的目标都是要创造价值以满足相关利益群体的需要。在实现最终目标的前提下,人力资源管理还要达成一系列的具体目标,主要包括:

①保证价值源泉中人力资源的数量和质量。
②为价值创造营造良好的人力资源环境。
③保证员工价值评价的准确有效。
④实现员工价值分配的公平合理。

人力资源管理的具体目标与人力资源价值链的运作是密切相关的。价值链表明了价值在企业内部从产生到分配的全过程,是贯穿企业全部活动的一条主线,价值链中任何一个环节出现问题,都将影响整个价值的形成。人力资源管理的具体目标就是:从人力资源的角度出发,为价值链中每个环节的有效实现提供有力的支持。人力资源管理的具体目标和人力资源价值链的关系如图1-5所示。

在整个价值链中,价值源泉是源头和基础,只有具备了相应的资源,价值创造才有可能进行。由于人力资源是价值创造不可或缺的资源,因此,为了保证价值创造的正常进行,企业必须拥有满足一定数量和质量要求的人力资源,否则,企业的价值创造就无法实现,这就是人力资源管理的第一个具体目标——保证价值源泉中人力资源的数量和质量,这一目标需要借助人力资源规划和招募录用等职能活动来实现。在价值链中,价值创造是最关键的环节,只有通过这一环节,价值才能被创造出来,而价值创造并不会

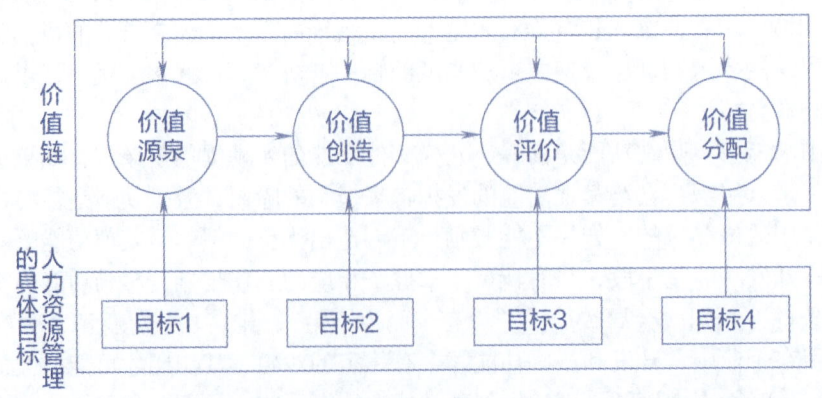

图1-5 人力资源管理的具体目标和人力资源价值链的关系

自动发生，它需要以人力资源为中心来整合和运用其他资源，因此，必须营造良好的人力资源环境，去实现价值的创造，这就是人力资源管理的第二个具体目标——为价值创造营造良好的人力资源环境，这一目标需要借助工作分析和设计、员工调配、培训开发以及员工激励等活动来实现。价值分配可以说是价值链运作的目的，为了进行价值分配，就必须对价值创造主体在价值创造过程中所做的贡献做出准确的评价，这就是人力资源管理的第三个具体目标——保证员工价值评价的准确有效，这一目标需要借助绩效管理等职能活动来实现。只有通过价值分配，企业各相关利益群体的需要才能得到满足，从价值创造主体的角度来看，只有它们得到了公平合理的价值分配，价值创造才有可能继续发生，这就是人力资源管理的第四个具体目标——实现员工价值分配的公平合理，这一目标需要借助薪酬管理等职能活动来实现。总的来说，人力资源管理的目标是通过组建优秀的企业员工队伍，建立健全企业管理机制，形成良好的企业文化氛围，有效地开发和激励员工潜能，最终实现企业管理的目标。

四、人力资源管理者和人力资源管理部门

（一）管理者概述

在介绍人力资源管理者和人力资源管理部门之前，有必要先了解一下管理者的基本原理。

1. 管理者的含义及类别

管理者是管理活动和管理职能的承担者。美国学者斯蒂芬·P.罗宾斯认为，管理者就是那些在组织中指挥别人活动的人。随着管理的作用日益凸显，作为管理活动主体的管理者在企业中的地位也越来越重要，从某种意义上甚至成为企业成败的关键。管理大师德鲁克曾经说过："如果一个企业运转不动了，我们当然是去找一个新的总经理，而不是另雇一批工人。"

按照不同的标准，我们可以将管理者划分为不同的类型。最常见的分类是，根据在组织中所处的层级不同，管理者可以分为高层管理者、中层管理者和基层管理者三类（见图1-6）。

图1-6 组织的层级

（1）高层管理者。高层管理者大都处在组织的最高层，他们要对组织的整体运作负责，工作内容主要是制定组织的大政方针，对涉及整个组织的问题进行决策，在对外交往中也往往代表组织出现，如公司的董事长或总经理、学校的校长或副校长等。

（2）中层管理者。中层管理者一般处在组织的中间层级，作为高层管理者和基层管理者之间的桥梁，他们的主要工作是"上传下达"，一方面要向下传达高层管理者的重大决策并监督、协调基层管理者的工作；另一方面要向高层管理者反映基层中存在的问题，为他们的决策提供依据，如工厂的车间主任、公司各部门的经理及学校的系主任等。

（3）基层管理者。基层管理者则是组织中层次最低的管理者，他们要直接面对普通员工，除了对普通员工的工作进行监督、指导外，一般还要承担一部分具体工作，如公司各部门的主管、工厂的班组长、学校的教研室主任等。

这三个层级的划分并不是绝对的，按照组织的从属关系不同，同一个管理者所属的管理层次也会发生转换。例如，一家集团公司有若干分公司，那么对于某分公司的总经理来说，从整个集团公司来看，他属于中层管理者；但是就该分公司而言，他又是高层管理者。

此外，根据弗雷德·卢桑斯的研究，处于不同组织层级的管理者在各项管理职能上所花费的时间和精力相差甚远。其中领导职能占各级管理者时间的比例由基层到高层呈现递减规律，计划、组织和控制职能则恰好相反，越是高层管理者花在这三项职能上的时间越多，这与各层级管理者的工作特点和任务要求是相吻合的。不同层级管理者用在不同职能上的时间分布如图1-7所示。

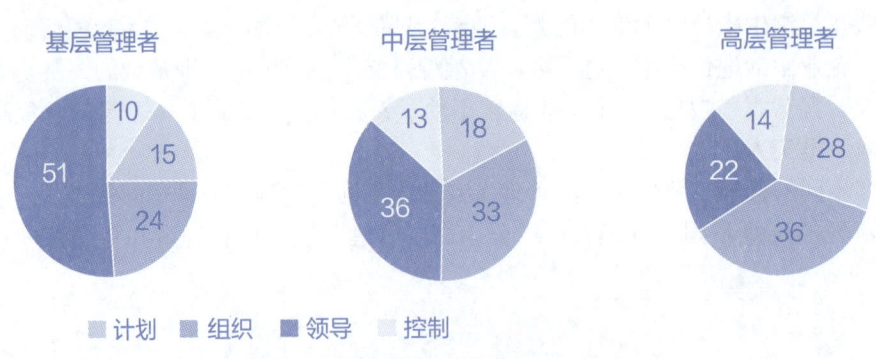

图1-7 不同层级管理者用在不同职能上的时间分布（%）

2. 管理者的角色

对于管理者的角色，学者们做了大量的研究，其中最有代表性的当属亨利·明茨伯格在20世纪60年代末所做的研究。在大量观察管理活动的基础上，明茨伯格对管理者的角色进行了界定，认为管理者扮演着10种不同但高度相关的角色。这10种角色主要体现在三个方面，即人际关系、信息传递和决策制定，每种角色都对应着一定的描述和特征活动，如表1-2所示。

表1-2 明茨伯格的管理者角色理论

角色分类	具体角色	描述	特征活动举例
人际关系	挂名首脑	象征性的首脑，必须履行许多法律性或社会性的例行义务	迎接来访者，签署法律文件
	领导者	激励和动员下属，负责人员配备、培训和交往，对下属的工作进行协调	实际领导所有的有下级参加的活动
	联络者	与组织外部的机构和人员交往，维护自行发展起来的外部接触和联络网络，以获取相关信息	发感谢信，从事外部委员会的工作，通过电话、信件等形式与外部保持联络
信息传递	监听者	接收和收集各种特定的信息，以便对组织和环境有透彻的了解，成为组织内外部信息的神经中枢	阅读报刊和报告，了解市场动态
	传播者	将从外部和内部获得的信息传递给组织的其他成员，这些信息有些是关于事实的，有些是解释别人观点的	举行信息沟通会，通过报告、电话等方式进行信息的传达
	发言人	向外界发布组织的有关信息，让组织以外的机构和人员了解组织的有关情况	举行新闻发布会，与供应商和顾客举行座谈会
决策制定	企业家	发现组织和环境中的机会，制定方案并对方案的执行情况进行监督检查	制定公司战略，检查决议的执行情况
	混乱驾驭者	当组织面临突发的意外事件时，及时采取相应的措施进行补救	采取措施应对危机事件
	资源分配者	对组织拥有的各种资源进行分配，实际上就是做出组织层面的重要决策	批准各部门的预算，批准公司总的采购计划
	谈判者	作为组织的代表参加重大的谈判活动	与供应商、销售商进行谈判

因为明茨伯格的研究成果是基于对5位总经理行为的观察而得出的，因此这10种角色并不完全适用于中层和基层管理者，如挂名首脑和企业家的角色。后续的研究表明，即使同样是高层管理者，在不同规模的组织中，其角色也是有不同侧重点的。

3. 管理者应具备的技能

为了充分发挥自己的角色作用，实现管理的目的，管理者必须具备相应的技能。在这个问题上，罗伯特·L.卡茨的观点具有一定的代表性，他曾在《哈佛商业评论》上发表过一篇名为"能干的管理者应具有的技能"的论文，指出管理者需要具备三种基本技能，即技术技能、人际技能和概念技能。

（1）技术技能。技术技能指管理者应具备相应的专业知识和技术，能够运用一定的知识、技术、工具和程序完成工作任务，如工程师要具备设计知识和技能，律师要具备法律知识和辩论能力，销售经理要具备产品知识和推销能力，等等。技术技能对管理者来说是非常必要的，虽然他们不必成为专业领域的专家，但如果不具备这些技能，就无法对下属的工作进行很好的指导和监督。

（2）人际技能。人际技能就是与人打交道的能力。作为管理者，必须经常与各种各样的人产生联系，这其中既包括组织内部的各种人员，如上级管理者、同事和下属等，又包括组织外部的各种人员，如政府工作人员、供应商等。因此，管理者必须具备与他们进行有效交往和沟通的能力，以实现自己的管理职责。

（3）概念技能。概念技能指管理者认识事物、现象的本质及相互关系的能力。管理者面对的环境通常是复杂的，因此他们必须能够对环境以及组织与环境的关系做出正确的分析和判断，并在此基础上做出决策。在组织内部同样如此，管理者必须认清组织内部各部分的相互关系，对组织有一个全局性和整体性的把握。

作为管理者，这三种能力都应当具备，但是不同层次的管理者可能会有所侧重，管理层次越高，从事的具体业务就越少，与普通员工发生的直接工作关系也越少，因此其技术技能的要求会越低，但是概念技能的要求会逐渐增加；而人际技能的要求对各个层次的管理者来说大致相同，只是交往的对象可能会有所不同，高层管理者与外部的交往会更多，基层管理者与内部的交往会更多。

| 课堂讨论 |

管理者为什么需要具备技术技能、人际技能和概念技能三种基本技能？请举例说明。

（二）人力资源管理者和人力资源管理部门

人力资源管理的管理者和管理部门在整个人力资源管理活动中处于主体地位，他们既是人力资源管理职能和活动实现的载体，又直接决定人力资源管理作用的发挥，在某种程度上甚至影响到人力资源管理在整个企业中的地位。

1. 人力资源管理者和人力资源管理部门的出现

虽然人力资源管理的实践活动可以追溯至很远的年代，但是专门的人力资源管理人员和人力资源管理部门的出现却相对较晚。

早期的人力资源管理活动大多与现场的生产管理交织在一起并由一线管理人员承担，后来，随着资本主义社会的发展和一系列法律法规的颁布，企业劳资关系的协调及相应事务的处理越来越多，特别是在泰勒的科学管理思想出现后，进行工作分析并按照相应的标准挑选和培训工人的工作也越来越多，因此就出现了人事专职人员。例如，雇用专员专门负责工人的招募与甄选；工资专员以工作任务、时间和动作研究为基础，设定工资基数；社会秘书或福利秘书制定福利方案；养老金专员处理养老和保险计划等。

随着实践的发展，对人事专职人员的要求也越来越高，企业需要具有专门知识和技能的人事专家来从事招募、录用、培训和工作设计等方面的工作，如劳工专家负责处理员工抱怨、协调劳资关系；培训专家负责培训员工的技能，特别是销售技能和操作工人的操作技能；劳动安全专家负责监督工作条件、处理劳动安全事故等。人事专职人员和人事专家的增加，使组织不得不设立专门的部门进行管理并赋予这个部门相应的职能，但在早期，人力资源管理部门更多的是以其他名称出现的。例如，1818年国际收割机公司成立工业关系部；同年，福特汽车公司成立社会部，综合处理员工关系、医疗、福利、安全和法律等方面的问题；库本海默公司成立工业关系部，并设立了分支部门，负责处理健康、雇用、抱怨与训练、工资与报酬等方面的事务。

专门的人力资源管理人员和人力资源管理部门的出现，是人力资源管理发展过程中重要的里程碑，它使人力资源管理的工作更趋于专业化，职能的发挥也得到了加强。

2. 人力资源管理者和人力资源管理部门承担的职能和职责

根据诺伊等学者对人力资源管理者和人力资源管理部门应承担的职能与职责所进行的总结，人力资源管理者和人力资源管理部门所从事的活动可以划分为三大类：第一类是战略性和变革性的活动，第二类是业务性的职能活动，第三类是行政性的事务活动。人力资源管理部门承担的职能和职责如表1-3所示。

表1-3 人力资源管理部门承担的职能和职责

职能	职责
工作分析与设计	任务分析，工作设计，工作描述
招募与甄选	招聘，职位设置，面试，测试，协调临时工的使用
培训与开发	定位，技能培训，职业生涯发展计划
绩效管理	绩效衡量，绩效评估的准备和管理，惩戒
薪酬和福利	工资和薪酬管理，奖励津贴，保险，休假管理，退休计划，红利分享，持股计划
劳动关系	态度调查，劳动者关系，员工手册，公司出版物，遵守劳动法规，重新安置和新职介绍服务
人事政策	政策制定，政策传播，人力资源信息系统
符合法规	确保行为合法的政策，报告，信息发布，安全检查，设施的可利用性
支持战略	人力资源规划和预测，变革管理

（资料来源：雷蒙德·A.诺伊. 人力资源管理基础. 第3版. 刘昕译. 北京：中国人民大学出版社，2011.）

战略性和变革性的活动涉及整个企业，包括战略的制定和调整、组织变革的推动等内容。严格来讲，这些活动都是企业高层的职责，但是人力资源管理者和人力资源管理部门必须参与到这些活动中来，要从人力资源管理的角度为这些活动的实施提供有力的支持。业务性的职能活动的内容主要就是前面所讲的人力资源管理的职能。行政性的事务活动的内容则相对比较简单，如员工工作纪律的监督、员工档案的管理、各种手续的办理、人力资源信息的保存、员工服务、福利的发放等活动都属于这一类。

根据帕特里克·赖特和加里·麦克马汉的研究，人力资源管理者和人力资源管理部门所从事的各类活动的投入时间和具有的附加值并不是正相关的。在他们所进行的活动中，大约有60%的时间耗费在行政性的活动上，但产生的附加值却很低，只占到整个附加值的10%左右；业务性的活动耗费的时间和产生的附加值大致是相等的，都是30%左右；战略性和变革性的活动，投入的时间很少，大约只有10%，但是对公司的附加值却很大，有60%左右（见图1-8）。

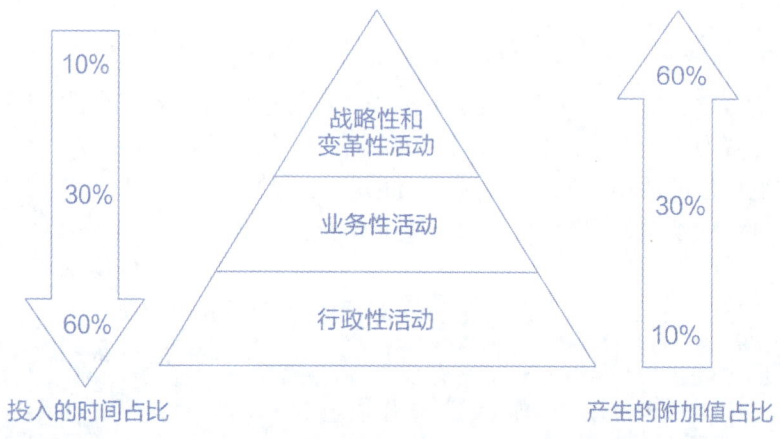

图1-8　人力资源管理活动的类型及投入产出情况

由上述结论可以看出，人力资源管理者和人力资源管理部门所从事的活动还有很大的改进余地和提升空间，如果他们想要提高自己的价值，做出更大的贡献，就必须改变自己的工作层次，把更多的精力和时间投入到战略性和变革性的活动中去，少做一些行政性的事务工作。

近年来，随着计算机、网络技术的发展和专业的人事代理服务公司的出现，人力资源管理者和人力资源管理部门可以省去大量的行政性事务工作，或剥离出部分的业务性职能工作，这使他们改变自己的工作层次成为可能。通过专业的人力资源管理软件和网络技术，许多以前需要耗费大量时间来处理的工作现在可以更加快速简捷地完成，比如薪酬计算、绩效评价、职业生涯设计等。此外，有很多以前需要人力资源管理者和人力资源管理部门来完成的工作，现在可以由员工和其他部门以"自助"的方式实现，如员工信息的更新等。借助专业的人事代理服务公司，人力资源管理部门可以将很多事务性的工作外包，如人事档案的保管、保险费用的缴纳、员工社会服务等；还有一些常规性的职能活动也可以委托出去，如员工的招聘、培训等。通过这些手段，人力资源管理者和人力资源管理部门可以节省出大量的时间和精力来进行附加值较高的活动，从而使自己的工作层次发生根本性的变化，其图形由三角形转变为菱形（见图1-9）。

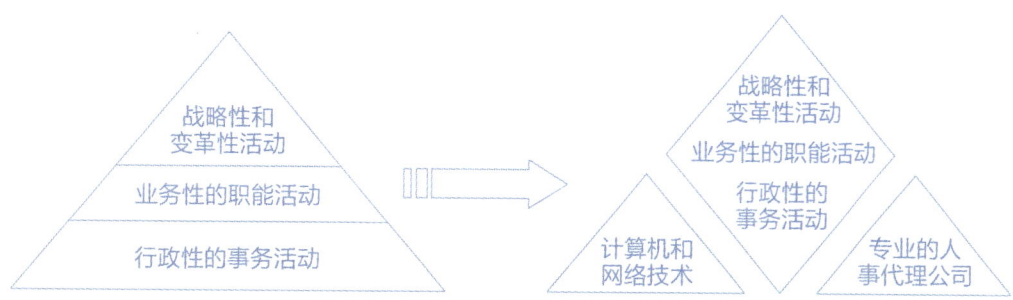

图1-9　人力资源管理者和人力资源管理部门工作层次的变化

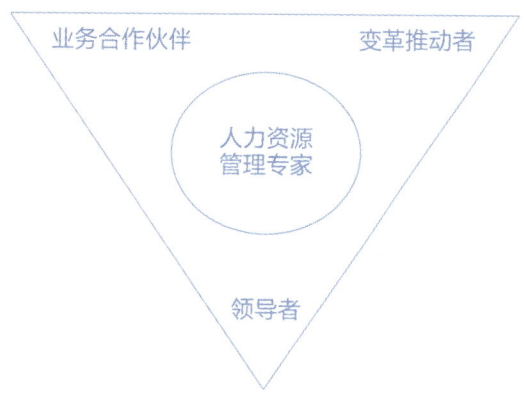

图1-10　人力资源管理者的四种角色

3．人力资源管理者和人力资源管理部门的角色

美国国际人力资源管理学会（International Public Management Association for Human Resources，IPMA-HR）认为，人力资源管理者应该承担四种角色：业务合作伙伴、变革推动者、领导者与人力资源管理专家（见图1-10）。

此外，密歇根大学教授戴夫·乌里奇（Dave Ulrich）等学者也对人力资源管理者的角色进行了研究，认为人力资源管理者角色的发展如表1-4所示。

表1-4　人力资源管理者角色的发展

20世纪90年代中期	21世纪中期	管理思想的进化
员工激励者	员工激励者 人力资本开发者	员工对组织成功越来越重要。员工激励者聚焦于今日的员工；人力资本开发者聚焦于如何让员工为未来做好准备
行政管理专家	职能专家	人力资源管理活动是人力资源价值的核心。有些人力资源活动通过高效的管理手段（如技术手段）来完成，有些通过政策及干预来完成，对"行政管理专家"的角色进行了延伸

续表

20世纪90年代中期	21世纪中期	管理思想的进化
变革推动者	战略伙伴	作为战略伙伴有多方面的表现：业务专家、变革推动者、知识管理者和顾问。变革推动者只代表战略伙伴角色的部分内涵
战略伙伴	战略伙伴	作为战略伙伴，还有多方面的表现：业务专家、变革推动者、知识管理者和顾问。变革推动者只代表战略伙伴角色的部分内涵
混合角色	领导者	前四种角色的总和等于领导力。人力资源领导者包含领导人力资源管理部门、与其他职能部门合作、保证公司管理秩序以及监控人力资源团队的含义

（资料来源：戴夫·乌里奇，韦恩·布罗克班克. 人力资源管理价值新主张. 刘昕译. 北京：商务印书馆，2008）

表1-4说明，预测到21世纪中期，人力资源管理者的角色可概括为五种：①员工激励者，负责将雇主与员工的关系确定为一种具有互惠价值的关系；②人力资本开发者，负责建设未来的员工队伍；③职能专家，负责设计和开展能够保证个人能力和创造组织能力的人力资源管理活动；④战略伙伴，帮助各层次直线经理达成其各自的目标；⑤领导者，必须将所有的人团结在一起，并得到人力资源管理部门内部及外部人员的信任。人力资源管理者角色的总结，如图1-11所示。

| 课堂讨论 |

对一个组织而言，人力资源管理者与人力资源管理部门在组织中具有什么样的地位？

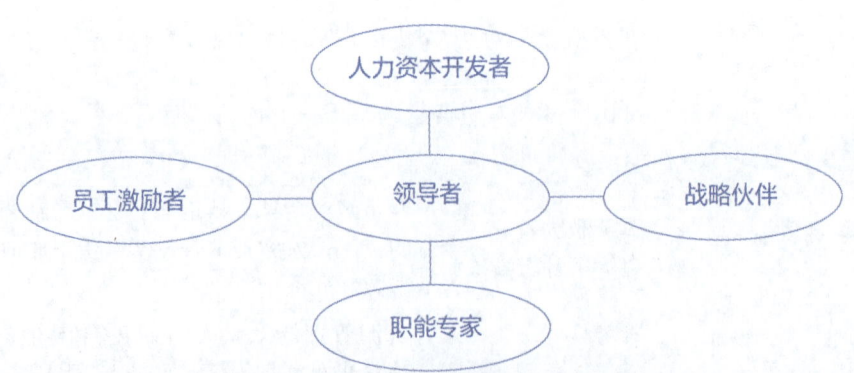

图1-11 人力资源管理者的角色总结

（资料来源：戴夫·乌里奇，韦恩·布罗克班克. 人力资源管理价值新主张. 刘昕译. 北京：商务印书馆，2008.）

五、人力资源管理的环境

人力资源管理的环境是指能够对人力资源管理活动的成效产生潜在影响的各种因素的总和。人力资源管理的环境因素非常广泛和复杂，它主要可以划分为两大类：一是外部环境。它是组织边界以外影响人力资源管理的各种因素，包括政治、经济、技术、法律、文化等。二是内部环境。它是指组织系统内部影响人力资源管理的各种因素，包括组织战略、组织文化、组织生命周期、高层领导者的领导风格等。只有充分了解与妥善处理好这些因素，才能使人力资源管理在复杂多变的环境中获得持续发展并实现人力资源管理活动与环境的和谐统一。

（一）人力资源管理的外部环境

1. 政治因素

政治制度与方针政策的稳定性与连贯性以及政府的管理方式等，都会影响到人力资源管理。政治局面的混乱必然导致企业无法正常运转，甚至可能危及其生存，进而导致人力资源管理活动的停滞或混乱；而与方针政策的变化将影响人力资源管理发展的方向，它们对人力资源管理活动具有一定的引导性和支配性。此外，由于政府是国家政权的行使者，在整个社会生活中居于主导地位，因此政府对企业的管理方式直接决定了企业进行人力资源管理活动的空间。如果政府对企业控制过严，就会削弱企业的自主权，企业人力资源管理的活动空间相应也就比较狭窄；反之，企业就会拥有较大的自主权，人力资源管理的活动空间相应也比较大。在市场经济条件下，人力资源管理呼唤稳定的政治局面、连贯的政府管理方式及方针政策等，以减少企业内部人力资源管理的"动荡"，提高人力资源管理的效果。

2. 经济因素

经济因素对人力资源管理的影响主要体现在以下几个方面。

（1）经济体制。经济体制是一个国家经济运行的具体方式，集中体现为资源的配置方式。在当前的市场经济体制下，市场成为资源配置的主体，企业拥有相对独立的自主权，可以根据内部的各种因素自行对人力资源进行统一配置。企业为了提高各自的竞争优势，竞相创新与发展人力资源管理方式，促使人力资源管理方式日益复杂与多元化。

（2）经济发展状况。在市场趋向完善、经济快速发展的今天，经济发展状况和劳动力市场状况已成为人力资源管理的内生变量。企业在进行人力资源规划时，必须考虑企业未来的发展前景，而这正是与整个经济发展状况紧密联系在一起的，二者具有显著的正相关关系。经济形势繁荣发展，企业的前景看好，企业就会不断发展，对人力资源的需求就相应增加；反之就相应减少。企业要对国家经济政策的变化、人口规模和结构的改变、经济增长速度等因素进行深入分析，及时调整好人力资源管理的相关对策。

（3）劳动力市场状况。在劳动力市场中，劳动力参与率、人口平均寿命、特定职位的素质和技能要求等都会影响劳动力供给的变化。企业制定人力资源战略，必须了解一定时期内劳动力需求的种类和数量，掌握社会劳动力的供给、构成以及对特定人力资源的市场需求，才能有的放矢，掌握主动。

3. 技术因素

在市场经济条件下，企业既是市场竞争的主体，也是技术创新的主体。技术进步对经济发展的影响，从本质上说是企业对新技术的开发与应用，是人力资源价值的集中体现。随着技术与产品更新周期越来越短，导致现有职位不断发生变化，不断出现的新职位需要更多掌握新知识、新技术、新技能的员工。因此，企业要密切关注科技发展动向，预测本企业业务及职位对工作技能需求的变化，制订和实施有效的人力资源开发计划，同时更新人力资源管理手段，推进人力资源管理电子化。

4. 法律因素

法律规范对人力资源管理的影响主要体现在它的约束和规范作用上。企业制定和实施人力资源战略及政策，必须符合国家和地方政府主管部门发布的各种相关法律和法规，这是企业能够保持正常运转的重要条件。目前，我国已经实施的劳动法、劳动合同法、工会法等法律，对人力资源管理实践具有重要的影响。其中，劳动法的内容几乎涉及人力资源管理的各个方面，包括招募与甄选、平等就业、劳动安全和卫生、工资待遇、社会保险和福利、辞退解雇、培训开发等；而劳动合同法在规章制度的制订、书面合同的签订责任、试用期的设置、劳动合同的期限、违约金的数量、劳动合同的解除、集体合同的订立、劳务派遣以及非全日制用工等方面做出了全面的规定，直接规范了人力资源管理的相关活动。

5. 文化因素

人类社会和文明始终处于不断地发展和变化的过程之中，在全球化潮流的推动下，一个国家和地区的价值观、伦理道德、宗教信仰、风俗习惯等文化因素正发生巨大的变化，它们影响和制约着人们的思维方式和行为方式，进而对人力资源管理产生重要的影响。不同的文化背景一般会产生不同的人力资源管理模式。

（二）人力资源管理的内部环境

1. 组织战略

在组织的外部环境变得日益不确定、风险性增大，组织间竞争日益加剧的情况下，各种组织的管理者积极开发系统性的方法，以分析环境，评价组织的优势和劣势，并识别有可能建立竞争优势的机会。因此，组织战略已成为组织生存与发展不可或缺的因素。按照组织层次，组织战略可以分为三种类型，即公司层战略、事业层战略和职能层战略。不同类型的战略要求设置与其相匹配的人力资源战略，进而使招聘配置、培训开发、绩效管理与薪酬管理等人力资源管理活动具有不同的特点。例如，在事业层战略上，一家实施差异化战略的企业，就应该以比较高的工资水平吸引敢于冒险和富有创新精神的员工，而一家以成本领先战略为导向的企业则可能招聘及使用技术娴熟、长期稳定型的员工，并会更加重视通过精减人员、促使人职匹配等措施来节约人力资源成本。

2. 组织文化

组织文化泛指一个组织内部形成的组织成员共同持有的信念、价值观、确认以及表现出来的实践和行为等。组织文化一旦形成便不容易发生变化，因此它在一定程度上代表着组织的灵魂，是组织彰显自身形象的有效载体。组织文化与人力资源管理有着紧密的联系：组织文化所提供的组织价值标准、道德规范和行为准则，不仅是人力资源管理运作中的精神和行为依据，也为组织培育高素质的人才队伍创造了一个良好的环境和氛围；优秀的组织文化不仅协调着员工之间的关系，还将组织中的各种成员凝聚在一起，使组织在发展中更具稳定性。人力资源管理的吸纳、激励、开发、维持以及整合等各项基本功能的实现都受到组织文化直接或间接的影响。例如，组织要不断评价员工的兴趣爱好、工作态度、价值取向、个人成功标准等是否与组织文化相匹配，同时要通过各种途径和方式向他们灌输组织文化，以进行行为塑造。

3. 组织生命周期

组织是一个生命有机体，有其诞生、成长、壮大、衰退直到死亡的过程，一个组织从诞生到死亡的全部过程就是组织的生命周期。组织的发展一般要经过初创期、成长期、成熟期和衰退期几个阶段，不同的阶段要采用不同的人力资源管理政策或活动，以更好地实现组织各个阶段的目标。首先，在初创期，组织面临较大的生存压力，存在员工数量少、资金匮乏、知名度低、管理不规范等问题，因此，这一时期人力资源管理的重点在于：在选人与用人上，充分发挥创始人的人格魅力、创造力和影响力，并通过美好的愿景来吸引与留住人才；在绩效管理上，更多的是以结果为导向，重视员工对组织当前发展的贡献；在报酬上，实施薪酬领先策略，鼓励员工追求未来的潜在收益，通过投资入股、给予股票期权等方式来激励员工。其次，在成长期，随着组织规模、员工队伍与业务的不断扩大，组织管理也逐渐规范。但是，在快速发展的过程中，组织存在结构脆弱、高级人才短缺、服务能力不足等突出问题，因此这一时期人力资源管理的重点在于：完善组织架构；加强人才培养，大量吸纳高级人才；让员工从事具有挑战性的工作，丰富工作内容，使他们承担更多的责任。再次，在成熟期，组织发展到最辉煌的阶段，容易出现骄傲自满、沟通不畅、滋生官僚主义、创新精神减弱等弊端，因此人力资源管理的重点在于：建设学习型组织；建立人力资源储备库；加强有针对性的培训；实施多样化的激励手段；等等。最后，在衰退期，组织逐渐出现员工士气不高及不稳定、设备和工艺落后、财务状况恶化、管理不善等问题，此时组织在衰亡与蜕变二者之间进行抉择，因此这一时期人力资源管理的重点是：实施管理创新；加快人才转型，在新的领域进行人才招聘和培训；加强职业生涯管理，重视对员工的后期发展给予指导，以便实现组织的二次创业；等等。

4. 高层的领导风格

与组织文化一样，组织领导者，特别是高层领导者的态度、行为与偏好等，对于增进员工交互行为、保持团队关系以及实现组织目标等起着重要作用。依据美国密歇根大学的研究，不同的领导风格对人力资源管理是不一样的。例如，以人为中心的领导，把下属看得十分重要，不仅关心他们的生活，还重视员工参与；以工作为中心的领导，视工作为第一要素，把工作效率看得非常重，认为凡是高效率者就是理想的工作人员。显然，在以工作为中心的领导活动中，人力资源管理者只是单纯地扮演回应者和执行者的角色，其重点放在员工选拔、报酬与惩罚等问题上；而以人为中心的领导活动则反映了人性化的管理方法，更加关注人际关系管理与情感管理等。

（三）人力资源管理环境评估

为了应对人力资源管理环境的复杂性与不确定性，管理者应该对人力资源管理的环境进行评估，以便主动开展相应的人力资源管理活动，更好地实现组织目标。人力资源管理的环境评估可以从两个维度来进行，即环境的变化程度和复杂程度。就变化程度而言，如果环境的构成要素经常变动，可称之为动态环境，反之，则称其为稳定环境；就复杂化程度而言，评估的标准在于环境中的要素数量以及组织所拥有的与这些要素相关的知识。这两个维度构成四类环境特征的排列组合，从而形成一个人力资源管理环境评估图（图1-12）。

其中，单元一是最稳定、最简单的环境，代表了不确定性水平最低的环境。在这种

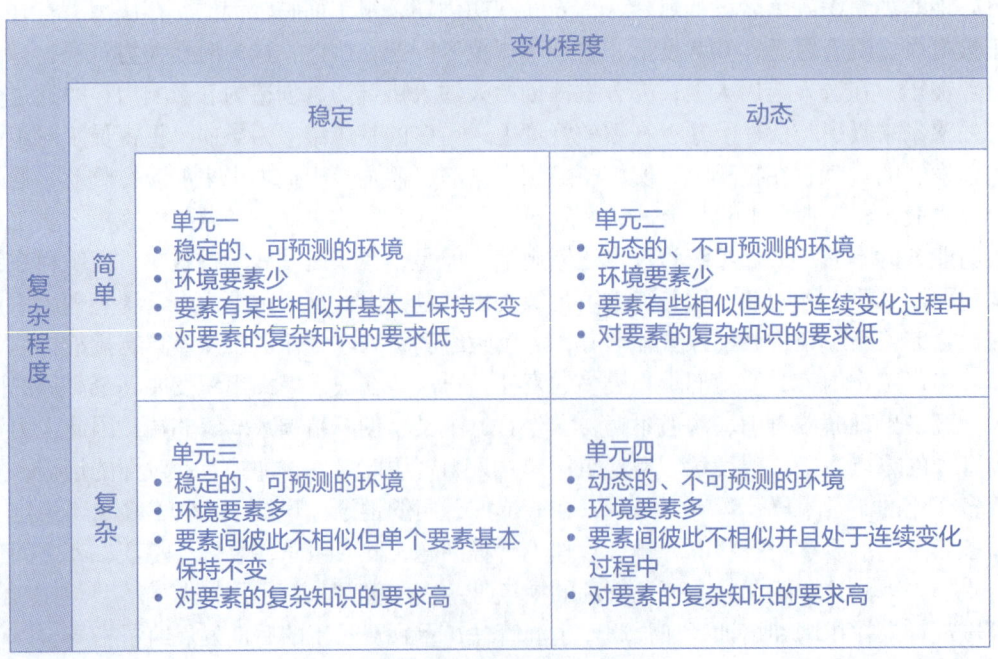

图1-12　人力资源管理环境评估

环境中，人力资源管理的活动也是最简单的，它完全可以根据以往的经验和惯例做出确定的决策。单元四则是最动荡、最复杂的环境，代表了不确定性水平最高的环境。在这种环境中，人力资源管理的难度是最大的，往往需要做出许多新决策，制定许多新方案。如今大多数组织的人力资源管理正处于这种复杂的、发生持续变化的环境之中，管理者通常处于被动的地位，难以迅速有效地回应环境不确定性带来的诸多挑战。

六、人力资源管理的发展与挑战

（一）人力资源管理的发展演变

国内外学者根据管理理论及实践，对人力资源管理的发展阶段进行了深入的研究，他们从不同的角度分别提出各自的观点。总体而言，人力资源管理的发展先后经历了人事管理、人力资源管理及战略性人力资源管理三个阶段。

1. 人事管理阶段

人事管理是伴随组织的出现而产生的，现代意义上的人事管理是随着工业革命的产生而发展起来的。19世纪出现的工业革命高潮产生了大机器的生产方式，规模化大生产和装配线的出现加强了人与机器的联系，大工厂的建立使员工的数量急剧增加。工业革命在提高劳动专业化水平和生产力水平的同时，也对生产过程的管理，尤其是对生产中员工的管理提出了更高的要求，从而出现了专门的管理人员，负责对员工的生产进行监督、对与员工有关的事务进行管理，不过当时管理的内容还比较简单，仅限于工作分析、人员招募、档案管理与工资及福利发放活动等。从这一时期开始，人事管理作为一种管理活动被组织（尤其是企业）所接受，也正式进入了企业的管理活动范畴。许多学者把这一时期视为现代人事管理的开端。

2. 人力资源管理阶段

第二次世界大战后，资本主义经济高速发展，技术更新周期大大缩短，市场竞争更趋激烈，生产的社会化程度和经济活动的国际化程度日益提高，促使企业管理进一步向现代管理阶段发展。这一阶段开始涌现出许多管理学派，形成"管理理论的丛林"。这些理论日益应用、渗透到人事管理方面，促使人事管理开始向人力资源管理转变。这种转变正如彼得·德鲁克在其著作中所说："传统的人事管理正在成为过去，一场新的以人力资源开发为主调的人事革命正在到来。"不过在这个阶段的很长一段时间里，虽然"人力资源管理"一词已广为学界所熟知，但并没有将人力资源管理的定义与人事管理所做的工作完全区分开来。直到20世纪70年代中期，人力资源管理才真正成熟起来，在管理的观念、模式、内容、方法等方面都发生了很大的转变。

3. 战略性人力资源管理阶段

20世纪80年代以来，人力资源管理理论不断成熟，并在实践中得到进一步发展，学者们努力将其与战略规划整合在一起，进而提出了战略性人力资源管理理论，这标志着现代人力资源管理发展到了一个新阶段。1978年，美国人沃克在《将人力资源规划与战略规划联系起来》一文中，初步提出将战略规划与人力资源规划联系起来的思想，这是战略性人力资源管理思想的萌芽；1981年，福姆布龙、蒂奇和德瓦纳等人又发表了《人力资源管理：一个战略观》一文，标志着战略性人力资源管理理论的产生。此后，人力资源逐渐成为企业的战略性资源，人力资源管理也逐步上升到事关企业发展的战略性地位；同时，人力资源管理部门的角色开始向企业管理的战略合作伙伴转变，人力资源管理者的角色也在向战略规划者转变。

| 课堂讨论 |

人力资源管理在应对知识经济时代的各种挑战和冲击过程中，将呈现什么样的发展趋势？

（二）人力资源管理面临的挑战

科技的迅猛发展，特别是网络的普及和计算机技术的应用，正在给我们的经济、社会与文化生活带来前所未有的变化。当地理和空间不再是障碍，地球日益成为"地球村"时，我们已经步入了知识经济时代。在这个时代，人力资源的价值成为衡量企业整体竞争力的标志，同时人力资源管理正在遭受前所未有的严峻挑战。

1. 全球化的挑战

全球化的潮流势不可挡。由于越来越多的国际并购缔造了更多的全球化企业，有越来越多的公司开展海外业务形成跨国公司，基于互联网的电子商务使任何一个上网的企业都能面对全球市场，这些都促使企业的经营管理全球化进程不断加快。一个成功的企业应该具备独特技能和视野，能够感知全球市场和产品的细微差异，能够了解全球范围内各种文化和宗教的不同及其对产品和服务的影响，在全球范围内共享信息，采取有效的激励政策鼓励全球员工，并在全球范围内共享自己的构想与智慧等。这些都是全球化给企业管理带来的挑战，进而要求企业管理者有能力平衡及处理不同地域、文化、法律和业务活动等一系列问题。相应的，人力资源管理部门必须有能力招募及选拔那些适合在国外生活和工作的人才；设计并实施培训开发项目以提高员工对国外文化和工作环境的适应能力；调整薪酬计划以保证不同地区员工的薪酬公平与均等。此外，在全球范围内，国家之间的竞争日趋激烈，人才成为竞争的焦点，发达国家和跨国公司利用其在市场中的优势和垄断地位，大力网罗人才，这对发展中国家的人力资源管理可以说是一个巨大的挑战。

2. 新经济的挑战

信息技术及其产业发展水平是一个国家科技、经济、军事实力的重要标志之一，以信息技术为龙头的一系列高新技术的发展是新的产业革命来临的征兆。至此，人类踏上了新经济发展之路。新经济是一种以高科技、信息、网络、知识为重要构成部分和主要增长动力的经济模式。在新经济背景下，组织之间的竞争日益激烈，所有竞争的焦点则集中于人力资源，在某种意义上甚至可以说，人力资源竞争的成败将决定组织竞争的成败。新经济给人力资源管理带来的挑战具体表现在以下几个方面：

第一，由于信息技术被广泛应用于人力资源管理的各个领域，进而出现了全面质量管理、业务流程再造等新概念与新方法，而这些新概念与新方法的出现，必然会给人力资源管理带来新的挑战。组织只有很好地利用这些先进的管理理念和方法，才能在竞争激烈的当今社会立于不败之地。

第二，信息技术的进步，凸显了人力资源管理信息系统的作用，使得各种类型组织的人力资源管理者都能利用计算机开展日常工作；而且，互联网已成为获得和发布人力资源管理信息的主要渠道之一，正在改变人力资源管理活动的决策、管理及评估方式，使得人力资源管理活动变得日益复杂与多变。

第三，信息技术使得管理者与员工、员工与员工之间的沟通更为顺畅，因此重视与员工沟通，重视授权与信任员工，促使员工实施自我管理，是新形势下组织实现有效管理的迫切任务。

第四，技术更新速度的加快使得员工培训与开发工作显得尤为重要，而且招聘高科技人才的工作也变得更为困难，因此如何加强员工培训开发与吸引优秀的高科技人才，以适应快速变化的技术需求，是各类组织人力资源管理面临的重大挑战。

3. 组织变革的挑战

由于技术创新速度加快，致使产品更新、生产工艺变更、经营方式转变以及竞争方式变化等速度进一步加快，组织运作环境变化的强度和频度也相应加大。环境的变化和竞争的激烈极大地增加了组织生存和发展的难度，迫使组织不断实施变革以增强适应能力。传统的组织形式是以直线制为代表的纵向一体化模式，其特点是职能层级过多，不同阶层的员工被人为的隔离，造成诸如机构臃肿、官僚作风、效率低下等弊端，导致组织运作成本居高不下。幸运的是，信息技术尤其是计算机和网络技术的发展及应用为缩短信息传递、提高组织绩效提供了技术支持，使得精减组织机构、减少职能层级成为可能，使组织日益趋于扁平化、网络化、柔性化与虚拟化。诸如此类的组织变革给人力资源管理带来了极大的挑战，一向处于被动适应地位的人力资源管理受到空前的影响甚至冲击，并开始发生变化，主要表现为：组织应该对人力资源管理进行信息化建设和改造，以适应组织变革的发展趋势；人力资源管理开始突破组织边界，在更加广泛的网络基础上进行，进而可以在更宽广的范围内选择最有价值的人力资源管理职能；人力资源部门的地位开始从执行层上升到决策层，由着眼于组织目前运转的执行功能向着眼于组织长期竞争力的战略管理转变，由组织变革的追随者演变为组织变革的发起者，不再处于组织管理的边缘，而是逐渐在组织管理中居于核心地位。

4. 员工变化的挑战

员工是组织生存和发展的基础，也是人力资源管理的主要对象。进入21世纪，组织员工的需要、结构和素质等都发生了很大的变化，这势必给人力资源管理带来新的挑战。首先，员工的需要发生了变化。员工在基本需求得到满足后，开始向更高层次的需求发展，渴望得到承认与尊重，也渴望参与组织管理并实现自身价值。这就给人力资源管理提出了新的要求，要求加强管理者与员工之间的沟通，最大限度地满足员工的合理需要。其次，由于人才竞争日益激烈，员工对组织的忠诚度下降，导致流动率越来越高，尤其是跨国界、跨行业、跨部门的人才流动，加重了组织培训与开发的负担，同时加大了员工与组织磨合的难度。最后，员工为了争取自由轻松的工作环境与实现工作中的自主性，一般会追求自由宽松而富有弹性的工作时间，这就使得人力资源管理要逐步从传统的刚性工作制度中转变过来，但迫于组织发展的压力，改革不可能在短期内实现，导致人力资源管理处于两难境地。

| 课堂讨论 |

人力资源管理除了受到来自全球化、新经济、组织变革等挑战外，还受到哪些可能的挑战？

（三）人力资源管理的发展趋势

人力资源管理在应对知识经济时代的各种挑战和冲击的过程中，已经呈现出以下发展趋势。

1. 人力资源管理战略化

当前，人力资源管理已经向战略性人力资源管理方向发展，其主要表现是战略性人力资源管理理论与实践的发展。战略性人力资源管理把人力资源管理提升到战略的高度，系统地将人与组织联系起来，建立统一性和适应性相结合的人力资源管理；把人力资源视为一切资源中最宝贵的资源，强调依靠人力资源实现战略目标和建立竞争优势。在战略性人力资源管理实践中，人力资源管理部门的工作范围不再局限于招聘、培训等工作内容，而是被整合到企业的战略、运营等流程中去，承担起了新的职责，成为"战略合作伙伴"。这种新的角色定位使人力资源管理部门能够为组织的战略和运营配备合适的人员，使整个组织的战略管理能力获得提升。同时，人力资源管理者逐渐从行政性事务中解脱出来，改变过去那种行政、服务和服从的角色，转变为关心组织发展和管理者能力的战略角色；越来越多的企业聘请人力资源专家实质性地参与战略研究和制定全过程，从而使人力资源管理在更高的层次上得到不断发展，更趋于强调战略问题，强调如何使人力资源管理为实现组织目标做出更大的贡献。

2. 人力资源管理人本化

传统的人事管理建立在等级森严、沟通不畅、对员工不信任的基础之上，这种管理方式已经不能适应知识经济时代，以及"以人为本"理念的要求。随着信息技术的快速发展、知识型员工的日益增多，企业与员工之间、管理者与被管理者之间都将会按照新的"游戏规则"来处理各种关系，人力资源管理方式也相应发生了重大变化，表现出人本化趋势。这具体表现为：以人为中心，将人力资源视作组织最重要的资源，并不断加以开发利用，促成员工目标和组织目标的共同实现。例如，越来越多的企业纷纷对员工工作进行重新设计，使工作丰富化，给员工更大的自由发挥空间，以培养与增强员工的组织归属感，提高员工的工作热情与兴趣，提升员工的工作生活质量。

3．人力资源管理国际化

世界经济的全球化使得各国的资本、劳动力在世界范围内流动，并使许多跨国公司内部文化的异质性、多元性日趋增强，文化、民族和群体的差异不仅影响着人们之间的沟通，还影响着组织内部的互动性。因此，人力资源管理需要整合不同的文化，并且从不同的文化中获取有利于组织发展的因素，即实施跨文化管理。人力资源管理也因此表现出越来越明显的国际化趋势。全球观念、系统观念、多元主义是培养文化开放与宽容的思想基础，而有效的不同文化的交流与对话，特别是深度对话，是实现文化整合和文化共享的重要途径。跨文化培训已成为人力资源发展的重心所在，是实现文化整合的有力工具。此外，随着市场竞争的国际化，越来越多的企业重视招聘与使用国际人才，人才资源在全球范围内进行配置的特征日益明显。

4．人力资源管理信息化

现代科学技术，特别是信息技术的飞速发展，给人力资源管理带来了一场前所未有的革命，电子化人力资源管理（E-HR）系统的出现，为人力资源管理手段的科学化带来了全新的体验。导入和运用新的科学技术，促使人力资源管理电子化是这个时代人力资源管理发展的大势所趋。通过电子化的员工自助系统、培训系统、绩效管理系统、薪酬计算系统等，在人力资源管理部门与员工之间搭建起一座沟通的桥梁。友好的用户界面，以及强有力的报表生成工具、分析工具和信息的共享使得人力资源管理人员得以摆脱烦琐的日常工作，集中精力从战略的角度考虑企业人力资源规划和政策。目前，我国人力资源管理信息化单靠内部资源的优化配置已不能满足企业发展的需要，外部资源的优化管理开始成为企业关注的焦点。

5．人力资源管理外包化

为了适应组织内部投资结构和工作量的经常变化，促使组织维持较为明快有效的系统和程序，越来越多的企业，尤其是中小企业，开始重视将人力资源管理活动委托给组织外部的专业服务机构承担，人力资源管理趋向外包化。人力资源管理外包的趋势一般是：某些基础性工作向社会化的企业管理服务网络转移；将企业的档案管理、社会保险、职称评定、招聘和培训等庞杂的事务性工作、知识含量不太高的工作从人力资源部门转移出去，组织设计、工作分析等具有开创性的职能则交给管理咨询公司。人力资源管理外包的实质就是降低管理成本，通过从战略高度对企业成本结构和成本行为的全面了解、控制和改善，来增强企业的适应能力与获得长久的竞争优势。人力资源管理外包作为企业人力资源管理职能转变的方向，发展较为迅速。有相当多的跨国公司、本土企业以及有关机构已经对其表现出浓厚的兴趣和关注，可以说，人力资源管理外包无论是在中国还是在整个世界，都具有广阔的发展前景。

第三节 人力资源管理的演变过程

一、人力资源管理的发展过程

人类有其发展的历史进程,每一个历史时期的人力资源管理形式总是与当时当地的政治、经济、文化、人口、管理等紧密联系的。尽管"人力资源管理"这一专有名词是在近半个世纪才通用于全球,为人类所接受和使用,但对人的管理是在人类产生时便开始的,是所有文化中最古老的文化,是所有管理中最古老的管理。在人力资源管理形成的过程中,有其发展的若干重要阶段。

(一)18世纪初以前的原始管理阶段

在这一时期,手工业作坊、家庭手工业大量存在,产业的所有者也是管理者,本人还是手工业工人,即老板=经理=工人。在这一时期,专门的人事管理者还未诞生,有的只是老板对家庭成员的管理,这一时期属于人力资源管理的原始时期。

(二)18世纪后期至19世纪末期的古典管理阶段

随着资本主义的产生和第一次工业革命的标志——蒸汽机的出现,农村人口开始涌入城市,此时出现了工人阶级。由于工人阶级的产生,雇佣劳动部门也随之产生,美国最早的雇佣劳动部门就产生于这一时期。这一时期属于古典管理阶段。这一阶段人力资源管理思想有如下特点:

①把人视为"物质人""经济人",以"金钱"为一切衡量标准,每个工人都在一定的岗位上做简单的重复的机械劳动。

②"人力资源管理"这一时期表现为"雇佣管理",主要用于招录和雇佣工人,其管理以"事"为中心,以"目的"为指导,忽视人的需求,忽视人在"金钱""物质"以外的一切需求。

③确立了工资支付制度和劳动分工,每个工人都有自己的岗位和按规定获得的"工资"。

④已初步有了智力劳动和体力劳动的区别,因为有雇佣劳动,就出现了一些不做工的"监工",他们的主要任务是强迫和监督工人劳动。

(三)19世纪末至20世纪初的近代管理阶段

随着资本主义从自由竞争到垄断的发展,美国的管理之父泰罗和德国的社会学家韦伯提出了一系列比较科学、合理的管理方法和管理手段,在这一时期,人力资源管理有如下几个特点:

①劳动方法标准化。有了劳动定额、劳动定时工作制。首次科学而合理地对劳动效果进行计算。

②将培训引入企业。根据标准方法对工人实行了在职培训，并根据工人的特点分配以适当的工作。

③明确划分了管理职能和作业职能。出现了劳动人事管理部门，劳动人事管理部门除负责招工外，还负责协调人力和调配人力以及在职培训。

④能够组织起各级的指挥体系。各种职务和职位按照职权的等级原则加以组织，对人的管理制定了下级服从上级的严格的等级观念。

这一时期，以标准化为其显著特点。工人从农村走向城市，从小作坊、小工厂走向大工厂。在当时的情况下，集中化、大型化、标准化为其主要特色，工厂是大的，烟囱是大的，机器是大的。制作相同规格、相同颜色、相同标准的零件。工人集中上班、集中工作、集中居住……总之，在集中化、大型化、标准化之下，由资本家所建立的各级管理体制已基本形成，等级观念也是日趋严重了。

（四）20世纪40年代以来的现代管理阶段

这一时期，是人力资源管理思想最活跃的时期，是从"物质人"的管理思想跃至"社会人"的管理思想的转折时期，是从刚性管理向"刚柔结合"和"柔性管理"转变的重要时期。这是人力资源管理发展过程中一个质的飞跃。特别是第二次世界大战以后，人力资源管理进入新的阶段。在这一阶段中，人力资源管理作为企业的一个按功能划分的子系统而具有独立运行的功能。另一方面，它作为企业八大管理之首，具有对其余子系统的运行进行影响和左右的功能，它是决策系统最重要的参谋系统。人力资源管理日益成为系统运行的中枢。

这一时期人力资源管理的主要特点如下：

①承认人是社会人，人除了物质、金钱的需要外，还有社会、心理、精神等各方面的需要。在这一时期，已开始萌发了对人性的尊重，对人的心理需求的尊重；

②在管理形式上，承认非正式组织的存在，承认在官方或法定的组织存在之外，另有权威人物的存在。它属于非正式组织的权威，它同样能影响和左右人们的行为和意愿。在方法上，则重视工会和民间团体的利益。

③在管理方法上，承认领导是一门艺术，有方法的区别，应该以人为核心改善管理的方法。

④现代管理理论，即"管理科学"和"行为科学"引入人力资源管理，重视对个体的心理和行为、群体的心理和行为的管理。

⑤对人的管理必须求取整体效益最优，不再突出个体的"英雄行为"，而是日益重视群体的协调作用。

⑥知识就是资金，信息就是财富，对人的素质提出了更高的要求。

⑦人事管理信息系统诞生，电脑开始参与管理。电脑可以帮助处理大量繁杂的事务性的人事管理工作，如职工的履历管理、档案管理、工资管理等。

⑧"人力资源管理部"逐步取代"劳动人事部"。"人力资源开发部"更重视人的

智力的开发、人与人之间的协调、人的合理流动和人的最大潜能的发挥，而把大量事务性的工作归入系统化、程序化，由电脑给予处理。

在"人—生产力—生产产品"这个链条中，人们不再认为利用机器和工人来降低成本是正确的做法。相反，人们已经清楚地认识到，只有改革管理人力资源的方式，开发人的潜在才能，充分发挥人的主动性、积极性，企业才能真正获得发展。

将"劳动人事部"改为"人力资源部"，不仅仅是名称的变动，也不是部门管理范围的扩大和缩小，而是历史潮流发展之必然，是具有重大战略意义的改动。人力资源管理区别于一般的曾经与之并列的财务管理、生产管理、销售管理而跃居其他管理之上，其工作的成败直接关系到企业的生存与发展。

在人力资源管理阶段的划分问题上，有过多种不同的方法，这主要是由于考虑问题的出发点和不同的需要所造成的。它们之间并不存在重大分歧和冲突。在美国，一些人力资源管理科学者认为，美国的人力资源管理经历了以下三个发展阶段：

第一个阶段，称为"档案管理"阶段。它代表了20世纪60年代中期人力资源管理的状况，也反映出当时对雇员关心重视的程度。"人事"在那个时候已具有特殊的使命了，比如，新工人的录用、职前教育，人事档案管理（出生年月，参加工作时间，受教育程度等的记载），公司活动计划以及备忘录的周转等。

第二阶段，是继1964年《民权法》通过之后开始的。它被称为"政府职责"的阶段。在这一阶段，《种族歧视法》《退休法》《保健与安全法》等各种由联邦法定代理及其解释机构所规定的准则以及法院的法规对就业的各个方面都产生了影响。然而，这一切又加速了要把人力资源管理的职能提到政府议事日程上来这一发展进程。从许许多多的集体诉讼和胜诉产生的大量经济后果来看，都反映了错误的人事管理所付出的代价。所以，在1973年，美国电话电报公司在与联邦政府达成的一项协议中，同意将晋升到管理职位上的女雇员的起点工资与晋升到同样职位的男雇员的工资拉平。仅此一项就花去该公司3亿美元。

由于高层管理人员对人事管理工作者的一丁点不称职都不能容忍，所以，那些不专门从事人事管理工作的经理们开始对这一领域重视起来。

所以，在人事管理领域内，一批酬劳与福利专家、赞助性行动（出于对少数民族就业的关心所采取的行动）专家，以及劳工关系专家和培训与发展专家都纷纷出现。另外，为服从一些规定的活动还要消耗大量的资源，比如，填写政府要求的有关各工种中招收、录用和提升少数民族和非少数民族成员数量的报告。对这类活动许多高层管理人员都视其为整个组织的非生产性消耗。

在20世纪70年代末和80年代初，很多组织还处于仅为了生存而奋斗的时期，由于经济和政治因素的双重影响（高利率、全球经济衰退、美国生产率下降），要求所有企业的各职能机构都要以经济形式承担更大的责任。这种经济责任制对人力资源管理活动也不例外。那时，虽然评价人事规划的成本与收益已经具有可能性，但却鲜为人知。此外，各种社会趋势（如劳动大军中出现了越来越多的妇女、少数民族、年迈者及受教育程度较高的人）又提出了对职业生活质量进行改善的要求。

第三阶段，即20世纪80年代以来的"组织的职责"阶段。伴随着对物力、财力的

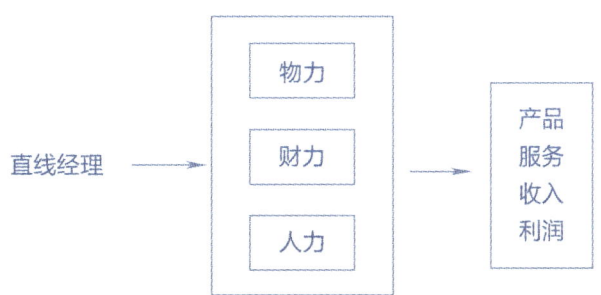

图1-13　直线经理充分利用人、财、物三种资源

有效管理，对人有效管理的任务也更多地落到了直线经理的肩上，如图1-13所示。这里，直线经理是指那些总体负责企业运转的人。

以当时的观点来看，所有的经理无论负责什么工作，都必须从人事管理活动的经济效果来对其组织负责；同时，又必须以所提供的职业生活质量对其下属雇员负责。于是，似乎可以这样说，最有效的人力资源管理方法也许产生于人事行政部门与肩负充分利用各种资源使命的直线经理相互间的亲密合作。更明确地说，档案管理和政府职责仍然属于人事管理部门的工作，但是就整体而言，人力资源管理还应视为一种联合职责。

总之，现代人力资源开发与管理比传统的人事管理更具有战略性和主动性，更适合当今组织的管理模式与发展趋势。

二、未来的人力资源管理

为了迎接将来的挑战，未来的人力资源管理部门必须比他们的前辈更加出色。人力资源部门必须担负起被赋予的更大的责任，人力资源经理有必要全身心地参与到组织的战略和政策制定活动中去。幸运的是，许多组织中都在出现这种迹象。例如，在一项1992年对《财富》杂志500家公司中151家的高层人力资源经理的调查中发现，这些经理人员的绝大多数在公司政策上起到了重要的作用。这些经理人员中的71%回答道，他们的人力资源职能比在过去的年月里更加融入到了企业战略的实施之中。

如果未来的人力资源经理要赢得同事和最高管理层的尊重。他们必须努力克服有时与人力资源管理相联系的一些负面印象和偏见。这可以通过以下几种方式来实现：

第一，人力资源经理应该成为具有多方面兴趣的商人。除了在基本的专门问题上具有多方面兴趣外，人力资源专业人员还需要明白公司业务的复杂性。为了帮助人力资源经理更加熟悉自己的企业，提出如下建议：了解公司战略和企业计划；了解所在行业；支持经营业务需要；有更多的时间与本部门人员在一起；把握住组织的脉搏；学习计算成本和寻找有难度数字的解决方案。充分理解经营业务将有助于人力资源人员了解运营问题及组织面对的问题，而人力资源人员常常为这些问题而感到困惑。

第二，人力资源经理应该充分地了解当前和未来的趋势和问题。这将有助于他们摆脱对无效的技术的迷恋。

第三，人力资源经理应该促进组织内对人力资源的有效利用。在处理与运营经理的关系时，人力资源经理不要采用一种说教式的方法，而是应该强调通过有效地使用组织的人力资源来增加利润的重要性。按照这种观点，人力资源经理应该学会更加主动和抓住机会，以展示他们能怎样积极地影响盈亏。

全球化问题。全球化是指公司纷纷到海外市场拓展销售或生产，并随着区域性合作组织，如欧盟、北美自由贸易区、亚太经合组织等的产生，国与国之间的界限开始变得越来越模糊。这种趋势在过去的几年中蔓延到全球，使世界经济已经成为"牵一发而动全局"的整体。1997年爆发的亚洲金融危机和美国2001年的"9.11"恐怖袭击事件的广泛影响都说明了经济的全球化。世界各国经济不仅有竞争，更是一个相互联系、相互依存的体系。一个地区、一个国家的经济和社会动荡很快会波及全球，影响到其他国家的安定与发展。世界经济格局的改变对劳动力市场与人力资源供需规划、战略等产生了重大影响。

作为经济一体化自然结果的跨国公司，将更多地面对不同的政治体制、法律规范和风俗习惯。反过来又会推动各国文化的相互了解与融合。管理者们会经常遇到不同国籍、不同文化背景、使用不同语言的员工如何共同完成工作，以及管理制度与工作价值观迥异的组织如何沟通等问题。

近年来，以中国为代表的发展中国家持续、高速的发展使世界经济格局发生了重大变化，中国成为许多跨国公司投资的热点。企业以前只需面对本地的竞争者，而现在面对的是全球竞争对手的挑战。市场的竞争日趋激烈，竞争方式愈加多样化，迫使组织调整自己的战略，从长远利益出发，对组织中的人力资源、物质资源和信息资源进行战略规划，使自己长期处于不败之地。

世界经济一体化也使人才竞争与人才流动国际化。中国加入WTO面临的产品市场冲击，其本质是人才市场的冲击，尤其是企业家人才与热门技术人才的竞争白热化。那些能够吸引、留住、开发、激励一流人才的企业将成为市场竞争的赢家。

本章小结

1. 本章介绍了人力资源的概念、性质及其相关概念的关系，阐述了人力资源管理的含义、发展阶段、功能、目标、环境、面临的挑战以及发展趋势，分析了战略性人力资源管理的概念、特点、系统模型及运作要求等。具体而言，人力资源是指一定时期内组织中的人所拥有的，能够支持组织目标实现的体力和脑力的总和，具有生物性、能动性、时效性、增值性、社会性和可再生性等特征。

2. 人力资源管理是组织通过各种政策、制度和管理实践，对人力资源进行合理配置、有效开发和科学管理，充分挖掘人力资源的潜力，调动人的积极性，提高工作效率，从而实现组织目标的管理活动。人力资源管理包括最终目标和具体目标两个层次，它先后经历了人事管理、人力资源管理和战略性人力资源管理三个发展阶段，具有吸纳、激励、开发、维持以及整合五个方面的功能。人力资源管理所处的环境可以划分为内部环境和外部环境：外部环境包括政治、经济、技术、法律、文化等；内部环境包括组织战略、组织文化、组织生命周期、高层领导者的领导风格等。人力资源管理正面临全球化、新经济、组织变革、员工变化、人口老龄化、金融危机等一系列的挑战，呈现出战略化、人本化、国际化、信息化、外包化等发展趋势。

3. 战略性人力资源管理是以组织战略为导向，通过动态协同人力资源管理的各项职能活动，确保组织获取持续竞争优势，并达成组织目标的过程，具有战略性、系统性、匹配性、动态性等特征。组织的使命、核心价值观、愿景、战略等因素是战略性人力资源管理系统设计的基础和依据。

第二章
工作分析与工作设计

教学目的

本章主要介绍人力资源开发与管理最基本的作业——工作分析的基本概念、内容与作用，以及工作分析的过程与基本方法。旨在通过本章学习使学生了解、掌握工作分析的基本概念、过程与基本方法。

教学重点

工作分析的基本方法。

教学难点

"工作说明书"的编写。

知识目标

了解工作分析的内容、作用。

能力目标

掌握工作分析的概念、过程与基本方法。

> 引导案例

美国银行：人与岗位的匹配

美国银行（U.S.Bank）的新任销售与客户维护经理托德·伯克利在该银行发挥了战略作用。鉴于许多大客户注销账户并到竞争对手那里开户，美国银行重新调整了竞争战略，战略强调鉴别并迅速排除导致其客户离去的客户服务问题。但是托德后来发现，这样做对银行人力资源政策和程序的方方面面都有影响。

为了实现战略目标，确保员工强调客户服务和及时处理客户不满的服务，人力资源部必须为所有雇员，包括出纳员、保安乃至副总裁，制作新的职位说明书，将其有关服务的新职责写进职位说明书。当然，该银行还对雇员进行培训，制定新的招聘录用标准，雇用服务型的人员担任新职务。客户服务新战略想要取得成功，整个银行的人力资源活动都必须为它提供支持。于是，美国银行必须从职位分析开始入手。

在现有的工作职能中增加新的工作职责和任务；创建几个新的职位（例如客户保证经理）。也就是说，托德和他的同事们发现，如果没有透彻理解职位分析，他们就不能贯彻理解职位分析，也就不能贯彻本银行的新战略。

启发思考：
（1）美国银行为什么要重新进行职位分析？这与公司的战略有何联系？
（2）美国银行新的职位分析对加强其在行业中的竞争有何帮助？
（3）美国银行的服务型职位分析的核心要素有哪些？

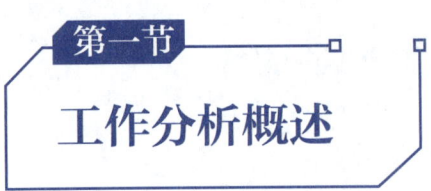

第一节 工作分析概述

一、工作分析的含义

工作分析也叫职位分析，是指研究一个组织内每一个职位所包括的具体工作内容和责任，对工作内容及有关因素做全面、系统的描述和记载，并指明担任这一职位工作的人员必须具备的知识和能力。工作分析是人力资源管理的基础，是获得有关工作信息的过程。我们可以通过工作分析界定某一职位与其他职位的差异；通过工作分析得到的信息被用来制作工作说明书。具体来说，工作分析就是要为管理活动提供与工作有关的各种信息，这些信息可以用6个W和2个H加以概括。

（1）Who——谁从事此项工作？包括责任人，以及所需人员的学历、知识、技能、经验等资格要求。

（2）What——做什么？包括确定工作内容与工作职责。

（3）Whom——为谁做？即顾客是谁？这里的顾客不仅指外部顾客，也指企业内部顾客，包括与从事该工作的人有直接关系的人——上级、下属、同事、客户等。

（4）Why——为什么做？包括工作对企业战略及从事者的意义。

（5）When——工作的时间安排是什么？

（6）Where——这些工作在哪里进行？

（7）How——如何从事此项工作？包括工作的程序、规范以及为从事该工作所需的权力。

（8）How much——为此项工作所需支付的报酬或费用是多少？

通过工作分析，我们要回答或者解决以下两个主要问题。

（1）"某职位应该做什么"。这一问题与职位的工作活动有关，包括职位的名称、工作的职责、工作的要求、工作的场所、工作的时间以及工作的条件等一系列内容。

（2）"什么样的人来做最适合"。这一问题则与从事该职位的人的资格有关，包括专业、年龄、必要的知识和能力、必备的证书、工作的经历以及心理要求等内容。

二、有关工作分析的基本术语

为了更清楚地了解工作分析的内涵，有必要解释与之相关的一些概念。

（1）行动。行动也称工作要素，是指工作活动中不能再继续分解的最小动作单位。例如，打字员打印一份文件就包括接通电源、打开电脑、输入字符、打印、校对、修改、打印修改稿等工作要素。

（2）任务。任务也称工作任务，是指达到某一工作目的的工作要素集合。例如，包装工人盖上瓶盖是一项任务，打字员打印一封英文信也是一项任务。

（3）职责。职责也称工作职责或工作责任，是指某人担负的一项或多项相互联系的任务集合。例如，打字员的职责包括打字、校对、简单维修机器等一系列任务。

（4）职位。职位是指工作职责的集合。职位的种类和数量一般与组织规模成反比。从横向上看，企业中的职位一般分为领导管理类、生产制造类、技术研发类、市场销售类、职能管理类、行政事务类等。

（5）职业。职业是指在不同时期、不同组织中，工作要求或职责相近或相当的职位集合。例如，教师、秘书、会计等都是职业。

（6）职业生涯。职业生涯是指一个人在工作生活中所经历的一系列职位、工作或职业。例如，某人刚参加工作时是学校的教师，后来去了政府机关担任公务员，最后又到了公司担任经理，那么教师、公务员、经理就构成了这个人的职业生涯。

（7）职系。职系是指工作性质大体相似，但工作责任、难易程度不同的一系列职位集合。例如，人事行政、社会管理行政、财税行政、保险行政等均属于不同的职系。职系又称为职种，每个职系都是一个职位升迁的系统。

（8）职组。职组是指工作性质相近的若干职系的集合。例如，人事行政与社会行政可以合并成普通行政职组；财税行政与保险行政可以并入专业行政职组。职组又叫职群，是工作分类中的一个辅助划分，并非工作评价中不可缺少的因素。

（9）职级。职级是指同一职系中职责大小、难易程度和任职资格充分相似的职位的集合。例如，中学一级的数学教师与小学高级的数学教师属于同一职级，中学的一级语文教师与一级英语教师也属同一职级。

（10）职等。职等是指不同职系之间，职责大小、难易程度和任职资格充分相似的职位的集合。例如，讲师、工程师、实验师、会计师、经济师分别属于不同的职系，但都是中级职称，属于同一职等。

三、工作分析的作用和意义

工作分析是人力资源管理的基础，几乎任何一项人力资源管理的工作都要用到工作分析的结果。

（一）工作分析为其他人力资源管理活动提供依据

工作分析为人力资源管理提供了一个平台，人力资源管理的其他职能活动都是在此基础上进行的，如图2-1所示。

（1）工作分析为员工招聘提供了客观的标准。企业在进行招聘时需要对拟招聘职位的职责和内容进行准确界定，也需要明确任职资格和要求，而这正是工作分析的两个主要结果。换言之，工作说明书中的职位描述与职位规范为员工招聘提供了客观的标准，减少了主观判断的成分，有利于提高招聘的质量。

（2）工作分析为员工的培训开发提供了明确的依据。员工培训的内容、方法应该与工作任务的内容、职位所需要的工作能力和操作技能等相关，而工作分析对各个职位的

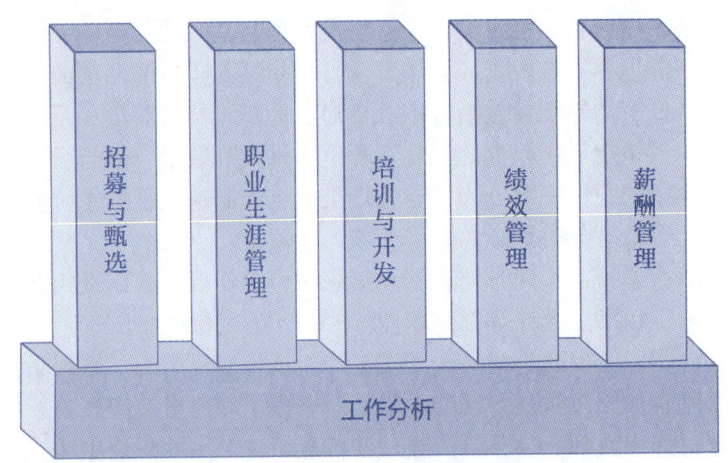

图 2-1 工作分析是人力资源管理的平台

工作内容和任职资格等都进行了明确的规定,因此可以提高员工培训的针对性、员工与职位的匹配程度,进而提高培训与开发的有效性。

(3)工作分析为制定公平合理的薪酬政策奠定了基础。企业在制定薪酬政策时必须保证公平合理,而工作分析对各个职位承担的责任、从事的活动、资格的要求等做出了具体的描述,这样企业就可以根据各个职位在企业内部相对价值的大小给予相应的报酬,从而确保薪酬的内部公平性。

(4)工作分析为绩效评价提供了客观的评价标准。绩效评价必须有客观的标准,而工作分析对每一职位从事的工作以及所要达到的标准都有明确的界定,这就为绩效管理提供了员工工作业绩的评定标准,减少了考核的主观因素,提高了考核的科学性。

(5)工作分析为职业生涯管理提供了基本依据。职业生涯管理必须通过促使员工的职业发展来实现员工与企业的"双赢",而工作分析正是通过对职位之间的相互联系、每个职位所需的技能等多方面的研究与描述,为员工在组织内的发展指明了合适的职业发展路径。

(6)工作分析为员工关系管理提供了可靠的信息。员工关系管理的一个关键内容是确保员工的劳动安全,而通过工作分析得到的关于工作的安全标准、程序和物理环境等信息,有利于保证员工的劳动安全,进而为员工关系管理提供可靠的信息。

(二)工作分析对企业的整体管理具有重要作用

工作分析除了对人力资源管理本身具有重要的意义之外,还对企业的整体管理具有重要的作用。

(1)工作分析有助于实施战略管理。企业在实施战略管理的过程中,为了适应环境的变化,需要适时变更、减少或合并职位,这就需要借助工作分析的信息才能够实现。

(2)工作分析有助于员工明确职责。工作分析能够让员工清楚了解职位的职责范围和需要完成的任务,帮助他们自觉主动地寻找工作中存在的问题,并且圆满地实现职位对企业的贡献。

（3）工作分析有助于增强管理的协同效应。借助工作分析，企业最高经营管理者能够充分了解每一个职位上的员工目前所做的工作，发现职位之间的职责交叉和职责空缺现象，并通过科学、合理地设置职位，增强管理的协同效应。

为了更加直观地了解工作分析这一基础职能，我们用一个系统模型来表示它，如图2-2所示。

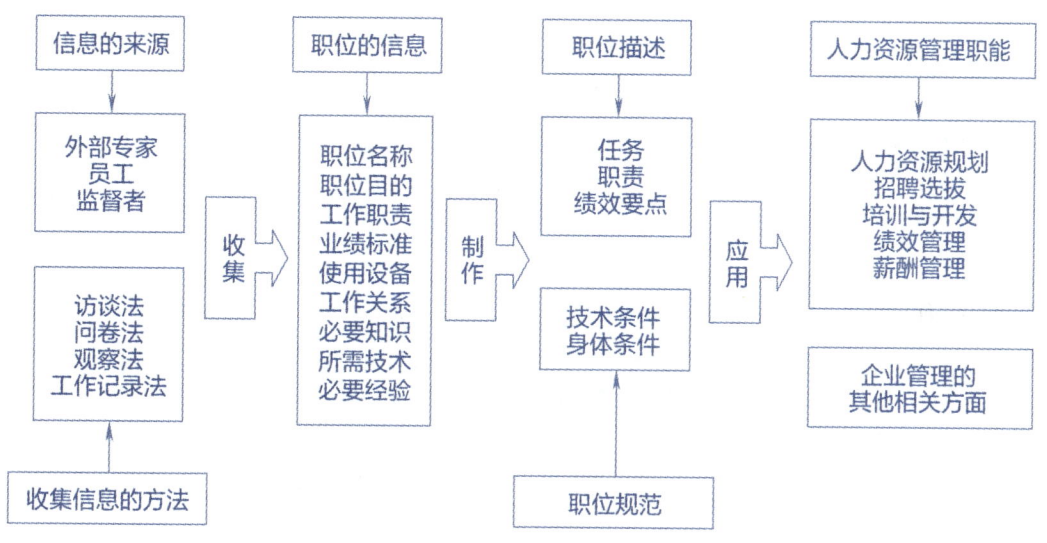

图2-2 工作分析的系统模型

四、工作分析的原则

在工作分析的过程中一般要注意以下原则。

（1）对工作活动是分析而不是罗列。工作分析过程中需要将获得的原始信息进行加工，要"抓住主干、舍弃细枝末节"。在分析时，应当将工作分解为几个重要的组成部分，审查后将其重新进行组合，而不是对任务或活动的简单列举和罗列。

（2）针对的对象是职位而不是人。工作分析并不关心任职者的任何情况，只关心职位的情况，目前的任职者之所以被涉及，仅仅是因为他通常最了解情况。例如，某一职位的工作本来需要本科学历的人来做，由于各种原因，现在是由一名中专生来做的，那么在分析这一职位的任职资格时就要将学历要求规定为本科，而不能根据现在的状况规定为中专。

（3）分析要以当前工作为依据。工作分析的任务是为了获取某一特定时间内的职位的情况，因此应当以目前的工作现状为基础来进行分析，而不能把自己或别人对这一职位的工作设想加到分析中去。只有如实反映职位目前的工作状况，才能够据此进行分析判断，发现职位设置或职责分配上的问题。此外，工作说明书必须反映所分析职位的真实情况，不能掺杂主观因素或含糊不清。

【示例】

公司前台服务员接转电话职责：经过分析，该项工作职责应当描述为"按照公司的要求接听电话，并迅速转接到相应的人员那里"，而不应该将所有活动都罗列上去，描述为"听到电话铃响后，拿起电话，放到耳边，说出公司的名字，然后询问对方的要求，再按下转接键，转接到相应的人员那里"。

第二节 工作分析的程序

工作分析是一项技术性很强的工作，需要做周密的准备，同时还要有科学、合理的操作程序。一般来说，工作分析的整个过程包括准备、调查、分析和完成四个阶段，如图2-3所示。这几个阶段相互联系、相互衔接并相互影响。

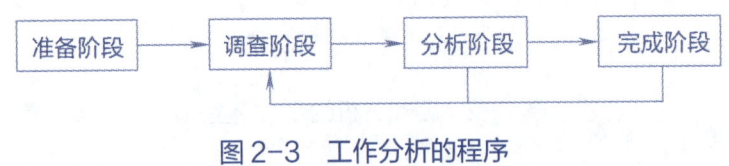

图2-3 工作分析的程序

一、准备阶段

这一阶段要完成的主要任务如下。

（1）确定工作分析的目的。确定工作分析的目的就是明确工作分析要解决的问题是什么，其用途是什么。工作分析的目的直接决定了工作分析的重点、需要收集的信息类别以及采用哪些方法收集信息。

（2）成立工作分析小组。工作分析是一项技术性很强的工作，应由专业人士负责操作。工作分析小组一般由以下三类人员组成：一是企业的高层领导；二是工作分析人员，主要是人力资源管理专业人员和熟悉本部门情况的人员；三是外部的专家和顾问，他们具有这方面的丰富经验和专门技术，可以防止工作分析的过程出现偏差，有利于保证结果的客观性和科学性。工作分析小组一旦成立，企业就应赋予小组成员相应的活动权限，以保证分析工作的协调和顺利进行。

（3）对工作分析人员进行培训。为了保证工作分析的效果，一般还应由外部的专家和顾问对工作分析小组成员进行业务培训。

（4）做好其他必要的准备。由于工作分析涉及诸多部门及人员，因此在开展工作分析之前，还需协调好各部门及其管理者之间的关系，做好员工的心理准备工作，建立起友好的合作关系。

二、调查阶段

这一阶段要完成的主要任务有以下几项。

（1）设计调查方案。根据工作分析的目的，制定工作分析的时间计划进度表，并选择和确认工作分析的内容与方法等。工作分析的方法很多，我们将在下一节进行介绍。

（2）收集工作的背景资料。背景资料包括组织架构图、工作流程图、国家的职位分类标准、国家标准职业分类、之前做过的工作分析资料以及工作说明书等。

（3）收集需要被分析工作的相关信息。工作信息的来源包括工作执行者、管理者、顾客、工作分析专家、职业名称词典等多个渠道。在调查过程中应保持严谨客观的态度，科学地选取有代表性的样本，保证工作信息的准确性。工作分析中需要收集的信息主要包括以下几类：

①工作活动。包括承担工作所必须进行的与工作有关的活动与过程、活动的记录、进行工作所运用的程序以及个人在工作中的权力和责任等。

②工作中的人的活动。包括人的行为，如身体行动以及工作中的沟通；作业方法分析中使用的基本动作；工作对人的要求，如精力的耗费、体力的耗费等。

③在工作中所使用的机器、工具、设备以及工作辅助用品，如电话、计算机、传真机、汽车、对讲机、仪器、车床等。

④与工作有关的有形和无形因素。包括完成工作所涉及或者需要运用的知识；工作中加工处理的材料；所生产的产品或所提供的服务。

⑤工作绩效的信息。包括工作标准或衡量要素等，如完成一项工作所花费的时间。

⑥工作的背景条件。包括工作时间、工作地点、工作的物理条件等。

⑦工作对人的要求。包括个人特征（如个性和兴趣）、所需要的教育与培训水平、工作经验等。

三、分析阶段

这一阶段的主要任务是深入分析调查阶段所获得的信息，运用科学的方法找出各个职位的主要成分和关键要素。

（1）整理资料。将收集到的信息按照工作说明书的各项要求进行归类整理，看是否有遗漏的项目，如果有的话再返回上一个步骤，继续进行调查。

（2）审查资料。工作分析小组的成员要一起审查、核对和确认经过整理的资料，这样可以修正信息中的不准确之处，使工作信息更为准确和完善。

（3）分析资料。如果收集的资料没有遗漏，也没有错误，接下来就要对这些资料进行深入分析，也就是要归纳和总结出编写工作描述和工作规范所需要的材料和要素，要创造性地揭示有关工作和任职者的关键信息。

四、完成阶段

这一阶段的主要任务是根据规范和信息编制工作说明书,并对整个工作分析过程进行总结。

(1)编写工作说明书。根据分析阶段归纳和总结出的相关材料和要素,草拟工作描述和工作规范,并将之与实际工作进行对比,认真检查工作说明书,分析并评估其中所包含信息的完整性及准确性,查遗补漏,经多次讨论、反馈和修订,直至形成最终的工作说明书。

(2)总结整个工作分析过程。找出其中成功的经验和存在的问题,为以后的再次工作分析提供参考依据。

(3)将工作分析的结果运用于人力资源管理以及企业管理的相关方面。让工作分析及工作说明书真正发挥作用,而不是在这项工作结束后,就将工作说明书束之高阁,不加利用,导致资金的浪费。

需要强调的是,工作分析作为人力资源管理的一项活动,是一个连续不断的动态过程。所以,企业绝不能有一劳永逸的思想,不能认为做过一次工作分析,以后就可以不用再做了,而应根据企业的发展变化随时开展这项工作,要使工作说明书能够及时反映职位的变化情况。

第三节 工作设计

一、工作设计的含义

工作设计是指为了达到组织目标,合理有效地处理人与工作的关系而采取的,对与满足工作者个人需要有关的工作内容、工作职能和工作关系的特别处理。它是对工作进行周密的、有目的的计划安排,既要考虑员工具体的素质和能力等方面的因素,也要考虑企业的管理方式、劳动条件、工作环境和政策机制等因素。

工作设计与工作分析不同。工作分析主要是对员工当前所从事的工作进行研究,并界定成功完成工作所必须履行的职责和达到的要求;而工作设计是关注对工作的精心安排,以便提高组织绩效和员工满意度。20世纪初,泰勒就非常重视对工作的重新设计,从而大大提高了工人的工作效率。可以说,工作设计是泰勒科学管理理论的核心问题之一。

二、工作设计的方法

从20世纪初至今，工作设计发展形成了一些典型的方法，包括工作专门化、工作轮换、工作扩大化和工作丰富化等。

（一）工作专门化

工作专门化是通过动作和时间研究，将工作分解为若干很小的单一化、标准化及专业化的操作内容与程序。员工通过操作单一的工作或程序，增加了熟练程度，从而提高了生产效率。图2-4是工作专门化的一个例子。

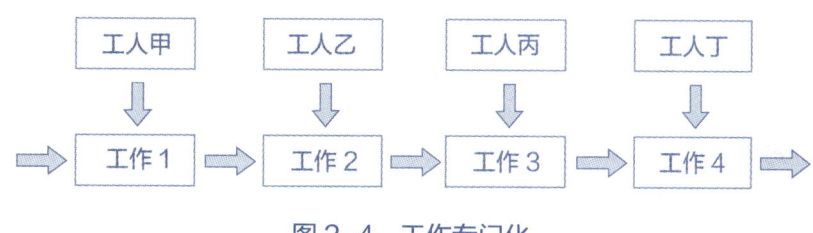

图2-4 工作专门化

工作专门化来源于亚当·斯密在19世纪后期提出的劳动分工的思想。亚当·斯密认为，劳动分工是指个人专门从事某一部分的活动而不是全部活动，这样有利于提高工作效率。19世纪末至20世纪初，泰勒首先在企业中强调应用工作专门化；亨利·福特也将工作专门化导入他的汽车装配工厂，利用生产线作业管理方法，给生产线上的每一个员工分配特定的、标准化的、重复性的工作，从而提高了生产效率。

工作专门化通过严格区分工作，让每位员工以最有效的方式只从事一种工作活动，从而避免了传统生产方式中许多无效的行为；通过分工明晰的原则，让员工依据明晰的权责利关系来从事企业中程序化的工作，从而避免了工作中的盲目状态与事事都要请示；通过专业化的分工，让员工长期专注于某一领域内的工作，不仅有利于员工提高技能与进行发明创造，还有利于组织开展员工甄选与培训工作，从而在一定程度上避免了资源的浪费。工作专门化的诸多优势，确实使企业的生产效率在很长一段时期内得到了极大的提高。但是，20世纪60年代以后，工作专门化带来的负面效应逐渐显现出来，最终导致由工作专门化带来的员工非经济性超过了经济性带来的优势。为了避免工作专门化带来的负面影响，人们开始探求更适用的工作设计方法。在这种情况下，工作轮换、工作扩大化、工作丰富化等新方法应运而生。

（二）工作轮换

工作轮换是为减轻员工对工作的厌烦感而将其从一个职位换到另一个职位。工作轮换通常是指横向的轮换，即在同一水平上工作的变化（图5-2）。轮换可依据具体情况和要求进行。比如当前的工作不再具有挑战性时，可以让员工转向另一项工作，也可以使员工一直处于轮换的状态中。许多大型组织在实施开发管理才能的规划中使用了工作轮换的方法，包括直线职位和参谋职位人员之间的轮换，通常也允许没有充分发挥潜力的员工向经验丰富的员工学习。图2-5是工作轮换的一个例子。

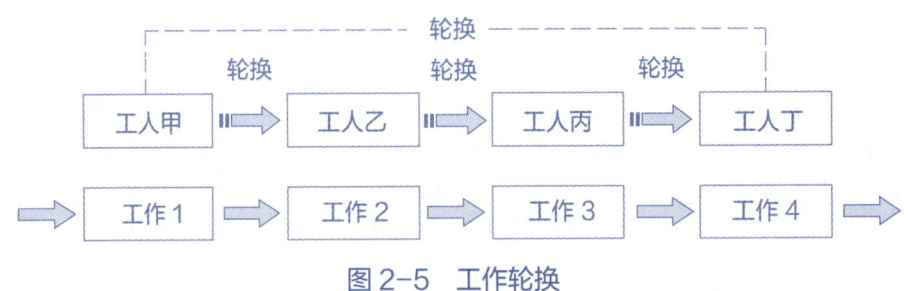

图2-5 工作轮换

工作轮换并不改变工作设计本身，只是使员工定期从一个工作转到另一个工作，因此是一项成本较低的组织内部调整和变动。对员工而言，工作轮换可以使员工比日复一日地重复同样的工作更能对工作保持兴趣和新鲜感，可以使员工从原先只能做一项工作的专业人员转变为能做许多工作的多面手，增强员工的工作适应能力，进而满足他们职业选择与成长的需要，激励他们做出更大的努力。对组织而言，工作轮换可以激发组织活力、储备多样化的人才与增强部门之间的协作，进而促进组织发展。日本企业广泛地实行工作轮换，对于管理人员的培养发挥了很大的作用。但是，工作轮换也存在一些问题：首先，它会增加培训成本，临时导致生产率的下降；其次，如果轮换次数过于频繁，会导致员工工作稳定性差，进而不利于提高忠诚度；最后，它有赖于完善的工作轮换流程设计、绩效评价体系等，否则将难以发挥正常的效用。因此，企业在实施工作轮换时应着眼于企业的战略需要，根据实际情况灵活应用。

（三）工作扩大化

工作扩大化是增加员工工作任务的数量或变化性，是工作任务的水平扩展。工作扩大化扩大了工作范围，让员工有更多的工作可做，如果说过去做一道工序，现在就扩大为做多道工序。例如，一个原来只装尾灯的汽车装配线工人，后来既装尾灯，又装车尾的行李箱，工作范围就比原来扩大了。又如，原来只更换机油的一个汽车机械工现在既要更换机油，又要添加润滑油，还要更换传动液，他的工作范围也扩大了。图2-6是工作扩大化的一个例子。

这种工作设计由于不必把产品从一个人手中传给另一个人而节约时间，并且通过丰富某一工作的内容来减少从事单一工作的厌烦感，员工通过学习和培训掌握更多的知识和技能，从而提高工作兴趣。有研究表明，工作扩大化可以增加员工的工作满意度，提高工作质量。IBM公司则报告工作扩大化导致工资支出和设备检查的增加，但这些费用因产品质量有所改进、员工满意度提高而抵消；美国美泰克公司（Maytag）声称通过实行工作扩大化提高了产品质量，降低了劳务成本，提高了工人满意度，使生产管理变得更有灵活性。

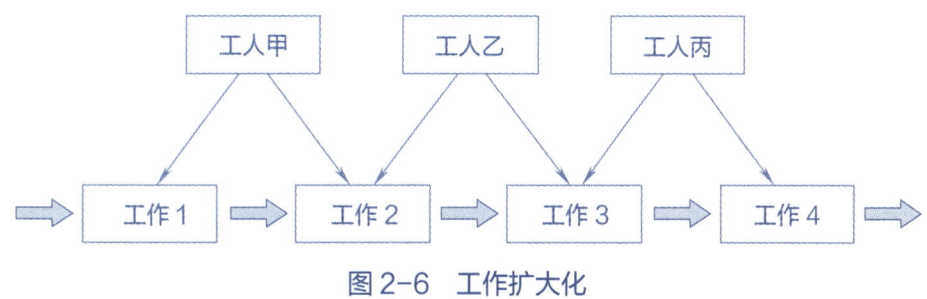

图2-6 工作扩大化

20世纪60年代，工作扩大化盛行一时，但此后员工对增加一些简单的工作内容仍不满足，原因在于工作内容虽然增加了，但是在"参与、控制与自主权"方面没有增加任何新东西，而且，更多的工作量意味着更重的工作负担，在激发员工的积极性和培养挑战意识方面没有太大意义。因此，许多企业积极寻求新的工作设计方法。

（四）工作丰富化

工作丰富化是对工作内容和责任层次的改变，是指对工作内容的纵向扩展和对工作责任的垂直深化，旨在向员工提供更具挑战性的工作。工作丰富化与工作扩大化的根本区别在于：后者是扩大工作的范围；前者则是工作责任的垂直深化，以丰富工作的内容。实施工作丰富化，应该增加员工的工作要求、赋予员工更多的责任和自主权、不断与员工进行沟通反馈以及对员工进行相应的培训等。

工作丰富化始于20世纪40年代的IBM公司。20世纪50年代，越来越多的企业对工作内容丰富化感兴趣。然而，使人们对工作丰富化日益了解并越来越感兴趣的，则是20世纪60年代美国电话电报公司（AT&T）、德州仪器公司（Texas Instruments）和皇家化学工业公司（Imperial Chemicals）进行的经过广泛宣传的成功实验。工作丰富化使得员工在完成工作的过程中获得一种成就感、认同感、责任感和自身发展，它能够增强员工对工作计划、执行和评估的控制程度。工作丰富化的工作设计方法与常规性、单一性的工作设计方法相比，虽然要增加一定的培训费用、更高的工资以及完善或扩充工作设施的费用，但提高了对员工的激励和员工的工作满意度，进而提高了员工的生产效率与产品质量，并降低了员工的离职率和缺勤率等，给工作带来积极的影响。当然，工作丰富化也存在设计成本高、遭遇阻力多等缺陷，这要求企业审时度势，谨慎推行。

三、工作特征模型

工作特征模型，也称五因子工作特征理论，是哈佛大学教授理查德·哈克曼等管理学家提出并加以完善的较为流行的工作设计理论之一。工作特征模型是工作丰富化的核心，它认为，可以把一项工作按照其与核心维度的相似性或者差异性来描述，于是按照模型中的实施方法丰富化了的工作就具有高水平的核心维度，并可由此创造出高水平的心理状态和工作成果。工作特征模型提供了这样一种框架：它确定了五种工作特征，分析了它们之间的关系以及对员工生产率、工作动力和满足感的影响。工作特征模型如图

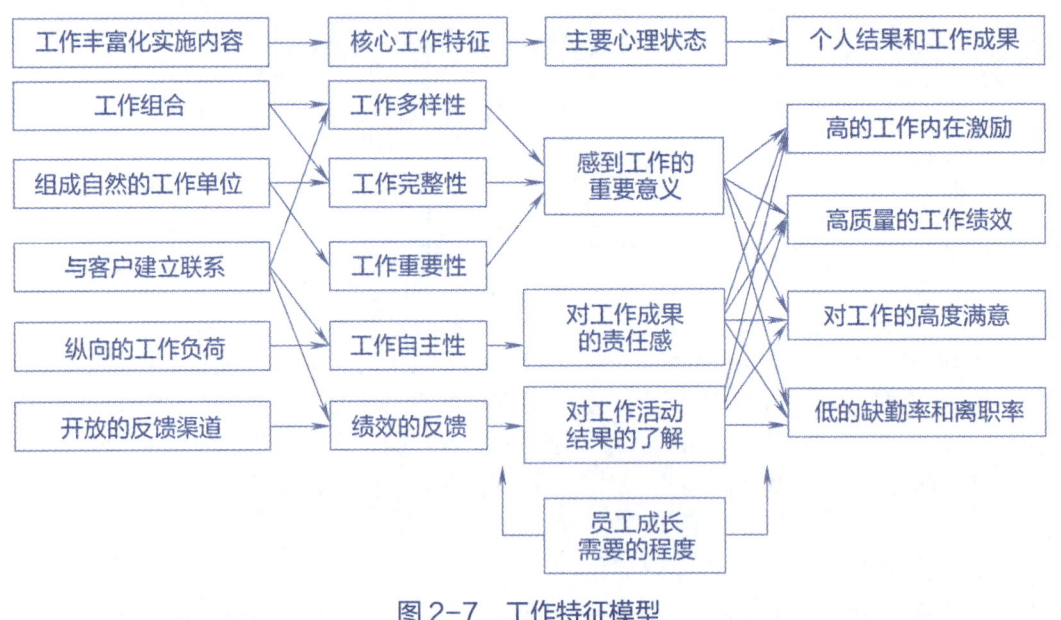

图 2-7 工作特征模型

2-7所示。

任何工作都可以从几个核心维度进行描述,称为核心工作特征。它们分别是:工作多样性,指工作中要求员工使用各种技术和才能从事多种不同活动的程度;工作完整性,指工作中要求完成一项完整的和具有同一性的任务的程度;工作重要性,指工作中要求完成的具有重要意义的任务的程度;工作自主性,指工作给予任职者在安排工作进度和决定从事工作所使用的方法方面,提供实质性自由、独立和自主的程度;绩效的反馈,指个人为从事职务所要求的工作活动需要获得的关于其绩效信息的直接的清晰的程度。其中,前三个维度(工作多样性、工作完整性和工作重要性)共同创造出有意义的工作。拥有自主性的工作则会给任职者带来一种对工作结果的个人责任感,而如果能提供绩效反馈,员工就会知道他所进行的工作效果如何。核心工作特征可以综合为一项单一的指标——激励潜力得分(MPS),其计算公式为:

$$激励潜力得分(MPS) = \frac{工作多样性 + 工作完整性 + 工作重要性}{3} \times 工作自主性 \times 绩效反馈$$

工作特征模型指出,工作越是具备多样性、完整性和重要性,员工的动机、绩效和满意感就越强,而旷工和辞职的可能性就越小。同时,核心工作特征与结果度量之间的关系,会受到个人成长需要强度(员工对自尊和自我实现的需要强度)的中和与调整。具有高度成长需要的员工,面对核心维度特征高的工作,会比那些低度成长需要的员工做出更为积极的反应。

工作特征模型为管理者从事工作设计提供了具体的指导,可以推导出如下建议,说明工作设计中的一些变化可能导致这5个核心工作特征的改善。

（1）工作组合。管理者应将现有的过细分割的任务组合起来，形成一项新的、内容广泛的工作，这将使技能多样性得到提高。

（2）形成自然的工作单位。管理者应当将任务设计成完整的、具有同一性的、有意义的工作，这可以使员工产生这项工作"归属于我"的感觉，鼓励员工将他们的工作视为意义重大的任务，而不是无关紧要甚至令人生厌的。

（3）建立起客户联系。顾客是员工所做出的业务或服务的使用者，如果有可能，管理者应当建立起员工与他们的客户之间的直接联系，这可增加员工的技能多样性、自主性和绩效反馈。

（4）纵向的工作负荷。纵向扩展工作可使员工产生责任感，并掌握以往保留在管理者手中的控制权，它将使一项工作的"作业"与"控制"两方面的分离得以部分地结合，从而增大员工的自主性。

（5）开放的反馈渠道。通过增进反馈，员工不仅能了解他们所从事的工作做得如何，还能知道他们的绩效是改善了、降低了还是保持在一定水平上。

| 扩展阅读 |

《职位名称词典》仍然很有用。职位分析人员和职业顾问对该词典中每个职位的人员素质要求都做出了判断。该词典对人员素质要求赋予了等级和字母代号：G（智力，intelligence），V（口头表达能力，verbal），N（数字能力，numerical），S（空间能力，spatial），P（理解力，perception），Q（办事能力，clerical perception），K（运动协调能力，motor coordination），F（手指灵活性，finger dexterity），M（手动灵活性，manual dexterity），E（眼—手—足协调性，eye-hand-foot coordination），C（颜色分辨能力，color discrimination）。等级体现出基于专家判断，目前在岗工作的绩效水平不同的人所具有的每一特点或能力的数量差别。

本章小结

1. 工作分析和工作设计是企业人力资源管理活动的重要基础，为企业的其他各项人力资源管理活动提供信息输入，是人力资源管理体系中必不可少的一项工作。本章主要介绍了工作分析的概念、有关工作分析的基本术语、作用和意义、原则；工作分析实施的流程和一般性的方法；介绍了四种基本的工作设计方法，即工作专门化、工作轮换、工作扩大化和工作丰富化。

2. 工作分析也叫职位分析，是指研究一个组织内每一个职位所包括的具体工作内容和责任，对工作内容及有关因素做全面、系统的描述和记载，并指明担任这一职位工作的人员必须具备的知识和能力。工作分析是人力资源管理的基础，是获得有关工作信息的过程。我们可以通过工作分析界定某一职位与其他职位的差异；通过工作分析得到的信息被用来制作工作说明书。具体来说，工作分析就是要为管理活动提供与工作有关的各种信息,概括为6个W和2个H。

3. 工作设计是指为了达到组织目标,合理有效地处理人与工作的关系而采取的,对于满足工作者个人需要有关的工作内容、工作职能和工作关系的特别处理。它是对工作进行周密的、有目的的计划安排,既要考虑员工具体的素质和能力等方面的因素,也要考虑企业的管理方式、劳动条件、工作环境和政策机制等因素。

第三章 人力资源规划

教学目的

本章重点介绍人力资源规划的基本概念、形式、作用、程序，以及人力资源供需预测与平衡，旨在通过本章学习使学生了解人力资源规划的制定程序，掌握人力资源供需预测和平衡。

教学重点

人力资源规划制定的程序；选用合适的方法进行人力资源需求的预测；选用合适的方法进行人力资源供给的预测。

教学难点

人力资源需求、供给预测的实务操作，如运用总体需求结构分析预测法、人力资源成本分析预测法、人力资源发展趋势分析预测法来预测企业将来的人力资源需求量。

知识目标

了解人力资源规划的概念、类型；了解人力资源规划的作用。

能力目标

掌握人力资源规划制定的程序；掌握人力资源供给、需求预测方法。

引导案例

飞龙集团的兴衰

1990年10月，飞龙集团是一个注册资金只有75万元，员工几十人的小企业，1991年实现利润400万元，1992年实现利润6000万元，1993年和1994年都超过2亿元。短短几年时间，飞龙集团可谓"牛气"冲天。但自1995年6月飞龙集团突然在报纸上登出一则广告——飞龙集团进入休整，然后便不见踪迹了。

这是为什么？1997年6月，消失两年的姜伟突然从地下"钻"了出来，并坦率地承认飞龙的失败是人才管理的失误。飞龙集团除1992年向社会严格招聘营销人才外，从来没有认真地对人才结构进行过战略性设计。随机招收人员、凭人情招收人员，甚至出现亲情、家庭、联姻等不正常的招收人员的现象，而且持续3年之久。作为已经发展成为国内医药保健品前几名的公司，外人或许难以想象，公司竟没有一个完整的人才结构，没有一个完整的选择和培养人才的规章制度。从1993年开始，飞龙集团在无人才结构设计的前提下，盲目地大量招收中医药方向的专业人才，并且安插在企业所有部门和机构，造成企业高层、中层知识结构单一，企业人才结构的不合理严重地阻碍了一个大型企业的发展。1993年3月，一位高层领导的失误造成营销中心主任离开公司，营销中心一度陷入混乱。这样一来，实际上就造成了飞龙集团无法管理和不管理现象。

试分析：主要是什么原因导致了飞龙集团的失败？

第一节 人力资源规划概述

一、人力资源规划的概念

所有管理人员都知道,资源来之不易,需要珍惜爱护和合理使用,对人力资源尤其如此。尽管不同的人对人力资源规划的认识不同,但对其最终目标的认识是基本一致的,即为了组织和工作者的利益,有效地利用人才,形成高效率—高士气—高效率的良性循环,确保组织的战略目标的实现。

人力资源规划是指根据组织的战略目标,科学预测组织在未来环境变化中人力资源的供给与需求状况,制定必要的人力资源获取、利用、保持和开发策略,确保组织对人力资源在数量上和质量上的要求,使组织和个人获得长远利益。从这个定义我们可以看到:

(1)人力资源规划是以组织的战略目标为依据的,当组织战略目标发生变化时,人力资源规划也随之发生变化。因此也可以说,组织的战略目标是人力资源规划的基础。组织外部环境中政治、经济、法律、技术、文化等一系列因素处于不断的变化之中,这使得组织的战略目标也处于不断的变化与调整之中,组织战略目标的变化则必将引起组织内外人力资源供需的变化,人力资源规划就是要对人力资源供需状况进行分析预测,以确保组织在近期、中期和长期的对人力资源需求。

(2)一个组织应制定必要的人力资源政策,以确保组织对人力资源需求的如期实现。政策要正确而明晰,如对涉及内部人员调动补缺、晋升或降职、外部招聘、开发培训以及奖惩等要有切实可行的措施保证,否则就无法确保组织人力资源规划的实现。

二、人力资源规划的作用

人力资源规划的作用有以下两个方面:一是对组织方面的贡献;二是对组织内人力资源开发与管理自身的贡献。

(一)人力资源规划对组织的贡献

一方面,人力资源规划是根据组织的战略目标而制定的,它实际上是组织的战略目标在资源保障与配置上——人力资源供需(包括数量与质量)方面的分解,是为了确保组织目标的实现而制定的一种辅助性规划,它与组织的其他方面的规划(如组织的营销规划、生产规划、财务规划等)共同构成组织目标的支撑体系,如图3-1所示。

另一方面,由于组织所处的内外环境是不断变化的,组织的战略目标也需要不断地调整,因此组织对资源的需求——人力资源需求也随之变化,这种需求的变化必然导致

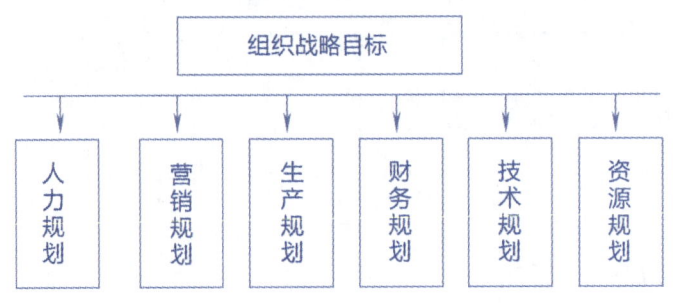

图 3-1 组织目标的支撑体系

人力资源供需之间的失衡。人力资源规划的另一作用就是要根据组织目标的变化和组织的人力资源现状，分析预测人力资源的供需，采取必要的确保措施，平衡人力资源的供给与需求，确保组织目标的实现。

再者，由于人力资源规划不断随环境变化而变化，从而使组织的战略目标更加完善，组织对于环境的适应能力更强，组织因而更富有竞争力。

（二）人力资源规划对人力资源开发与管理的贡献

人力资源规划是人力资源开发与管理的业务基础。人力资源规划的一项基本任务是对组织的现有能力进行分析，对员工预期达到的能力与要求进行估计与分析。人力资源规划的各项业务计划将为工作分析提供依据。

组织根据工作分析的结果与对员工现有工作能力的分析，决定人员配置的数量与质量，并对人力资源的需求做出必要的修正，然后根据人力资源的供需计划和人员配置的结果（即剩余人员或短缺人员的数量）来决定招聘与解雇员工的数量，因此人力资源供需计划是员工配置的基础。

三、人力资源规划的内容、种类

（一）人力资源规划的内容

人力资源规划包括两个层次，即总体规划与各项业务计划。

（1）总体规划。人力资源总体规划是有关计划期内人力资源开发利用的总目标、总政策、实施步骤及总预算的安排。

（2）各项业务计划。人力资源规划各项业务计划包括职务编制规划、人员配置规划、人员需求规划、人员供给规划、人员补充规划、培训开发规划、人员考核规划、薪酬规划、人力分配规划、人力资源管理政策调整规划和投资预算规划等。这些计划是人力资源总体规划的展开和具体化，而且每一项计划也都由目标、策略、步骤和预算等内容构成。这些业务计划的执行结果应保证总体规划的实现。

①职务编制规划：主要解决公司定员定编问题，陈述企业的组织结构、职务设置、职务描述和职务资格要求等内容。应依据公司的近远期目标、劳动生产率、技术设备和

工艺要求等状况确立响应的组织机构、岗位职务标准,进行定员定编。

②人员配置规划:陈述企业每个职务的人员数量,人员的职务变动和职务人员空缺数量等。

③人员需求规划:通过总规划、职务编制规划、人员配置规划可以得出人员需求规划。需求规划中应陈述需要的职务名称、人员数量、希望到岗时间等。

④人员供给规划:人员供给规划是人员需求规划的对策性规划。主要陈述人员供给的方式、人员内部流动政策、人员外部流动政策、人员获取途径和获取实施方式规划等。

⑤人员补充规划:可以在中长期内使岗位职务空缺能从质量和数量上得到合理的补充。人员补充规划要具体指出各级各类人员所需要的资历、培训和年龄等要求。

⑥培训开发规划:包括教育培训需求、培训内容、培训形式和培训考核等内容。培训开发规划是依据公司发展的需要,通过各种教育培训途径,为公司培养当前和未来所需要的各级各类合格人员。

(二)人力资源规划的种类

人力资源规划按照应用用途和时间幅度划分,可以分为两类:战略人力资源规划和战术人力资源规划。

战略人力资源规划主要是指三年以上的人力资源规划。它是为达到企业的战略目标而制定的人力资源规划,规划内容涉及:组织外部因素分析,预计未来组织总需求中对人力资源的需求,估计远期的组织内部人力资源数量,从而调整人力资源规划。重点在于分析问题,因此战略人力资源规划制定的时间并不固定,企业在确定了战略目标,并掌握了足够的信息后才开始制定。一般制定后三年修改一次。

战术人力资源规划主要是指三年以内的人力资源规划。它是根据公司未来面临的外部人力资源供求的预测,以及公司的发展对人力资源的需求量的预测,根据预测的结果制定的具体方案,包括招聘、辞退、晋升、培训、工资福利政策、梯队建设和组织变革。

四、人力资源规划的基本程序

人力资源规划的主要流程可分为四个阶段,如图3-2所示。

(一)调查分析准备阶段

本阶段主要是调查研究以取得人力资源规划所需的信息资料,并为后续阶段的实务方法和工具做准备。

图3-2列出了需要通过调查获得信息的内容。调查不仅要了解现状,更要认清战略目标方向和内外环境的变化趋势,不仅要了解表现情况,更要认清潜力与问题,对于外在人力资源供需的调查分析,如劳动力市场的结构,市场供给与需要的现状,教育培训政策与教育工作,劳动力择业心理与整个外在劳动力市场的有关因素与影响因素均需做

人力资源管理概论

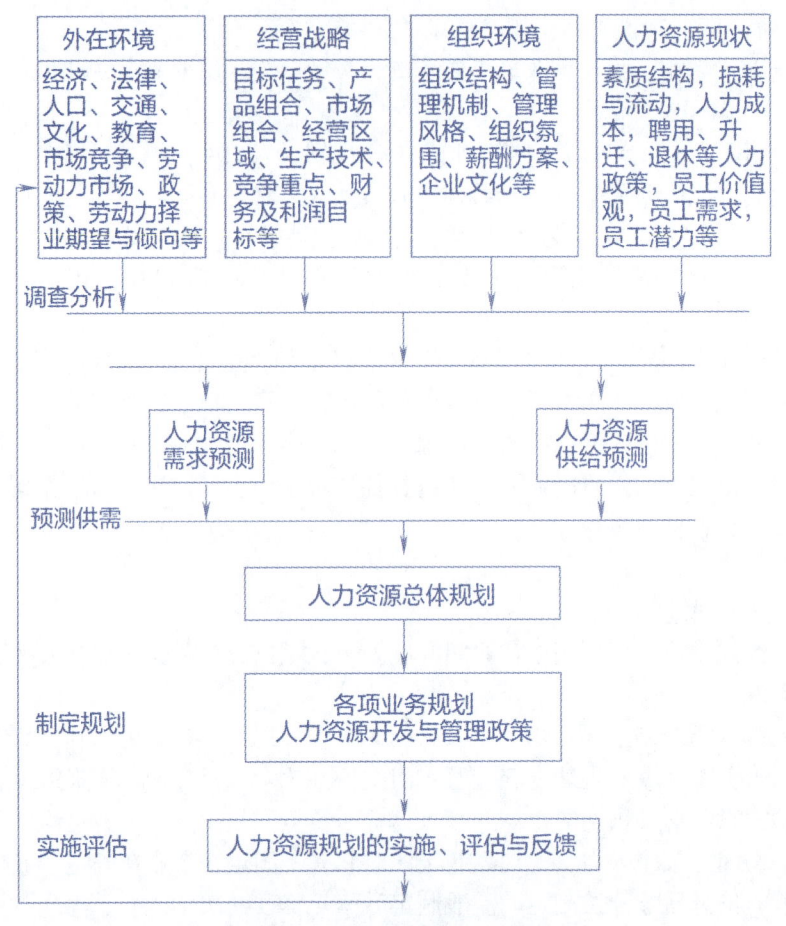

图 3-2 人力资源规划流程图

深入的调查分析。对于内在人力资源供需情况的调查分析,通常是人力资源规划中最重要的部分。这一部分一般包括:现有员工的一般情况(如年龄、性别等)、知识与经验、能力与潜力、兴趣与爱好、目标与需求、绩效与成果;人力资源流动情况;人力资源结构与现行的人力资源政策等。

(二)预测阶段

本阶段是人力资源规划中较具技术性的关键部分。在所搜集的人力资源信息基础上,采用主观经验判断和各种统计方法及预测模型进行预测,得出计划期各类人力资源的余缺情况,即得到"净需求"的数据。预测与所实施或假定的人事政策相关,它对组织的管理风格往往会产生重大影响。预测工作可以依靠计算机技术的帮助,以便比较分析不同人事政策的影响结果。

(三)制定规划阶段

本阶段制定人力资源开发与管理的总规划,根据总规划制定各项具体的业务计划以及相应的人事政策，以便各部门贯彻执行。

各项业务计划相互关联，在规划时要全面考虑，不能分散地做个别单一的计划。这一阶段是人力资源规划中比较具体细致的工作阶段。

（四）规划实施、评估与反馈阶段

本阶段是人力资源规划的最后一个阶段。组织将人力资源的总规划与各项业务计划付诸实施，然后根据实施的结果进行人力资源规划的评估，并及时将评估的结果反馈，以修正人力资源规划。

人力资源规划是一个长久持续的动态工作过程，它具有滚动的性质。由于组织内外许多不确定因素的存在，造成组织战略目标的不断变化，也使得人力资源规划不断变更，因此人力资源规划应当滚动地实施，不断修正短期计划方案。

通常，我们往往只注重人力资源规划的制定与实施过程，而忽视人力资源规划的评估工作。规划成功与否来自对它的评估，如果不对规划进行评估，则不可能知道规划的正确与否，不可能知道其缺陷所在，也就不可能有效地指导组织的人力资源开发与管理，规划也就失去了自身的意义。另外，评估的结果应当及时反馈，以修正规划。

在评估时，应考虑以下几个问题：

①人力资源规划者与提供数据和使用人力资源规划的人事、财务等各业务部门经理之间的工作关系；

②有关部门之间信息沟通的难易程度；

③决策者对人力资源规划的重视程度，以及决策者对人力资源规划中提出的预测结果、行动方案和建议的利用程度。

除了这些因素外，在评估时还要对如下因素进行分析，从而鉴别人力资源规划的有效性。

①实际招聘人数与预测需求人数的比较；

②劳动生产率的实际提高水平与预测提高水平的比较；

③实际的人力资源流动情况与预测的流动情况的比较；

④实际的执行方案与规划的行动方案的比较；

⑤实施行动方案后的实际结果与预测结果的比较；

⑥劳动力和行动方案的实际成本与预算额的比较；

⑦行动方案的收益与成本的比较。

在对人力资源规划进行评估时，一定要客观、公正和准确。另外要注意的是，评估时一定要征求部门经理和基层领导人的意见，因为他们是人力资源规划的直接受益者，只有多数人赞同的规划才是好的规划。

五、人力资源规划的发展趋势

（1）为了保证企业人力资源规划的实用性和有效性，人力资源规划将更加注重对关键环节的陈述。

（2）就人力资源规划中的长期计划而言，也倾向于将计划中的关键环节明确化、细致化，并将它们提炼成具体的、可执行的计划，明确计划的责任和要求，并且有相应的评估策略。

（3）由于人力资源市场和企业发展的变化周期增快，企业更倾向于编写年度人力资源规划和短期计划。

（4）企业的人力资源规划将会更加注重关键环节的数据分析和量化评估，并且将明确地限定人力资源规划的范围。

第二节 人力资源供需预测和综合平衡

一、人力资源需求预测

人力资源需求预测是指对企业在未来某一特定时间内所需的人力资源的数量、质量以及结构进行估计。其主要任务是预先确定组织在什么时候需要人，需要多少人，需要什么样的人。为此，规划人员首先要了解哪些因素可能影响到组织的人力资源需求，然后根据这些因素的变化对组织的人力资源需求情况进行分析和预测。

（一）人力资源需求分析

人力资源需求分析主要从以下几个影响人力资源需求的因素入手。

1. 企业发展战略和经营规划

组织的发展战略和经营规划直接决定了组织内部的职位设置情况及人员需求数量、质量与结构。当组织决定实行扩张战略时，未来的职位数和人员数肯定会有所增加；如果组织对原有经营领域进行调整，未来组织的职位结构和人员构成也会相应地进行调整。

2. 市场需求

一般在生产技术和管理水平不变的条件下，市场需求与人力资源需求成正比关系，当市场需求增加时，企业内设置的职位和聘用的人数也会相应增加。

3. 生产技术与管理水平

不同的生产技术和管理方式在很大程度上决定了企业内部的生产流程和组织方式，

进而决定了组织内职位设置的数量和结构。因此，当组织的生产和管理技术发生重大变化时，会引起组织内职位和人员情况的巨大变化。当企业采用效率高的生产技术的时候，同样数量的市场需求可能只需要很少的人员就可以满足，同时新的技术可能还要求企业用能够掌握新技能的员工来替换原有员工。但是新的技术也可能会有一些新的职位要求，从而在一定程度上增加对某一类员工的需求。

4．人员流动比率

人员流动比率是指由于辞职、解聘或合同期满后终止合同等原因引起的职位空缺规模。人员流动比率的大小及这一比率的内部结构状况，会对企业的人力资源需求产生直接影响。

影响企业人力资源需求的因素有很多，因此需求分析应根据企业的具体情况，分析和筛选出那些最关键的因素，然后根据这些因素的变化对人力资源需求情况进行预测。

（二）人力资源需求预测的方法

各种复杂的内外环境的影响，使得人力资源需求预测变得非常困难，因此在进行需求预测时必须结合定性方法和定量方法共同进行。常用的定性方法有主观判断法和德尔菲法；定量方法有趋势预测法、回归预测法和比率预测法等。

1．主观判断法

它是由管理人员根据以往的经验以及对人力资源影响因素的未来变化趋势进行主观判断，自下而上地确定未来所需人员的方法。具体做法：先由基层管理者根据自己的经验和对未来业务量的估计，提出本部门各类人员的需求量，再由上一层管理者估算平衡，直至最高层管理者做出决策，然后由人力资源管理部门制定出具体的执行方案。这是一种最简单的预测方法，主要适用于短期的预测。如果企业规模小，生产经营稳定，发展较为均衡，一般采用这种方法。

2．德尔菲法

德尔菲法是指邀请在某一领域的一些专家或有经验的管理人员对某一问题进行预测并最终达成一致意见的结构化的方法，有时也称为专家预测法。1946年，兰德公司首次用这种方法进行预测，后来该方法被迅速广泛应用。

采用德尔菲法的具体操作过程：第一步，确定预测目标，以问卷形式列出一系列有关人力资源预测的具体问题；第二步，广泛选择并深入了解人力资源问题的专家，向选定的专家提供有关情况和资料，取得与专家的合作；第三步，向专家发出调查问卷，请他们独立思考并书面回答；第四步，将专家的意见进行归纳，并将综合结果反馈给他们；第五步，请专家根据归纳的结果重新思考，允许他们修改自己的预测并说明原因；第六步，重复进行第四步和第五步，直到专家的意见趋于一致；第七步，用文字、图表等形式将专家的预测结果予以发布。图3-3为德尔菲法示意图。

德尔菲法具有以下特点：①专家参与。这里的专家是指对所研究的问题有深入了解

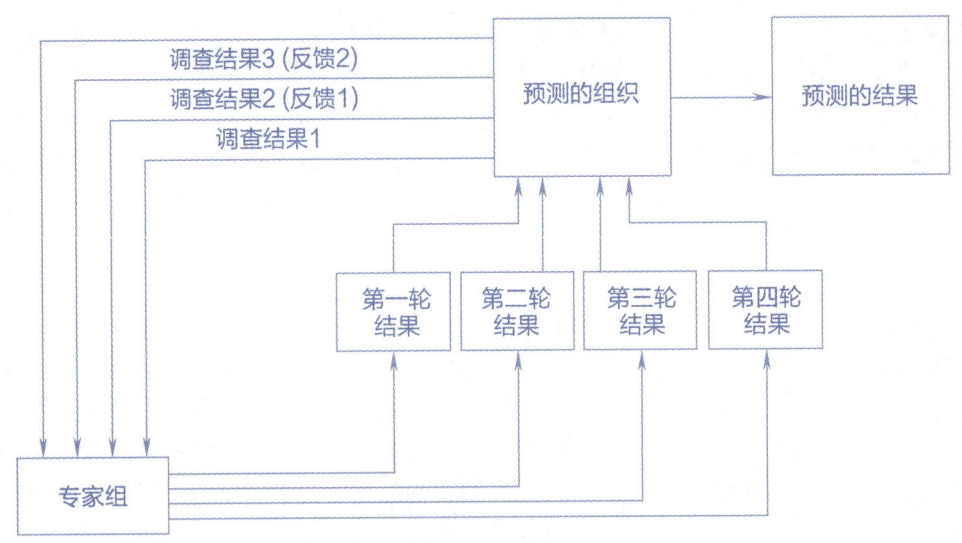

图 3-3 德尔菲法示意图

的人员，既可以是基层管理人员，也可以是高层经理；既可以来自企业内部，也可以来自企业外部。对专家的人数有数量上的要求，一般不少于10人。②匿名进行。即专家们互不见面，独立地做出判断，且专家每次判断意见的返回率不能低于60%。③多次反馈。即预测过程必须经过几轮反馈，使专家的意见互相补充、启发，并渐趋一致。④采用统计方法。即将每一轮反馈的预测结果用统计方法加以处理，做出定量判断。⑤使用一位"中间人"或"协调员"在专家们之间收集、传递、归纳和反馈信息。

德尔菲法主要用于人力资源需求的中长期预测。要想有效地使用该方法，还应该遵循以下原则：一是要为专家提供充足的信息，使他们能够做出准确的预测；二是所提的问题要尽量简单，以保证所有专家对问题有相同的理解，而且是他们能够回答的问题；三是对专家的预测结果不要求精确，但要他们说明对预测结果的肯定程度；四是要向专家说明预测对组织的重要性，以取得他们的支持。

3. 趋势预测法

趋势预测法根据企业过去若干年份的人员数量和变化趋势，来预测企业在未来某一时期人力资源的需求量。具体做法：以时间为自变量，人力资源需求量为因变量，根据历史数据，在坐标轴上绘出散点图；由图形可以直观地判断应用哪种趋势线拟合，从而建立相应的趋势方程；用最小二乘法求出方程系数，确定趋势方程。在此基础上，就可对未来某一时间的人力资源需求进行预测。

【示例】

某企业过去9年的人力资源数据如表3-1所示，请预测企业未来第三年的人力资源需求是多少。

表3-1 某企业过去9年的人力资源数量

年度	1	2	3	4	5	6	7	8	9
人数	340	380	390	440	470	500	540	620	670

根据表3-1，将年度作为横坐标，人数作为纵坐标，绘制出散点图（图3-4）。

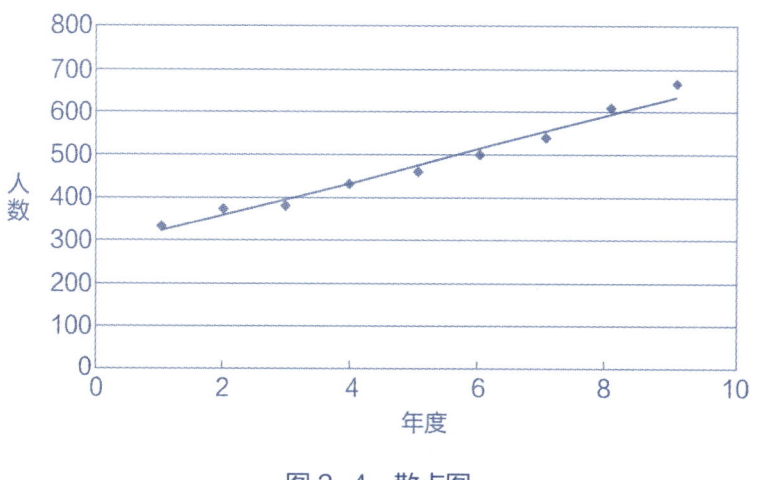

图3-4 散点图

由以上散点图可知，应建立直线趋势方程：

$$Y=a+bX$$

公式中，Y为人数；X为年度。
可以通过计算机程序拟合得出：

$$a=283.3，b=40$$
$$Y=283.3+40$$

所以，未来第三年的人力资源需求量为

$$Y=283.3+40 \times 12=763（人）$$

4. 回归预测法

回归预测法是指根据数学中的回归原理对人力资源需求进行预测。基本思路是：确定与企业中的人力资源数量和构成高度相关的因素，建立回归方程；然后根据历史数据，计算出方程系数，确定回归方程。这时，只要得到了相关因素的数值，就可以对人力资源的需求量做出预测。回归模型包括一元线性回归模型、多元线性回归模型和非线性回归模型。一元线性回归是指与人力资源需求高度相关的因素只有一个；多元线性回归是指有两个或两个以上的因素与人力资源需求高度相关。如果人力资源需求与其相关的因素不存在线性关系，就应该采用非线性回归模型。多元线性回归与非线性回归非常复杂，通常要借助计算机来处理。

实践中往往是多个因素共同决定企业人力资源需求量,且这些因素与人力资源需求量呈线性关系,所以多元线性回归预测法在预测人力资源需求量方面应用比较广泛,而且比趋势预测法准确。多元线性回归的公式为:

$$Y=a_0+a_1\times 1+a_2\times 2+\cdots+a_n\times n$$

该方法一般按以下步骤来进行。

第一步,确定适当的与人力资源需求量有关的组织因素。组织因素应与组织的基本特征直接相关,而且它的变化必须与所需的人力资源需求量的变化成比例。

第二步,找出历史上组织因素与员工数量之间的关系。例如,医院中病人与护士数量的比例关系,学校中学生与教师的比例关系等。

第三步,计算劳动生产率。例如,表3-2为某医院1974—1986年每3名护士平均日护理病例的数量。这样,每年病人数的总数乘以同一年份的劳动生产率即得出护士的总数。

表3-2 某医院1974—1986年病人与护士数量比例数

年份	组织因素 病人数	劳动生产率 护士数/病人数	人员需求 护士人数
1974	3 000	3/15	600
1978	2 880	3/12	720
1982	2 800	3/10	840
1986	1 920	3/6	960

注:本例为简便起见,只将劳动生产率这个单一因素作为自变量。

第四步,确立劳动生产率的变化趋势以及对趋势的调整。要确定过去一段时间中劳动生产率的变化趋势,必须收集该时期的产量和劳动力数量的数据,依此算出平均每年生产率变化和组织因素的变化,这样就可预测下一年的变化。

第五步,预测未来某一年的人员需求量。表3-3列出了1974—1998年实际和预测的组织因素水平(病人数/年)及劳动生产率。其中,1990—1998年的病人数可以运用趋势法和社会需求分析法预测,劳动生产率是经过对历史数据分析调整后的数值,一旦确定了这两个变量,便可以计算出人员需求。

表3-3 某医院1974—1998年护士需求量实际和预测

年份	组织因素 病人数	劳动生产率 护士数/病人数	人员需求 护士人数
1974	3 000	3/15	
1978	2 880	3/12	
1982	2 800	3/10	
1986	1 920	3/6	实际预测
1990	1 400	3/4	
1994	1 520	3/4	
1998	1 660	3/4	

5. 比率预测法

比率预测法是基于对员工个人生产效率的分析来进行的一种预测方法。比率预测法假定企业的劳动生产率是不变的，如果考虑到劳动生产率的变化对员工需求量的影响，可用以下计算公式：

$$N=\frac{w}{q(1+R)}$$

公式中，N为人力资源需求量；w为计划期内的任务总量；q为目前的劳动生产率；R为计划期内的生产率变动系数。

$$R=R1+R2-R3$$

公式中，$R1$为由于企业技术进步而引起的劳动生产率提高系数；$R2$为由于经验积累而引起的生产率提高系数；$R3$为由于年龄增大及某些社会因素而引起的生产率降低系数。该方法常见的有人员比例法和生产单位与人员比例法两种。

【示例】

生产单位与人员比例法。例如：某企业有生产工人100名，每日可生产50,000单位的产品，即一名生产工人每日可生产500单位的产品。如果企业明年要提高产量，每日生产100,000单位的产品，根据比率可以确定需要生产工人200名，也就是需要再增加100名生产工人。

二、人力资源供给预测

人力资源供给预测是指对在未来某一特定时间内能够供给企业的人力资源的数量、质量以及结构进行估计。人力资源供给预测主要包括：内部人员拥有（供给）量预测；外部人员供给量预测。重点是前者，而且侧重于对关键员工或核心员工的预测。

（一）人力资源供给分析

人力资源供给分析首先要从分析影响企业内部供给与外部供给的诸因素入手。

1. 内部供给影响因素分析

企业内部人力资源供给通常是企业未来人力资源的主要来源，所以企业人力资源需求的满足应优先考虑内部人力资源供给。影响企业内部人力资源供给的因素主要包括以下几个方面。

（1）员工年龄结构。员工年龄结构关系到企业发展过程中员工新老交替的顺利进行，而且不同年龄的员工对不同的职位有不同的优势和作用，根据年龄结构是否合理，可以做出科学的补充计划。年龄结构分析可按以下方法进行：一是计算平均年龄。若平均年龄大于40岁，表明人力资源供给不足、青黄不接，应该采取更新措施。二是将年龄组的统计资料用表格的形式或在坐标轴上以曲线图的形式表示出来，从而使企业的员工年龄结构与分布状况一目了然，并以此作为内部人员供给的一个基本依据。

（2）员工队伍稳定状况。通常用人力资源流动率来考察员工队伍的稳定状况，人力资源流动率是一定时期内某种人力资源变动（离职与新进）与员工总数的比率，适度的人力资源流动率是保证企业新陈代谢的条件。人力资源流动率通常分为人力资源流出率与人力资源新进率。如果人力资源流出率较高，未来企业的人力资源供给就会减少；反之，如果人力资源新进率较高，未来企业的人力资源供给就会增加。

（3）员工素质状况。企业员工素质可划分为员工的知识技能水平、思想素质和文化价值观、员工群体的知识技能层次结构等几个主要维度。在其他条件不变的前提下，员工素质的变化会影响内部供给，二者通过劳动生产率这个中间变量进行调节。也就是说，一般情况下，员工素质越高，劳动生产率就越高，内部人力资源供给相应就会增加；反之，内部人力资源供给就会减少。员工素质状况的改善，与工资水平的提高、教育培训机会的增多以及各种激励措施的实施都可能相关，因此，要分析企业内部员工的素质状况，就必须对这些影响因素的变化给予高度关注。

2. 外部供给影响因素分析

影响企业外部人力资源供给的因素是多种多样的，在进行人力资源外部供给预测时主要应考虑以下几个方面的因素。

（1）宏观经济形势。一般来说，宏观经济形势越好，失业率越低，劳动力供给就越紧张，招聘就越困难；宏观经济形势越差，失业率越高，劳动力供给就越充足，招聘就越容易。

（2）政府的政策法规。政府的政策法规是影响企业外部人力资源供给的不可忽视的一个因素。各地政府为了各自经济的发展、保护本地劳动力的就业机会，都会颁布一些相关的政策、法规，包括不准歧视女性就业、保护残疾人就业、严禁雇用童工、员工安全保护法规、从事危险工种保护条例等，从而影响外部人力资源供给。

（3）劳动力市场状况。劳动力市场发育良好将有利于劳动力自由进入市场，由市场工资率引导劳动力的合理流动；劳动力市场发育不健全势必影响人力资源的优化配置，也给组织预测外部人员供给带来困难。

（4）人口状况。人口状况是影响企业外部人力资源供给的重要因素，主要包括两个方面：一是人口总量。人口总量决定了人力资源供给总量。人口总量越大，人力资源供给越充足。二是人力资源的总体构成，主要包括人力资源的年龄、性别、受教育程度、技能、经验等。该因素决定了在不同的层次与类别上可以提供的人力资源的数量与质量。

（5）社会就业意识和择业心理偏好。就业意识和心理偏好是影响外部人力资源供给的重要因素。比如，一些城市的失业人员宁愿失业也不愿从事苦、脏、累、险的工作；应届大学毕业生普遍存在对职业期望值过高的现象，大多数人希望到经济发达地区或进入国家机关、大公司、国有企业工作，而不愿到经济落后地区或小企业工作。

（二）人力资源供给预测的方法

人力资源供给预测的方法有很多，这里介绍几种有代表性的方法。

1．技能清单法

技能清单法又称人员核查法。技能清单是一个反映员工工作能力特征的列表，这些特征包括员工的培训背景、工作经历、持有的资格证书、工作能力的评价等内容。表3-4就是技能清单的一个例子。

表3-4　技能清单示例

姓　名			出生年月		婚姻状况	
部　门			职　　位		到职日期	
教育背景	类别	学校		学位种类	毕业日期	主修科目
	高中					
	大学					
	硕士					
	博士					
训练背景	训练主题		训练机构		训练时间	
技　能	技能种类			证　　书		
个人志向						
主管评价						
需要何种培训						
可流动至何岗位						

一般来说，技能清单应包括以下几大类信息。

第一，个人数据：年龄、性别、婚姻状况。

第二，技能：受教育经历、工作经验、培训经历。

第三，特殊资格：专业团体成员、特殊成就。

第四，薪酬和工作历史：现在和过去的薪酬水平、加薪日期、承担的各种工作。

第五，公司数据：福利计划数据、退休信息、资历。

第六，个人能力：在心理或其他测试中的测试成绩、健康信息。

第七，个人特殊爱好：地理位置、工作类型。

技能清单的主要优点是它提供了一种迅速和准确地估计组织内可用技能的工具。随着计算机和网络技术的广泛使用，技能清单的制作和应用越来越便利。除了为晋升和调动决策提供帮助之外，技能清单还可以用于规划未来培训甚至员工招聘工作。技能清单可以用于所有的员工，也可以仅包括部分员工。当然，不同员工类型的技能清单，其具体项目可以根据需求进行修改和调整，以反映该员工类型的主要特征。

2. 人员替补图法

人员替补图法是记录员工的工作绩效、晋升的可能性和所需要的训练等内容，由此来决定哪些人员可以补充组织的重要职位空缺。这种方法是对现有员工的状况做出评价，然后对他们晋升或调动的可能性做出判断，以预测企业潜在的内部供给，同时也可以通过及时发现可能出现空缺的职位，预测企业员工需求。图3-5为人员替补图的一个例子。

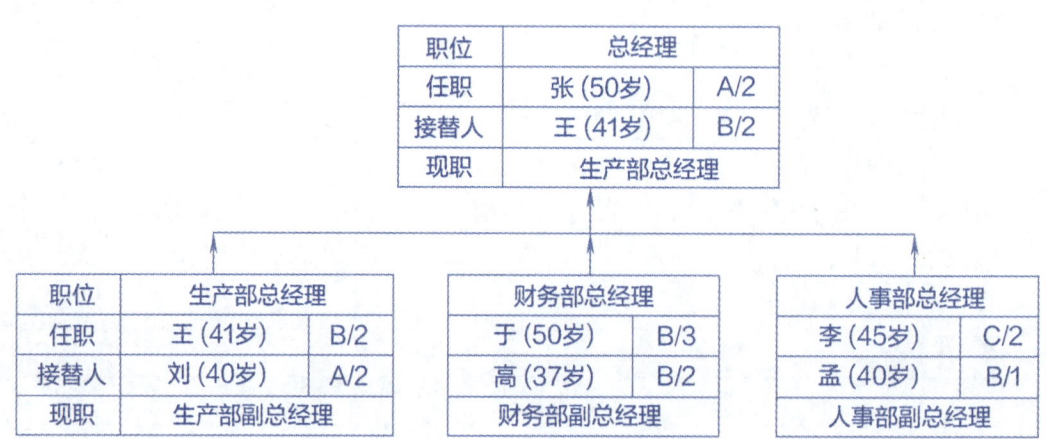

图3-5　人员替补图示例

说明：A表示现在就可以提拔；B表示还需要一定的培训；C表示现任职位不是很合适。
　　　1表示绩效突出；2表示绩效优秀；3表示绩效一般。

人员替补图法是预测企业内部管理人员供给的一种简单有效的方法。制订该计划的步骤如下。

第一步，确定计划范围，即确定管理人员晋升计划所包括的管理职位。

第二步，确定各个管理职位上可能的接替人选。

第三步，评价各位接替人员的当前绩效和提升潜力。根据评价结果，绩效可划分为"突出""优秀""一般"和"较差"四个级别；提升潜力可划分为"可以提拔""需要培训"和"现在职位不太合适"三个级别。

第四步，确定接替人选。在确定接替人选时，要将个人目标与组织目标结合起来。这就是说，企业从组织目标出发根据评价结果所做的人事安排，应尽可能与接替人员的个人目标相吻合，使之能尽快胜任从事的工作。

3. 马尔科夫模型

马尔科夫模型是指以企业人员移动的历史数据为基础，预测未来企业在各时段上（一般为一年）各类人员分布状况的一种动态预测技术。它的基本思路是找出过去人力资源流动的比例，以此来预测未来人力资源供给的情况。马尔科夫模型预测方法实际上是一种转换概率矩阵，使用统计技术预测未来的人力资源变化。它不仅可以解决员工类别单一的企业中人力资源供给的问题，同样也可以处理员工类别比较复杂的大型企业中的内部人力资源供给预测。

除了人力资源需求与供给预测的各种方法外，人力资源信息系统在人力资源规划中也起着重要的作用。利用计算机信息系统能够扩大人力资源信息的收集范围，并使得信息的收集、储存、归档、分析和传递等工作变得更加便捷与有效，这样无疑能够大大提高人力资源规划的准确性与有效性。

三、人力资源供需平衡

在人力资源供需预测的基础上，接下来的一项关键工作就是进行人力资源的供需平衡，这是人力资源规划工作的核心和目的所在。人力资源的供给与需求预测比较，一般会有以下几种结果：一是供给和需求在数量、素质以及结构等方面都平衡；二是供给与需求在数量上平衡，但结构上不匹配；三是供给与需求在数量上不平衡，包括供大于求和供小于求两种情况。现实中，供求完全平衡的情况很少出现。当供给与需求数量平衡而结构不匹配时，需要对现有的人力资源在结构上进行调整。而当供给和需求数量上也存在差异时，则需要制定出相应的规划政策，以确保组织发展的各时间点上供给与需求平衡。

（一）人力资源结构不平衡的调整措施

人力资源结构不平衡是指组织内某些职位的人员过剩，而另一些职位的人员短缺。对于人力资源结构不平衡的调整，可以采取以下措施。

（1）通过企业内部人员的晋升和调任等，满足空缺职位对人力资源的需求。

（2）对于供过于求的普通人力资源，可以有针对性地对其进行培训，在提高他们的知识和技能的基础上，将其补充到空缺的职位上。

（3）招聘与裁员并举，即一方面要从外部招聘企业急需的人员，另一方面对企业内的冗员进行必要的裁减。

（二）人力资源供大于求的调整措施

当预测的供给大于需求时，组织可以采用下列措施来进行调整。

（1）扩大经营规模或者开拓新的增长点，以增加对人力资源的需求。例如，企业可以实施多种经营吸纳过剩的人力资源。

（2）永久性地裁员或者辞退员工。这种方法虽然比较直接，但是由于会给社会带来不安定因素，因此往往会受到政府的限制。

（3）鼓励员工提前退休。就是给那些接近退休年龄的员工以优惠的政策，让他们提前离开企业。

（4）冻结招聘。就是停止从外部招聘人员，通过自然减员来减少供给。

（5）缩短员工的工作时间，实行工作分享或降低员工的工资。通过这种方式也可以减少供给。

（6）对富余员工实施培训。这相当于进行人员的储备，为将来的发展做好准备。

（三）人力资源供不应求的调整措施

当预测的供给小于需求时，组织可以采取以下措施来进行调整。

（1）从外部雇用人员，包括返聘退休人员。这是最为直接的一种方法，可以雇用全职的，也可以雇用兼职的，这要根据企业自身的情况来确定。如果需求是长期的，就要雇用全职的；如果是短期需求增加，就可以雇用兼职的或临时的。

（2）提高现有员工的工作效率。这也是增加供给的一种有效方法。提高工作效率的方法有很多，例如改进生产技术、增加工资、进行技能培训、调整工作方式等。

（3）延长工作时间，让员工加班加点。

（4）降低员工的离职率，减少员工的流失，同时进行内部调整，通过提高内部的流动率来增加某些职位的供给。

（5）将企业的部分业务外包。这实际上等于减少了对人力资源的需求。

上述平衡供需的方法在实施过程中具有不同的效果，例如，靠自然减员来减少供给，过程比较长；直接裁员的方法则见效比较快。表3-5对各种供需平衡方法的效果进行了比较。

表3-5 供需平衡方法的比较

	方法	见效速度	员工受伤害的程度
供给大于需求	裁员	快	高
	减薪	快	高
	降级	快	高
	工作分享或工作轮换	快	中等
	退休	慢	低
	自然减员	慢	低
	再培训	慢	低
供给小于需求	加班	快	高
	临时雇用	快	高
	外包	快	高
	培训后换岗	慢	高
	减少流动数量	慢	中等
	外部雇用新人	慢	低
	技术创新	慢	低

资料来源：雷蒙德·A. 诺伊，等. 人力资源管理. 第5版. 北京：中国人民大学出版社，2006.

企业人力资源供给与需求的不平衡不可能是单一的供给大于需求或者供给小于需求,二者往往会相互交织在一起,出现某些部门或某些职位的供给大于需求,而其他部门或职位的供给小于需求的现象。例如,关键职位的供给小于需求,但是普通职位的供给大于需求。因此企业在制定平衡供需的措施时,应当从实际出发,综合运用上述方法,努力使人力资源的供给和需求在数量、质量以及结构上达到平衡匹配。

第三节 人力资源规划的编制、运用及控制

一、人力资源规划的编制

(一)人力资源的综合平衡

在企业人力资源供需预测的基础上,接下来的工作就是要进行人力资源的综合平衡,这是企业人力资源计划工作的核心和目的所在。企业人力资源的综合平衡主要从三个方面来进行,即人力供给与人力需求的平衡、专项人力资源规划的平衡和组织需要与个人需要的平衡。

1. 人力供给与人力需求的平衡

由于人力资源供需的刚性,企业的人力资源供给与需求的不平衡是一种必然的现象。企业人力资源供给与需求的不平衡不外乎三种类型,即人力资源不足、人力资源过剩和二者兼而有之的结构性不平衡。

人力资源的供给不足主要表现在企业的经营规模扩张和新的经营领域的开拓时期,要增加新的人员。补充的途径有外部招聘、内部晋升、人员接任计划、技术培训计划等。同时,企业人员净补充阶段也是企业人力资源结构调整的最好时机。企业在原有的经营规模和经营领域中也可能出现人力资源不足,比如人员的大量流失,这是一种不正常的现象,表明企业的人力资源管理政策出现了重大问题。

绝对的人力资源过剩状况主要发生在企业经营萎缩时期。这时过剩人员的处置成为企业能否度过萧条期的关键因素之一。一般平衡办法有退休、辞退、工作分享三种。工作分享要以降低薪酬水平为前提,才能有所作为;辞退是最为有效的办法,但会产生劳资双方的敌对行为,也会带来诸多社会问题,需要有一个完善的社会保障体系做后盾,提前退休是一种较易为各方所接受的妥协方案。

结构性失衡是企业人力资源供需中较为普遍的一种现象,在企业的稳定发展状态中表现得尤为突出。但这是一个外部环境方面的问题。从企业本身而言,平衡的办法一般

有技术培训计划、人员接任计划、晋升和外部补充计划。其中外部补充主要是为了抵消退休和流失人员空缺。

2. 专项人力资源规划的平衡

企业的人力资源规划包括人员补充计划、培训计划、使用计划、晋升计划、薪酬计划等，这些专项人力资源规划之间有着密切的内在联系。因此，在人力资源规划中必须充分注意它们之间的平衡与协调。例如，通过人员的培训计划，受训人员的素质与技能得到提高后，必须与人员使用计划衔接，将他们安置到适当的岗位；人员的晋升与调整使用后，因其承担的责任和所发挥的作用与以前不一样，必须配合相应的薪酬调整。唯有如此，企业人员才能保持完成各项任务的积极性，各专项人力资源规划才能得以实现。

3. 组织需要与个人需要的平衡

组织的需要和组织成员的个人需要不同，企业强调组织的功能和组织的效率，企业员工则注重个人的物质需求和精神需求的满足。解决这对矛盾是企业人力资源规划的一个重要目的。企业人力资源规划中的各专项人力资源计划是解决这一矛盾的手段和措施。通过组织需要与个人需要的平衡，使得企业在员工积极性充分发挥的基础上达成企业的发展目标；在企业目标中使员工的各类需求得到最大限度的满足。

（二）人力资源规划编制

人力资源规划是一个连续的规划过程，它主要包括两个部分：基础性的人力资源规划（总规划）；业务性的人力资源行动计划。

1. 基础性的人力资源规划

基础性人力资源规划一般应包括以下几个方面：
①与组织的总体规划有关的人力资源规划目标、任务的说明；
②有关人力资源管理的各项政策策略及其有关说明；
③内部人力资源的供给与需求预测，外部人力资源情况与预测；
④人力资源净需求。人力资源净需求可在人力资源需求预测与人力资源（内部）供给预测的基础上求得，同时还应考虑到新进人员的损耗。

通常有两类人力资源净需求，一类是按部门编制的净需求，另一类是按人力资源类别编制的净需求，前者可表明组织未来人力资源规划的大致情况，后者可为后续的业务计划使用，表3-6、表3-7是这两类净需求的例子。

表3-6 人力资源净需求评估

		第一年	第二年	第三年	第四年	第五年
需求	①年初人力资源需求量	120	140	140	120	120
	②预测年内需求增加量	20	—	-20	—	—
	③年末总需求	140	140	120	120	120

续表

		第一年	第二年	第三年	第四年	第五年
内部供给	①年初拥有人数 ②招聘人数 ③人员损耗（其中包括：退休、调出或升迁、辞职、辞退或其他） ④年底人数	120 5 20 3 15 2 — 105	140 5 27 6 17 4 — 118	140 — 28 4 18 6 — 112	120 — 19 1 15 3 — 101	120 — 17 3 14 — — 103
净需求	①不足或有余 ②新进人员损耗总计 ③该年人力资源净需求	−35 3 38	−22 6 28	−8 2 10	−19 4 23	−17 3 20

表3-7 按类别的人力资源净需求

主要工作类别（按职务分类）	现有人员	计划人员	余缺	预期人员的损耗							本期人力资源净需求
				调职	升迁	辞职	退休	辞退	其他	合计	
高层主管											
部门经理											
部门管理人员											
……											
合计											

2. 业务性的人力资源计划

（1）招聘计划。招聘计划主要包括以下内容：

①需要的人员类别、数目、时间；

②特殊人力的供应问题与处理方法；

③从何处招聘、如何招聘；

④拟定录用条件，这是招聘计划的关键，条件有工作地点、业务种类、工资、劳动时间、生活福利等；

⑤成立招聘小组；

⑥为招聘而做广告与财务准备；

⑦制定招聘进度表，其包括开始日期、招聘地点、选定并训练招聘人员、确定招聘准则、做出访问次数计划、做好活动预算。

（2）升迁计划。由于招聘对现有人员及士气均有一定程度的负影响，所以升迁计划是人力资源规划中很重要的一项。其主要内容包括：

①现有员工能否升迁；
②现有员工经培训后是否适合升迁；
③过去组织内的升迁渠道与模式；
④过去组织内的升迁渠道与模式的评价，以及它对员工进取心、组织管理方针政策的影响。

（3）人员裁减计划。人员裁减计划主要内容包括：
①人员裁减的对象、时间、地点；
②经过培训是否可避免裁减；
③帮助裁减对象寻找新工作的具体步骤与措施；
④裁减的补偿；
⑤其他有关问题。

（4）员工培训计划。员工培训计划主要内容包括：
①所需培训新员工的人数、内容、时间、方式、地点；
②现有员工的再次培训计划；
③培训费用的估算。

（5）生产率提高计划。生产效率提高计划的主要内容包括：
①生产率提高与人力资源的关系；
②建立生产率指标，提供具体的努力目标；
③劳动力成本对生产率提高的影响；
④提高劳动生产率的措施。

（6）人力资源保留计划。在人力资源管理工作中，需要利用人力资源规划工作中的经验与有关资料，采取各种措施，挽留人才，减少不必要的人力资源损耗。因此，人力资源保留计划主要包括：改进薪酬方案；提供发展机会；减少内部摩擦；加强沟通、减轻新进人员的适应危机；改善工作条件；实行轮岗制；提供再培训机会；改进升迁方法；等等。

以上计划是相互影响、相互作用的，因此各项计划必须考虑到综合平衡的问题。

二、人力资源规划的运用与控制

有了人力资源规划方案后，进入运用和实施阶段，这就要求对人力资源规划在实施过程中进行有效控制，其中主要包括建立完善的人力资源信息系统、人力资源供应控制等。

（一）人力资源信息系统

1．人力资源信息系统的含义

人力资源信息系统是获得人力资源决策所需的相关和及时信息所采用的一套支持系统，往往是通过利用计算机或其他先进技术来促进决策过程。

一般来说,人力资源信息系统至少应包括的具体信息有:自然状况,如性别、年龄、民族、籍贯、健康状况等;知识状况,如文化程度、专业、学位、所取得的各种证书、职称等;能力状况,如表达能力、操作能力、管理能力、人际关系协调能力及其他特长的种类与等级;阅历及经验,如做过何种工作,担任何种职务,以及任职时间、调动原因、总体评价;心理状况,如兴趣、偏好、积极性水平、心理承受能力;工作状况,如目前所属部门、岗位、职级、绩效及适应性;收入情况,如工资、奖金、津贴及职务外收入;家庭背景及生活状况,如家庭职业取向及个人对未来职业生涯的设计等。

人力资源信息系统提供的信息应具有以下特征:

(1)及时。管理者必须能够获得最新信息。

(2)准确。管理者必须能够依赖所提供信息的准确性。

(3)简明。管理者一次只能吸收这么多的信息。

(4)相关。管理者应只获得特定情况下所需的信息。

(5)完整。管理者应获得完整的,而不是部分的信息。

如果上述特征缺少之一,都会降低人力资源信息系统的有效性并使决策过程复杂化,相反,拥有上述所有特征的系统将使决策过程更容易、更准确。

2. 人力资源信息系统的用途

第一,为人力资源规划建立人事档案。人事档案既可以用来估计目前劳动力的知识、技术、能力、经验和职业,又可用来对未来的人力资源需要进行预测。这两种信息必须互相补充,否则对人力资源规划是无用的。例如,如果不以组织内现有人员状况为基础做出预测,显然对组织是无用的。我们也只有对未来人员的数量、技术及经验等有所了解,方能制定行动规划去解决预计的问题。

第二,通过人事档案对一些概念加以说明。例如晋升人选的确定、对特殊项目的工作分配、工作调动、培训;肯定性行动规划和报告、工资奖励计划、职业生涯计划和组织结构分析。这些工作的完成都必须借助人力资源信息系统。

第三,可以为领导者决策提供各种报告。例如用于日常管理的工作性报告,包括岗位空缺情况、新员工招聘情况、辞职情况、退休情况、提升情况和工资情况等。还可以向政府机构和一些指定单位提供规定性的报告和用于组织内部研究的分析性报告,以表明劳动力在各个部门或各管理层次上的性别、种族和年龄分布,按消费水平划分的雇员福利情况,也可表明录用新员工的测试分数与工作绩效考核分数之间统计关系的有效性研究等。

总之,建立人力资源信息系统是人力资源管理中的一项基础性工作,它可为决策者提供许多必不可少的决策信息,使管理和决策更加科学化和更符合实际。随着现代企业制度的逐步建立,与国际社会日益接轨,企业需要尽快建立人力资源信息系统,以利于制定精确的人力资源规划,准确及时地进行人事决策,获得人力资源的最优利用。

(二)人力资源供应控制

预测人力资源供应所面对的因素很多,如技术改进,消费模式及消费者行为、喜好、态度改变,本地及国际市场的变化,经济环境及社会结构的转变,政府法规政策的修订等。当企业预测了未来的人力需要后，下一步就是分析人力供应问题。人力资源的供应来源主要是外部的劳动力市场和企业内部的现有劳动力。

1．企业外部的人力资源供应源

外部劳动力的供给是受整个社会经济及人口结构因素影响的，政府的教育政策和劳动、人事政策也有一定的影响力。

要分析整体劳动力供应数量是否足够，先要考虑人口结构、年龄分布、性别、教育水平、就业情况及各行业的独特性等。鉴于我国目前还无完善的劳动力市场的实际状况，对外部劳动力供应的问题就不多加讨论，而把重点放在企业内部现有劳动力的供应上。

2．企业内部人力资源供应源

企业内部人力资源供给主要是分析在职员工的年龄分布、离职及退休人数。从人员减少和流动性的情况分析，来探讨人力供给的情况。此外，企业内部人力的移动，例如提升、转职等，现有人力资源是否已充分运用，也是值得研究的。

分析内部劳动力供给首先从现有员工着手。一般劳动力供给除了受社会劳动力市场供需情况的影响，还需考虑其他企业的竞争。为了避免人力流失或损耗，管理人员必须对造成员工损耗的因素加以分析。导致员工损耗的因素可分为员工受到企业外部的吸引力所引起的"拉力"和企业内部所引起的"推力"。

"拉力"包括可望转到其他企业，以求获得较高收入和较好发展机会；社会就业机会多，员工到外边可找到较好的工作；员工心理问题，如员工以邻近退休年龄、已婚妇女怀孕或因结婚而不外出工作等，都可导致劳动力损耗。

"推力"包括企业欠缺周详的人力资源规划，造成人力政策不稳，裁减员工等；员工自身的问题，如某些青年员工对工作认识不够深入，或不能适应新的工作环境，加上年轻、未婚、无家庭负担等，使他们经常喜欢转换工作；员工工作压力大，如由于缺勤多、流失多造成人手不足，因此造成现职员工压力更大，迫使他们辞职；人际关系的冲突也容易造成员工的不满流失；工作性质的改变，或工作标准的改变，也可使某些员工失去兴趣或无法适应而辞职。

3．人力损耗的处理

对人力损耗的问题，管理者可以利用管理库存、管理人员替置表及个人技能库存等鉴定企业内现有人力资源。这些分析有助于利用内部人力资源来满足企业需要。一般来说，企业内部调配供应所需的人力比从外部获得人力的成本低，而且从内部提升还可增加员工的士气及积极性。

企业能否有效地留住现有人才，可以利用人力损耗曲线研究其原因，如图3-6所示。一般人力损耗的模式是用一条曲线表示任职时间长短与离职的关系。在最初一段时间，人力损耗会比较多，随着时间的消逝，损耗的人数会急剧增加，主要是由于员工未能适应新的工作环境、企业的政策、工作要求及人际关系等，故离职率较高，甚至达到一个高峰。但过一段时间，离职率开始递减，原因是新员工过了适应期后，进入胜任阶段，不会主动轻易离职。事实上，由于解雇、自动离职、退休等原因，人力损耗现象是无法避免的。

在进行分析时，常用的人力损耗指标有以下几种。

（1）人力损耗指数。

人力损耗指数 = 在同一年内离职的人数 / 在某一年内的平均员工人数 × 100%

当员工离职率越大时，企业保留人力的能力越低。在估计未来人力供应时，必须考虑离职率的数字。一般来说，当经济繁荣、劳动力短缺、失业率低、工作机会增加时，离职率也会相应增加。

（2）人力稳定指数。

人力稳定指数 = 现时服务满一年或以上的人数 / 一年前雇用的总人数 × 100%

这个指数没有考虑人力的流动，只计算了能任职一段时间的人数比例。

（3）留任率。

留任率 = 一定时间后仍在职人员 / 原在职人员 × 100%

这项指标可用来估计未来企业内部人力供给的参考，如以横轴表示时间（或服务期间），纵轴表示留任率，则可得留任曲线，如图3-7所示。

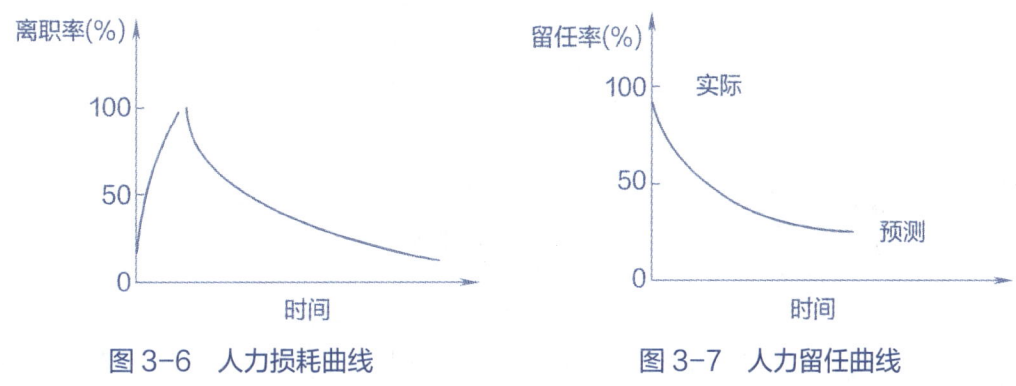

图 3-6　人力损耗曲线　　　　　图 3-7　人力留任曲线

留任曲线可显示过去一段时间人力留任的趋势。若企业员工流动大，即表示企业人事不安，凝聚力低，干群关系差，并导致产量降低，增加招聘、甄选及训练的费用。若流动率过低，则不足以产生新陈代谢的作用，于企业的发展也不利。

4．人力资源的合理利用

除了分析企业内部人力供给的情况，还需要就现有人力资源能否充分利用加以分析，主要包括年龄、缺勤、职业发展和裁员四项内容。

（1）员工年龄分布。企业内员工的年龄分布情况对于员工的工资、升迁、士气及退休福利等影响极大。例如，一个已踏入成熟或持续收缩的企业，员工的年龄分布偏高，老年员工占较大比例，由于工资与年资有关，所以年资越长，工资越高，另外对于退休福利与接班人的需求问题也比较严重，此外还会影响到其他员工的升迁机会、进取态度及工作士气。

（2）缺勤分析。

缺勤率＝因各类缺勤原因而损失的工作日数/（损失工作日数＋工作日数）×100%

缺勤通常包括假期、病假、事假、怠工、迟到、早退等。此外，士气低落、生产率低、工作表现差、服务水准差等都可以反映缺勤的情况。若管理者能留意这些缺勤指标及其他有关数据，可以估计未来的缺勤程度，就会对未来的人力供给估计有较切合实际的分析结果。假如缺勤情况严重，就应对缺勤因素加以分析并改善，使现有人力资源得以充分发挥作用，不至于浪费。

（3）员工的职业发展。指导员工规划好他们个人的前程，为其提供充分发挥潜能的机会，是挽留人才的有效方法之一，也是人力资源规划中重要的一环。帮助员工了解到他们可以获得某些职位或晋升的机会，会使他们对前途充满合理的期望。

（4）裁员。当企业内部需求减少或供大于求时，便会出现人力过剩，则裁员是无法避免的措施。这是国际上通行的做法。裁员对企业是一种浪费，因为损耗已培养过的人才，无论对企业现有员工还是对被解雇的员工都是很大的打击。一项好的人力资源规划必然没有员工过剩的现象出现，即使需要裁员也可以通过其他方法如退休、辞职等来平稳人力供求。还有一些其他方法，如给予补偿金，鼓励年老员工提前退休，提供青年员工接受训练的机会以转迁到其他工作单位等也可以采用。

本章小结

1. 本章介绍了战略的含义及类型、战略管理的概念与过程、人力资源战略的含义与类型、人力资源战略与企业战略的关系；阐述了人力资源规划的概念、内容与意义，人力资源规划的程序及供需预测方法。

2. 人力资源战略作为企业的职能战略，是指组织为适应外部环境的变化和内部管理的需要，根据组织的战略目标，制定出人力资源管理目标，进而通过各种人力资源管理职能活动实现组织目标和人力资源目标的过程。它强调人力资源对组织战略目标的支撑作用，从战略层面考虑人力资源的内容和作用。人力资源规划是根据组织的发展战略、目标以及组织内外环境的变化，科学地预测、分析组织的人力资源需求和供给状况，制定必要的管理政策和措施，以确保组织在需要的时间和职位上获得所需的人力资源的过程。人力资源规划的内容主要包括人力资源总体规划和人力资源业务规划两个方面的内容，其步骤一般包括准备阶段、预测阶段、实施阶段和评估阶段。

3. 人力资源需求预测是指对企业在未来某一特定时间内所需要的人力资源的数量、质量以及结构进行估计。其主要任务是预先确定组织在什么时候需要人、需要多少人、需要什么样的人。人力资源需求预测常用的定性方法有主观判断法、德尔菲法；定量方法有趋势预测法、回归预测法、比率预测法等。人力资源供给分析主要从分析影响企业内部供给与外部供给的诸因素入手。人力资源供给预测有代表性的方法分别是技能清单法、人员替补图法与马尔科夫模型。

第四章 人员招聘

教学目的

通过本章的学习使学生对招聘与配置有一个详细的了解,在掌握理论知识的基础之外,能够进行实际的工作操作,能够灵活运用各种招聘的方法。

教学重点

招聘的主要方式;招聘流程;招聘方法及评估。

教学难点

人员素质测评;公文筐测试;招聘广告的制作与发布。

知识目标

了解人力资源获取的意义、地位和原则;了解招聘者应具有的素质;熟悉员工招聘的前提和基本程序;掌握选择恰当的招聘渠道及方法。懂得人员录用程序和招聘评估的方法,重点掌握招聘和应聘的技巧。

能力目标

能够制订详细的招聘计划。

> **引导案例**

上海通用汽车有限公司的招聘策略

上海通用汽车有限公司招聘员工时，不仅要求员工具备优良的技能和管理能力，而且还要具备出众的自我激励、自我学习能力、适应能力、沟通能力和团队合作精神。上海通用汽车有限公司的整个招聘活动完全按照标准化、程序化的模式进行。凡被录用者，须经每个程序和环节标准化的运作规范和科学化的选拔方法，其中笔试主要测试应聘者的专业知识、相关知识、特殊能力和倾向；目标面试则由受过国际专业咨询机构培训的评估人员与应聘者进行面对面的问答式讨论，验证其登记表中已有的信息，并进一步获取信息，其中专业面试则由用人部门完成；情景模拟是根据应聘者可能担任的职务，编制一套与该职务实际情况相仿的测试项目，将被测试者安排在模拟的、逼真的工作环境中，要求被测试者处理可能出现的各种问题，用多种方法来测试其心理素质、潜在能力的一系列方法。例如通过无领导的两个小组合作完成练习，观察应聘管理岗位的应聘者的领导能力、领导欲望、组织能力、主动性、说服能力、口头表达能力、自信程度、沟通能力、人际交往能力等。上海通用汽车有限公司还把情景模拟推广到了对技术工人的选拔上，如通过齿轮的装配练习，来评估应聘者的动作灵巧性、质量意识、操作的条理性及行为习惯。在实际操作过程中，观察应聘者的各种行为能力，孰优孰劣，泾渭分明。

第一节 人力资源招聘概述

招聘是根据企业的总体发展战略规划,制订相应的岗位空缺计划,并决定如何寻找与获取合适的人员来填补这些岗位空缺的过程。它主要由两个相对独立的过程组成:一是招募,二是选拔。招募主要是以宣传来扩大影响,达到树立企业形象、吸引应聘者应征的目的;而选拔则是使用各种技术测评与选拔方法鉴别和考察,挑选出组织所需要的、恰当的岗位空缺填补者的过程,选拔不仅要评价应聘者的知识、技能和个性特征,还要预测应聘者未来在组织的绩效水平。招聘产生的原因一般是在新的组织单位成立、现有岗位空缺、企业业务扩大或调整不合理的职工队伍结构时产生的。成功的招聘活动应该遵循"职得其才,才适其用"的原则,也就是能力和岗位匹配,最优的不一定是最匹配的,最匹配的才是最优选择,既不要出现"低才高就"的现象,也不要出现"高才低就"的现象,才职匹配,效果才能最优。招聘的效果是由企业文化决定的招聘理念和招聘者所掌握的招聘技术共同作用形成的,需要将二者结合起来为企业招聘到合适的员工。

一、有效的人力资源招聘的意义

1. 确保企业能够吸纳到保证质量的人力资源,提高企业核心竞争力

现代企业的竞争实质上是人力资源的竞争,人力资源已成为企业重要的核心竞争力。招聘工作作为企业人力资源管理开发的基础,一方面直接关系到企业人力资源的形成,对企业今后的成长和发展具有重要意义;另一方面,也直接影响企业人力资源开发管理其他环节工作的开展。只有招聘到高素质的一线员工和技术人员,才能保证高质量的产品和服务。

2. 扩大企业知名度,树立企业良好形象

招聘,尤其是外部招聘,是企业招聘人员与应聘者直接接触向外部展示企业风貌、宣传企业文化的重要渠道,如广告招聘、大型的人才交流会和校园招聘都是树立企业形象的很好机会。招聘人员的素质和招聘工作的质量在一定程度上也被视为企业管理水平和效率的标志,所以,很多企业对招聘工作都给予了高度重视,除了要吸纳优秀的人才外,更重要的一个目的是为企业做形象宣传。

3. 招聘工作直接影响着人力资源管理的费用

作为人力资源管理的一项基本职能,招聘成本是人力资源管理成本的重要组成部分,主要包括三个部分:一是招聘的直接成本,包括广告费用、宣传资料费用、招聘人

员工资等;二是重置成本,因招聘不慎,重新再招聘时所花费的费用;三是机会成本,因人员离职及新员工尚未完全胜任工作所产生的费用。如果在招聘选拔方面出现失误,招聘单位的业绩、形象和员工士气都会受到影响,会间接地使竞争对手获利,给人力资源部门的工作造成压力,还会浪费大量的招聘选拔费用。因此,招聘活动的有效进行能够大大降低招聘成本,从而降低人力资源管理的费用。

二、招聘的流程

招聘活动的流程一般包括招募、选拔、录用和评估四个阶段。招募阶段是企业为了吸引更多更好的应聘者而进行的若干活动,主要内容包括招聘计划的制订与审批、招聘信息的发布等。选拔阶段是企业根据人与岗位相匹配原则,挑选出最合适的人选,这个阶段由初步筛选、测评、背景调查、体检等环节组成。录用阶段主要涉及对已挑选的候选人进行录用决策、初始安置、试用、正式录用等过程。评估阶段主要指对招聘的结果、招聘的成本和招聘的方法等方面进行评估。详细流程如图4-1所示。

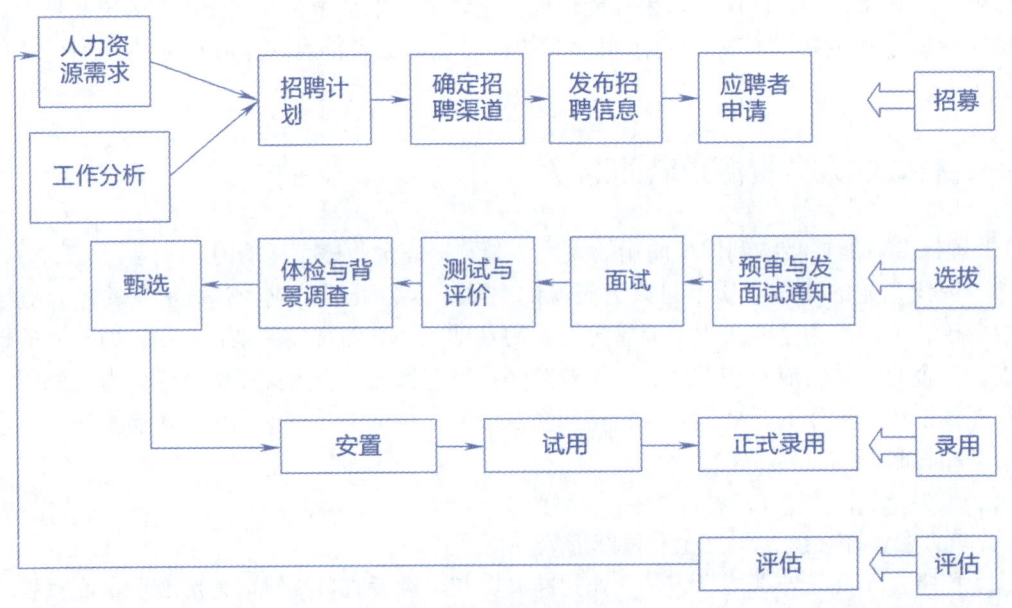

图 4-1 招聘的流程

第二节 人员招募

一、招聘工作中人力资源管理部门与用人部门的职责

招聘组织或机构一般由主管人力资源管理工作的企业负责人牵头，以人力资源管理部门为主，吸收相关部门和人员参加。在现代企业中，人力资源管理已经越来越依赖于各部门经理，每个管理者都有其独立的主管部门人力资源决策权。在招聘方面，最终的录用决策是由用人部门做出，它直接参与整个招聘过程，人力资源部门在招聘过程中更多地起到组织和服务的功能。人力资源管理部门与用人部门在招聘方面的职责划分参见表4-1。

表4-1 人力资源管理部门与用人部门在招聘方面的职责划分

	用人部门主管人员的职责	人力资源管理人员的职责
招聘职责	①列出特定工作岗位的职责要求，以便协助进行工作分析 ②向人力资源管理人员解释对未来雇员的要求以及所要雇用的人员类型 ③描述出工作岗位对员工的素质要求，以便人力资源管理人员能够设计出适当的选拔和测试方案 ④同候选人进行面谈，做出最后的甄选决策	①在部门主管人员所提供资料的基础上编写工作描述和工作说明书 ②制订出雇用晋升人事计划 ③开发潜在合格求职者来源并开展招聘活动，力争为组织募集到一批高质量的求职者 ④对候选人进行初步面谈、筛选，然后将可用者推荐给用人部门的主管人员

二、招聘计划的制订与审批

招聘计划是用人部门根据部门的发展需要，根据人力资源规划的人力净需求、工作说明书的具体要求，对招聘的岗位、人员数量、时间限制等因素做出的详细计划。招聘计划是招聘的主要依据。制订招聘计划的目的在于使招聘更趋合理化、科学化。

招聘计划的内容包括：①招聘的岗位、人员需求量、每个岗位的具体要求；②招聘信息发布的时间、方式、渠道与范围；③招聘对象的来源与范围；④招聘方法；⑤招聘测试的实施部门；⑥招聘预算；⑦招聘结束时间与新员工到岗时间。

招聘计划由用人部门制订，然后由人力资源部门进行复核，特别是要对人员需求量、费用等项目进行严格复查，签署意见后递交上级主管领导审批。

三、确定招聘渠道

一般来说，企业既可以从组织内部挑选合适的员工，也可以从社会上招聘新员工，根据渠道不同，招聘可分为内部招聘与外部招聘，两种招聘渠道各有利弊，需要针对企业的特点与招聘对象的不同采取不同的招聘方式。

1. 内部招聘

内部招聘的来源有三种：内部提升、工作调换或工作轮换、返聘。其中，内部提升是指用现有员工来填补高于其原级别岗位空缺，它有利于调动员工的积极性并有助于其个人的发展，但是容易造成"近亲繁殖"，可能寻觅不到最佳的合适人选；工作调换指在相同或相近级别的岗位之间进行人员的调动来填补职业空缺，当这种调动发生不止一次时，就形成了工作轮换，这种方式有助于员工掌握多种技能，提高他们的工作兴趣，但会影响工作的专业性；返聘则是将解聘、已退休或下岗待业的员工再召回组织来工作。

2. 外部招聘

当新的企业或新的部门创立，或内部招募不能满足企业对人力资源的需求时，企业就需要从外部挑选合格的员工。相比内部招聘，外部招聘的来源相对比较多，包括校园、竞争者和其他公司、失业者、退休员工、退伍军人等。

3. 内部招聘与外部招聘的比较

一般来说，当企业在内部出现岗位空缺或某新业务扩展需要人力时，应该先进行内部招聘，尤其是管理人员，要首先考虑从企业内部晋升。当从企业内部无法选拔到合适的人选时，则再考虑从外部招聘，内部招聘与外部招聘的优缺点比较如表4-2所示。招聘新的人员并不是保证完成工作任务的唯一途径，还有一些替代性的方式，比如：①对现有的组织结构和人员进行合理调配；②成立临时性团队或特别任务小组；③业务外包，请外部的专业人士完成该工作任务；④采取措施保留人才，减少人才流失；⑤通过培训使员工获得相应的工作能力。

表4-2　内部招聘与外部招聘的优缺点比较

	内部招聘	外部招聘
优点	①了解全面，风险小，可靠性高 ②鼓舞员工士气，激励员工进取 ③应聘者可快速适应工作 ④使组织培训投资得到回报 ⑤节约时间和费用	①人员来源广，选择余地大，有利于招到一流人才 ②新员工能带来新技术，新思想，新方法 ③当内部有多人竞争而难以做出决策时，外部招聘可在一定程度上平息或缓和内部竞争者之间的矛盾 ④人才现成，节约培训投资费

续表

	内部招聘	外部招聘
缺点	①来源局限于企业内，水平有限 ②容易造成"近亲繁殖" ③可能会因操作不公或员工心理原因造成内部矛盾	①不了解企业情况，进入角色慢，较难融入企业文化 ②对应聘者了解较少，可能会招错人 ③内部员工得不到机会，积极性可能受到影响

一般来说，高级管理人才的选拔遵循内部优先的原则，因为单位内部培养造就的人才更能深刻理解和领会企业的核心价值观；而对于成长期的企业，要广开外部渠道，吸引和接纳需要的各类人才；而当外部环境发生剧烈变化时，企业必须采用内外结合的人才选拔方式。

四、招聘方法

1. 内部招聘的方法

内部招聘的方法主要有两种：一是工作公告法；二是档案记录法。

（1）工作公告法。工作公告法通常是通过布告栏、内部报纸、广播和员工大会等方式发布招聘消息，向员工通报现有工作空缺，让员工了解组织的需要，从而吸引相关人员来申请这些空缺岗位。所发布信息中应描述空缺岗位的职责、报酬、应聘者应具备的条件等。工作公告法给员工提供了平等的成长和发展机会，员工自由、自愿申请，能吸引更多有资格的员工参加应聘和竞争，因而能使组织以较低成本配置员工进入最适合的岗位。

（2）档案记录法。企业一般都会有员工的个人资料档案记录，从中可以了解到员工在教育、培训、工作经历、技能、绩效等方面的信息，通过这些信息，人力资源部门就可以筛选确定出符合空缺岗位要求的人员。使用这种方法时，要注意两个问题：一是档案资料的信息必须真实可靠、全面详细，还要及时进行更新补充，这样才能保证被聘人员的质量；二是确定人选后，应当征求本人的意见，看其是否愿意服从调配。档案记录法只限于对员工客观信息的了解，而对主观信息如沟通技能、判断能力、职业素养等却难以确认。

随着计算机和网络技术的发展，现在很多企业都建立起了人力资源信息系统，对员工的个人信息进行动态化和规范化的管理，使得运用档案记录法进行内部招聘的效率和效果都得到了大幅度提升。

2. 外部招聘的方法

由于外部招聘人员的来源在企业外部，因此招聘方法的选择就显得非常重要，否则求职者无法获知企业的招聘信息。外部招聘的方法主要有广告招聘、招聘会、职业中介机构、推荐招聘。

（1）广告招聘。广告是通过广播、电视、报纸、杂志、网络和印刷品等媒体向公众传送企业就业需求信息的一种方式。广告是一种能够广泛地通知潜在求职者工作空缺的办法，由于借助不同的媒体做广告会带来截然不同的效果，所以企业所要招聘的岗位类型往往决定了媒体的选择。

在我国，企业一般不采用广播与电视广告的招聘方式，因为其支出费用较高，而且招聘效果受各频道知名度或节目收视率的影响，不易保存，且因其受众广泛，容易吸引过多的应聘者参与，也会加大招聘与选拔工作的难度。广播和电视广告主要是用于招聘企业的高级管理人才，多以访谈面试、专题节目的形式出现。

报纸广告发行量大、读者面广，可以涉及不同层次的求职者，因此是企业进行招聘时采用最多的媒体形式。利用杂志发布招聘广告常用于高级人才和业内专家的招聘，如招聘高级程序设计人员时，可选择在杂志上发布招聘广告，针对性较强，还可以宣传企业形象，但杂志出版周期较长。

网络招聘是一种通过计算机网络向公众发布招聘信息的一种方式，其成本低、信息量大、快捷方便，且招聘效果也较好，尤其是有自己专门网站的企业，长期设置招聘栏目来吸引求职者浏览企业网站，不仅能为企业的招聘工作服务，而且有助于提高企业知名度。各种广告媒体的优缺点比较，如表4-3所示。

表4-3　各种广告媒体的优缺点比较

媒体类型	优点	缺点
广播电视	容易引起注意；灵活性强；传递信息更直接和主动	费用高；传递的信息简单；持续时间短，不能选择特定的求职者
报纸	成本低；大小可灵活选择；发行广泛；分类广告便于查找	制作质量比较差；对象没有针对性；容易出现招聘竞争；容易被忽视
杂志	印刷质量好；保存时间长；针对性强；大小也可以灵活选择	发行时间较长；发行地域太广；见效期较长
互联网	费用低；速度快；传播范围广；信息容量大	信息过多，容易被忽略；有些人不具备上网条件；容易出现竞争
招募现场宣传资料	容易引起应聘者的兴趣，并引发他们的行动	宣传力度有限，有些印刷品会被人舍弃

（2）招聘会。招聘会可以简单分为两大类。一类是专场招聘会，即只有少数几家企业或按行业岗位类别划分而举行的招聘会。专场招聘会是企业欲招聘大量人才或面向特定群体（如校园招聘会）而举行的。另一类是非专场招聘会，即由某些人才中介机构组织的有多家单位参加的招聘会。与其他方法相比，招聘会具有明显优势：第一，这种招聘方式是由企业的招聘人员直接实施的，因此可以有效避免信息传递过程中的失真现象，使求职者能够获取真实的信息；第二，招聘人员可以与求职者直接见面交流，这实际上是一种初步的筛选过程，在一定程度上可以减轻选拔录用工作的负担；第三，通过

这种招聘方法，企业可以很好地进行自我形象宣传。但招聘会的费用一般比较高，需要投入较多的人力和物力。

对于校园招聘而言，其优点也是十分明显的，一方面，企业可以找到足够数量的有学习愿望和学习能力强、可塑性好的高素质人才；另一方面，与具有多年工作经验的人相比，应届毕业生的薪酬期望也较低。其不足之处是，学生缺乏实际工作经验，需要进行一定时期的培训，并且他们往往过于理想化，对于自身能力估计过高，容易对工作和企业产生不满，在毕业后的前几年离职率普遍较高。由于学生毕业是有周期的，所以校园招聘会也是定期召开，因此在时间上这种招聘方法会受到很多限制，企业不能自主掌握。事实上，目前大多数院校也都设置了就业办公室来辅助企业进行校园招聘，帮助毕业生实现就业。

（3）职业中介机构。职业中介机构是那些专门向企业组织提供人力资源的机构，包括各种职业介绍所（如政府主办的公共职业介绍机构、私人的职业介绍所、管理咨询顾问公司等）、人才交流中心、各级教育机构（大中专院校）和猎头公司等。职业中介机构承担着双重角色，既为企业择人，又为求职者择业。企业利用职业中介机构招聘所需人员，不仅效率高效，而且费用支出较少，是组织从外部获取员工的重要途径。但职业中介机构对应聘者情况了解不够，不一定都能招聘到符合岗位要求的合适人选。

猎头公司是指专门为企业招聘中高级管理人员或重要的专业人员的私人就业机构。由于这类人才稀缺，且工作稳定，他们主动求职的愿望相对较低，因此采用公开的招聘方法通常难以奏效。而猎头公司会主动去寻找和发现这些人才，并建有专业的人才数据库，还能够在整个搜寻和甄选过程中为企业保守秘密。所以，如果企业在征召核心员工时，猎头公司的帮助是必不可少的。猎头公司中介服务费用相对较高，一般是招聘岗位年薪的30%~40%。

目前市场上的中介机构水平良莠不齐，企业要借助职业中介机构招聘员工，首先要选择一家合法正规、声望好、有实力的中介机构；其次，必须向中介机构提供准确完整的工作说明，这有利于中介机构找到合适的人选；再次，企业要参与监督中介机构的工作，定期检查那些被中介机构接受或拒绝的候选人资料，及时地发现和纠正其不妥之处。

（4）推荐招聘。推荐招聘是通过企业的员工、客户或者合作伙伴的推荐来选拔所需要的人才，其招聘成本比较低，推荐人对应聘人员也比较了解，而且应聘人员一旦被录用，离职率也比较低。其不足之处是，容易在企业内部形成非正式团体，如果不加控制，会出现任人唯亲的现象；由于被推荐的应聘人员数量不多，随机性较大，选拔的范围也非常有限。在推荐招聘的操作过程中，要注意两点：一是组织公布招聘信息，要明确拟招聘的岗位、数量及应聘条件；二是要制定有效推荐员工的激励措施。

总之，招聘人才的方法多种多样，要根据招聘员工类型的不同而采用不同的招聘方法。例如，招聘一般员工可以通过报纸杂志、员工推荐或求职者自荐的方式；招聘销售人员则大多采用招聘广告、推荐和职业中介机构的方式；招聘专业技术人员经常通过大中专院校、报纸刊物或网络招聘；而招聘中高层管理人员和高级专业人员，可以通过猎头公司、管理咨询顾问公司等。

五、招聘广告的制作与信息发布

1. 招聘广告的制作

一般来说,招聘广告制作的内容包括:企业基本情况、空缺岗位情况、申请者必须具备的条件、报名时间、地点和联系方式、需要的证件及材料等。招聘广告设计的原则可以遵循"注意—兴趣—愿望—行动"四项原则,即AIDA(Attention-Interest-Desire-Action)原则。

A:即Attention,代表广告要吸引人的注意,比如在报纸的分类广告中,由于广告密度很大,印刷紧凑的广告常常被求职者忽略。如何让广告与众不同是要特别关注的问题。

I:即Interest,是要吸引求职者对岗位的兴趣,这种兴趣既要来自广告用语的生动,又要从应聘岗位自身挖掘,如工作的挑战性、收入、环境等。

D:即Desire,是要激起求职者申请空缺岗位的愿望,这需要与求职者的需求紧密联系在一起,如岗位的满足感、发展的机会、合作的气氛等。

A:即Action,代表广告要有让对公司感兴趣的求职者看了以后有采取行动的力量。

招聘广告要准确传达企业招聘岗位的信息,不能误导求职者,要帮助求职者形成合理的心理预期,以利于日后员工队伍的稳定。简言之,就是要做到能把组织的招聘信息及时传达给那些条件符合岗位要求的求职者,并促使其采取最强烈的响应行动。

2. 招聘信息发布

对于内部招聘来说,发布招聘信息意味着岗位公告,即把关于工作招聘的信息在组织内部进行有效公布。

对于外部招聘来说,招聘信息发布的主要形式就是招聘广告。表4-4是海尔集团实习生招聘广告示例。

表4-4 海尔集团实习生招聘简章示例

海尔集团是世界著名家电制造商,在全球30多个国家建立了本土化的设计中心制造基地和贸易公司,已发展成为大规模的跨国企业集团。海尔品牌旗下冰箱、空调、洗衣机、电视机、热水器、电脑、手机、家居集成等19个产品被评为中国名牌,伴随着整个市场的蓬勃发展,海尔集团的生产规模也在迅速地提升,海尔集团在暑期为广大学生提供实习的机会,欢迎您的加入!

一、用工条件

岗位:生产线操作员
实习时间:3个月
学历:中专以上
年龄:16周岁以上
身高:符合岗位操作及安全要求
视力:裸眼视力不低于0.6,无色盲
健康状况:身体健康,无传染性疾病及其他足以影响他人健康的疾病

续表

二、薪资、福利等相关政策

薪资：实习工资=基本工资＋中夜班津贴＋加班费；中夜班津贴：中班：10元/天；夜班：20元/天；实习期平均工资：3000元左右，生产旺季可以达到4500元；工资发放时间：每月15日，以工资卡的形式发放

保险：缴纳意外伤害保险

食宿：住宿免费

福利：工作餐补贴（10元/天），统一以餐费充值卡形式兑现；7～9月份提供高温补贴；报销来公司报到路费

三、工作地点

公司在青岛各县市、济南、大连、重庆、顺德、合肥、武汉、贵州设有生产园区，公司将对招募的员工合理进行安排（原则上就近安置就业）

四、校企合作

海尔集团真诚邀请各中专/职高/技校洽谈校企合作事宜，以实现校企合作双赢。

五、联系方式

校企合作联系人：赵先生 15269267×××　电话：0532-88937470
E-mail：zhaozhw@haier.com　地址：青岛市海尔路1号海尔人力集团资源部
邮编：266001
个人报名咨询电话：0532-88931001　E-mail：hrqdzp@haier.com

本章小结

1. 招聘是组织人力资源管理工作中的一项重要的基础性工作，是组织人力资源形成的关键，它对于人力资源的合理形成、管理与开发具有至关重要的作用。人员招聘是按照企业经营战略和人力资源规划的要求，把优秀、合适的人才招聘进企业，把合适的人放到合适的岗位上。做好人员招聘配置工作十分复杂，涉及招聘政策的制定、招聘方式的选择、人员测评的设计和实施、人员的录用配置等。

2. 人员配置指的是人与事的配置关系，目的是通过人与事的配合以及人与人的协调，充分开发利用员工，实现组织目标。人员合理配置成为组织人力资源管理状态是否良好的标志之一。其目的是为了在人力资源的配置上，坚持大材大用，小材小用，各尽所能，人尽其才。

第五章 培训与开发

教学目的

通过本章的学习使学生对培训与开发有一个崭新的认识，通过理论知识与案例分析让学生对培训与开发的知识更加直观清晰，能够进行有效的培训需求分析，制订培训计划，并选择合适的培训方法组织实施有针对性的培训。

教学重点

掌握培训需求分析的内容、培训计划的制订、培训方法的选择。

教学难点

设计培训评估手段和工具；培训计划的制订与组织实施。

知识目标

掌握培训与开发的基本概念、类型与原则；了解培训与开发的误区；掌握培训需求分析的内容与方法；掌握培训计划的基本要素；掌握培训评估的步骤；熟悉新员工导向培训的意义和内容。

能力目标

能够进行培训需求的组织、任务和人员分析；具备联系实际进行培训项目的具体设计技能；能够根据企业实际掌握员工培训的实施与管理；能够结合企业实际制订新员工导向培训计划。

引导案例

别具一格的杜邦培训

作为化工界老大的杜邦公司在很多方面都独具特色,其中,公司为每一位员工提供独特的培训尤为突出。因而杜邦的"人员流动率"一直保持在很低的水平,在杜邦总部连续工作30年以上的员工随处可见,这在"人才流动成灾"的美国是十分难得的。

杜邦公司拥有一套系统的培训体系。虽然公司的培训协调员只有几个人,但他们却把培训工作开展得有声有色。每年他们会根据杜邦公司员工的素质、各部门的业务发展需求等拟出一份培训大纲(上面清楚地列出该年度培训课程的题目、培训内容、培训教员、授课时间及地点等),并在年底前将大纲分发给杜邦各业务主管。然后根据员工的工作范围,结合员工的需求,参照培训大纲为每个员工制订一份培训计划,员工会按此计划参加培训。

杜邦公司还给员工提供平等的、多元化的培训机会。每位员工都有机会接受像公司概况、商务英语写作、有效的办公室工作等内容的基本培训。公司还一直很重视对员工的潜能开发,会根据员工不同的教育背景、工作经验、职位需求提供不同的培训,培训范围从前台接待员的"电话英语"到高级管理人员的"危机处理"。此外,如果员工认为社会上的某些课程会对自己的工作有所帮助可以向主管提出,公司就会合理地安排人员进行培训。

为了保证员工的整体素质,提高员工参加培训的积极性,杜邦公司实行了特殊教员制。公司的培训教员一部分是公司从社会聘请的专业培训公司的教师或大学的教授、技术专家等,而更多的则是杜邦公司内部的资深员工。在杜邦公司,任何一位有业务或技术专长的员工,小到普通职员,大到资深经理都可作为知识教师给员工们讲授相关的业务知识。

(资料来源:牛根生的博客)

第一节 员工培训与开发概述

一、培训与开发的含义和意义

1. 培训与开发的含义

培训是指通过传授知识、更新观念及提高技能等方法，使其具备完成本岗位目前或未来工作所必需的基本技能，以及提高工作绩效的一系列活动。通过培训，员工的工作能力和知识水平得以提升，带来工作业绩的提升，从而实现企业的经营业绩。

开发是指依据员工需求与组织发展目标，用各种直接或间接的方法对员工的潜能进行开发，促进员工的全面发展，完成员工职业生涯规划，实现员工职业生涯发展目标。人力资源管理过程就是人力资源开发过程。人力资源开发过程是从广义上调动员工的积极性，利用各种手段促进员工发展的各种活动，包括一些间接手段和自我提升的方法；培训是从狭义的角度通过直接的外部刺激来提高员工的工作绩效。因此，人力资源开发过程涵盖了培训。

培训与开发的区别如表5-1所示。

表5-1 培训与开发的区别

项目	关注	时间	内涵	目标	参与	使用工作经验程度
培训	当前	较短	较小	为当前做准备	强制	低
开发	未来	较长	较大	为变化做准备	自愿	高

2. 培训与开发的意义

（1）培训与开发有助于改善企业的绩效。企业绩效的实现是以员工个人绩效的实现为前提和基础的，有效的培训开发工作能帮助员工提高他们的知识、技能，提高他们的忠诚度，增进他们对企业战略、经营目标、规章制度及工作标准的理解，从而有助于改善他们的工作业绩，进而改善企业的绩效。

（2）培训与开发有助于提高员工的满足感。员工的满足感是企业正常运转的必要条件之一。对员工进行培训，可以使员工感受到企业对自己的重视和关心，也可以提高他们的知识技能水平，随着知识技能水平的提高，员工的工作业绩就会提升，这有助于提高员工的成就感。

（3）培训与开发有助于培育企业文化。良好的企业文化对员工具有强大的凝聚、规范、导向和激励作用。因此，很多企业在重视规章制度建设的同时也越来越重视企业文化的建设。作为企业成员共有的一种价值观念和道德准则，企业文化必须得到全体员工的认可，这就需要不断地对员工进行宣传教育，而培训开发就是其中非常有效的一种手段。

二、培训与开发的类型

1. 按照培训与开发的对象及重点划分

如果按照对象及其内容特点的不同，则培训与开发一般可划分为以下5种类型。

（1）新员工导向培训。新员工导向培训又称新员工定向培训、上岗培训或社会化培训，主要是指向新聘用员工介绍组织情况和组织文化，介绍工作任务和规章制度，使之认识必要的人，了解必要的事情，尽快按组织要求开始上岗工作的一种培训。

（2）员工岗前培训。员工岗前培训主要包括新员工岗前培训，以及老员工工作变动，走上新岗位之前所接受的培训教育活动。

（3）员工岗上培训。员工岗上培训又称员工上岗后的培训或员工在岗培训，主要是指组织围绕工作需要，对从事一定岗位工作的员工开展的各种知识、技能和态度等形式的教育培训活动，以及为员工提供思路、信息和技能，帮助他们提高工作效率的各种培训活动。员工在岗培训可以按员工类别不同分为操作人员培训、技术人员培训、管理人员培训等。

（4）管理人员开发。管理人员开发又称管理开发或管理人员培训与开发，主要对象是管理人员和一部分可能成为管理人员的员工，通过研讨、交流、案例研究、角色扮演、行动学习等方法，使他们建立正确的管理心态，掌握必要的管理技能，学习和分享先进的管理知识和经验，进而改善管理绩效。

（5）员工职业生涯开发。员工职业生涯开发是以组织的所有成员（重点是组织中的关键人才和关键岗位的工作者）在组织中的职业发展为开发管理对象，通过各种教育、训练、咨询、激励与规划工作，帮助员工开展职业生涯规划与开发工作，使个人目标与组织目标结合起来，培育员工的事业心、责任感、忠诚感与献身精神。

2. 按照培训与开发和工作活动的关系划分

根据与员工工作活动的关联性状况的不同，培训与开发一般可以分成下列3类。

（1）不脱产培训。不脱产培训也称在职培训，是指员工边工作边接受培训，主要在实际工作中得到培训。这种培训方式经济实用，同时不影响工作与生产，但在组织性、规范性上有所欠缺。

（2）脱产培训。脱产培训即员工脱离工作岗位，专门去各类培训机构或院校接受培训。这种形式的优点主要是员工的时间和精力集中，没有工作压力，知识和技能水平会提高较快，但在针对性、实践应用性、培训成本等方面往往存在缺陷。

（3）半脱产培训。半脱产培训是脱产培训与不脱产培训的一种结合，其特点是介于二者之间，可在一定程度上取二者之长，弃二者之短，较好地兼顾培训的质量、效率与成本等因素。但二者如何恰当结合是一个难点。

3．按照培训内容划分

根据学习内容与学习过程的不同特点，可以把培训与开发分为知识、技能和态度3种类型。这种分类法在教育界、培训界被广泛使用。

（1）知识培训。知识培训也称知识学习或认知能力的学习，要求员工学习各种有用知识并运用知识进行脑力活动，促进工作改善。知识学习的例子包括记忆和推理、行为规范和行事规则、符号图案的辨认和对策的制定、生产与管理知识的回忆和应用，以及知识驱动的工作场所、学习性组织等项目内容。组织对员工的知识培训也可按传授知识的性质分为3类：对员工的工作行为与活动效率起基础作用的基础知识（如数理化、语文、外语等），与组织生产经营职能和员工本职工作活动密切相关的理论、技术和实践的专业知识，与科技发展、时代特点、组织经营环境和业务特点相关联的背景性的广泛知识。

（2）技能培训。技能培训包括对员工的运动技能和智力技能的培训。也有人认为技能培训就是对员工使用工具，按要求做好本职工作，处理和解决实际问题技巧与能力的培训与开发。运动技能培训也称肌肉性或精神性运动技能学习，主要是教授员工完成具体工作任务所需的肢体技能，能精确并按要求进行有关的体力活动，如操作机床、驾驶汽车等；智力技能培训则是教授人们学习和运用可被推广的要领、规则与思维方法，来分析问题、解决问题，改进工作并发明新产品、新方法等，如设计并改进组织结构和工作程序等。

（3）态度培训。态度培训又称态度学习或情感性学习，主要包括对员工的价值观、职业道德、认知、情感、行为规范、人际关系、工作满意度、工作参与、组织承诺、不同主体的利益关系处理，以及个人行为方式选择等内容的教育与培训。

4．按培训的层次划分

根据能级能质原则，不同才能之间有质的差别，在能质相同的情况下，能级有层次高低之分。层次越高的人数越少，人数居多的应是中、低层次的一般人才。因此，在培训时也应顾及这一事实，多层次地安排人员培训。一般而言，初级培训可侧重于一般性的知识和技术方法，中级培训可适当增加有关理论课程，高级培训则应侧重于学习新理论、新观念、新方法。培训的级别越高，所采用的组织形式则越趋小型化、短期化。例如，初级培训通常要借助正规学校、社会办学的方式实现，而高级培训则可采用短训班、研讨班，甚至出国考察培训等方式来实现。

三、培训与开发的原则

员工培训与开发的成功实施，要遵循培训与发展的基本原则。尽管培训与发展的形式和内容各异，但各类培训与发展的基本原则是一致的。其原则主要有以下8个方面。

1．战略性原则

员工培训是企业管理的重要一环，这要求企业在组织员工培训时，一定要从企业的发展战略出发去思考问题，使员工培训工作构成企业发展战略的重要内容。

2. 长期性原则

员工培训需要企业投入大量的人力、物力、财力，这对企业的运营肯定会有或大或小的影响。有的培训项目有立竿见影的效果，但有的培训效果要在一段时间以后才能体现到员工的工作效率或企业的经济效益上，尤其是对管理人员和员工观念的培训。因此，要正确认识智力投资和人才开发的长期性和持续性。

3. 按需施教、学以致用原则

在培训项目实施过程中，要把培训内容和培训后的使用衔接起来，这样培训的效果才能体现到实际的工作中去，才能达到培训的目的。

4. 主动参与原则

企业想要调动员工接受培训的积极性，就必须坚持员工主动参与原则。实践中可以由员工定期填写培训申请表，然后针对申请表与员工面谈，互相沟通，统一看法，并在培训申请表中填写意见后，存入人力资源管理信息库，作为以后制订员工培训与开发计划的依据。

5. 全员培训与重点培训相结合原则

全员培训是指对所有员工进行培训，以提高企业全员素质。全员培训也不是说对所有员工平均分摊培训资金。在全员培训的基础上还要强调重点培训，重点培训是指对企业的领导人才、管理人才和工作骨干加大培训力度，进行重点培训。

6. 因材施教原则

企业中不同的员工通过培训需要获取的知识不同，培训的内容应按员工的需求来确定，因而培训方式和培训方法也应有所不同。即使同一岗位的员工，由于水平参差不齐，企业也不能采用普通教育"齐步走"的方式来培训员工，这就是因材施教。

7. 反馈与强化培训效果原则

反馈的作用在于巩固学习技能及纠正错误和偏差。反馈的信息越及时准确，培训的效果就越好。强化是将反馈结果与学员的奖惩相结合，它不仅应在培训结束后立即进行，而且应该体现在培训之后的上岗工作中。

8. 投资效益原则

员工培训是企业的一种投资行为，与其他投资一样，也要从投入产出的角度考虑效益大小及远期效益、近期效益问题。员工培训投资属于智力投资，它的投资收益应高于实物投资收益。

第二节 员工培训与开发的流程

一、培训与开发的流程

1. 培训与开发的系统模型

培训与开发的系统模型如图5-1所示。

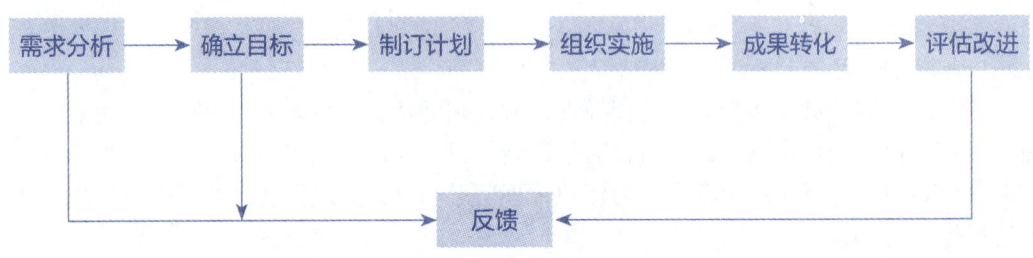

图 5-1　培训与开发的系统模型

　　培训与开发系统模型的主要内容包括以下6个方面。

　　（1）进行人力资源培训与开发的需求分析。这是指通过组织分析、工作分析、个人分析、环境分析等，先找出组织在员工培训与开发方面的确切需要及必须解决的问题，并做出细致的具体分析，才能有的放矢地设计和实施培训与开发项目。

　　（2）在需求分析的基础上为培训与开发项目确立目标。在需求分析基础上设置的培训与开发目标，能够为培训与开发项目的计划与活动提供明确方向和可见成果并鼓舞人心，能够用一种指针和框架来确定与组合培训对象、材料、师资、时间、方法和工具等要素，并能够具体确定员工经过培训预期应达到的可量度的工作绩效，以作为培训与开发成果的一种评价尺度。

　　（3）制订培训与开发项目的计划方案。这是指把培训与开发目标具体化和可操作化，根据培训与开发目标来具体编排培训与开发项目的形式、学制、课程设置、课程大纲、教材与参考教材、任课教师、教学方法、考核方式、辅助培训器材与设施等。制订正确的培训计划需统筹兼顾许多具体培训技术情景因素，如行业类型、企业规模、用户要求、技术发展趋势、员工现有水平、企业宗旨政策、国家法规等。

　　（4）组织实施培训与开发活动。这是指按照制订的计划实际推行培训与开发活动。在组织实施过程中，最主要的是落实谁负责、谁操作，落实用什么培训与开发资源，资源从哪里来，以及落实时间、场所、经费、教材、设施等要素，要按计划使培训各环节的活动有计划、有控制地和谐开展。

　　（5）培训与开发成果在实际工作中的运用和转移。培训与开发工作的最大挑战并不在于员工学习什么和如何学习,而在于员工所学过的东西在实践中如何应用、应用了多少、对实际工作和行为有何改善。因此,在培训与开发的组织实施环节之后,应当紧密衔接培训与开发学习成果(内容)的应用与转移环节。可以通过制订在工作中应用培训内容的行动计划,提供过渡学习与多阶段培训、绩效考核及营造支持性工作环境等措施,促使受训者将培训与开发中学过的知识、技能,以及习得的行为等成果转移推广到工作环境之中,并将学习成果在自己的实际工作中坚持长期应用,转化为工作绩效的提高。

(6)培训与开发工作的评估与改进。这一环节与管理中的控制功能相似,主要任务是在培训与开发项目完成后,对受训者接受培训前后的工作绩效进行比较,找出受训者有何收获与提高及培训对组织产生什么效用;对培训与开发的计划、工具、方法等的信度、效度和成效进行评估,以全面地检查和评判已完成的培训与开发工作,从中总结经验与教训,发现新的培训与开发需要,坚持真理,修正错误,踏踏实实地改进和提升培训与开发的工作水平。

2. 培训与开发的步骤及要素

第一步:开展需求分析,找出问题,确定培训与开发的必要性。
①组织分析。
②任务分析。
③人员分析。
第二步:设置培训与开发目标,确定项目活动的目的和预期结果。
①确立具体可行的总体目标和阶段目标。
②确认员工的学习基础。
③确保员工做好学习准备。
第三步:制订计划方案,确定如何使受训者的学习效果最大化。
①培训与开发计划的4W2H要素。
②培训计划需贯彻的指导原则。
③项目设计与课程计划。
第四步:组织实施计划,确定如何开展培训与开发活动并使之按计划有效完成。
①培训与开发活动的组织、协调与控制。
②实施指导过程中的常见障碍与排除策略。
第五步:转移和巩固学习成果,确保将培训与开发成果转化入实际工作。
①自我管理。
②环境支持。
③资源支持。
第六步:评估培训与开发项目的效果,确定计划方案和实施过程是否有效并将其改进。
①确定培训与开发的结果。
②成本与收益分析。
③培训与开发方案的评价。
上述建立有效培训与开发系统的步骤和要素的具体内容,将在本节的后续部分讲述。

二、培训需求分析与确立目标

培训需求分析是培训活动的第一步，是通过搜集组织及其成员现有绩效的有关信息，确定现有绩效水平与应有绩效水平的差距，从而进一步找出组织及其成员在知识、技术和能力方面的差距，为培训活动提供依据。

1. 培训需求分析的内容

培训需求分析应该包括三个方面的内容：组织分析、任务分析及人员分析。

（1）组织分析。组织分析是指系统地检查组织内的各个成分，这些成分是除了任务和人员以外能影响培训项目的要素，它关注的是组织系统层面上的东西，如组织目标、组织资源、企业文化、组织环境限制等。组织分析主要包括以下内容。

①公司战略。公司战略对培训需求会产生重大影响。通过对四种常见经营战略——集中战略、内部成长战略、外部成长战略、紧缩战略的研究发现，每种战略都会对应不同的培训需求。采用集中战略的公司培训需求的重点是：团队建设、跨职能培训、专业化的培训计划、人际关系培训和在职培训。采用内部成长战略的公司培训需求的重点是：企业文化培训、创造性思维培训、分析能力培训、工作中的技能培训、反馈与沟通方面的管理培训、冲突谈判技巧培训。采用外部成长战略的公司培训需求的重点是：被兼并企业的雇员能力培训、建立联合培训系统的培训、合并后企业的办事程序培训、团队建设培训。采用紧缩战略的公司培训需求的重点是：激励、目标设定、时间管理、压力管理、跨职能方面的培训、领导力培训、人际沟通培训。公司的战略与培训的数量和种类之间存在一定的相关性，培训的主题因企业的经营战略不同而存在显著的差异。

②可获得的培训资源。可获得的培训资源包括：充足的预算、培训所需的场地及设备、培训的时间、专业的培训人员等。资源的限制往往导致许多培训不能达到预期目的，其效果不能令人满意。

③组织支持。组织支持主要包括企业决策者的支持和参加受训者的上级管理者及同事的支持，如果受训者的上级管理者与同事对他们参加培训活动的态度和行为不支持，那么受训者将培训内容运用于工作中的可能性就不大。多项研究表明，组织的支持对培训的成功是非常关键的。培训获得成功的关键要素在于：受训者的上级与同事对受训者参加培训活动要持一种积极的态度，以及他们愿意向受训者提供如何将培训中所学到的知识和技能运用到工作中的信息，这样受训者在培训中所学到的东西运用到实际工作中的可能性较高。培训需求评估的成功极大地依赖于组织及成员提供的支持，这是培训活动成功的第一步。

④企业文化。公司企业文化应当作为组织分析的一个重要部分，它是培训需求分析的一个重要方面。当培训项目同组织目标与文化不一致时，常会使员工产生不知所措或工作满意度较低的状况。

（2）任务分析。任务分析主要分为以下4个步骤。

①选择需要被分析的工作。

②通过与有经验的员工、上级管理者进行访谈和观察，以及与其他曾经对该项工作

进行过分析的人进行交流，确定一份在该项工作岗位上需要执行的任务的初步清单。

③查证、确认初步清单上的项目，确保清单的可靠性和有效性。

④任务确定以后，进一步确定完成该任务所必需的知识、技能和能力。另外，还应该全面地考虑该项工作所要求的知识、技能和能力。任务分析的结果是对工作中的行动和操作及完成工作所需要的条件的描述，它是对工作而不是对工作者的描述。

（3）人员分析。人员分析的主要作用是帮助管理者确定培训是否合适及哪些雇员需要培训。其要解决的问题主要是如何通过培训，来解决员工的现有绩效与企业对他们的期望绩效之间的差距。同时，人员分析还要关注员工的个性特点、工作态度、工作动机和工作风格等方面。人员分析还可以帮助企业管理者更好地了解组织的人力资源素质。

①员工个性结构分析。员工个性结构分析从理论上来讲是很重要的，但是大多数企业在培训中都忽视了这方面的问题，它们没有注意到在培训中还要根据受训者的个性因素制定培训方案及安排合适的工作岗位。例如，销售岗位更适合性格外向的员工从事；而财会岗位更适合性格内向的员工从事；创造性高的员工较宜从事研发工作，创造性低的员工则应安排行政性质的工作，等等。

②员工知识结构分析。对员工的知识结构进行分析，不仅是为了准确地制定培训方案，而且是为了充分地利用各种有效的资源，使培训获得最大的经济效益。在对员工素质进行知识结构分析时，首先要从员工的教育水平着手。对整个公司来说，需要知道公司各个文化层次的员工数目，特别是中层管理者和业务骨干的文化层次，这是公司制定培训方案的基本依据。弄清员工的知识结构，才能结合组织和工作任务的需要，制定有目的的培训方案。

③员工专业结构分析。由于员工所在的岗位不同，从事的工作性质不同，承担的责任不同，可以把员工分为技术研发、生产、销售、财会、人事行政等类型，不同类型的员工需要不同的专业知识和技能，其培训要有不同的侧重点。员工的培训可以分为三个层次：基本操作技能的培训、综合素质的培训和敬业精神的培训。在进行培训需求分析时，人员分析要根据企业已有的员工专业结构，结合组织任务制定相应的培训方案。

2．培训需求分析的方法

（1）观察法。观察法是通过到工作现场观察员工工作表现，发现问题，获取信息数据的一种方法。运用观察技巧的第一步是明确所需信息，然后确定观察对象。观察法最大的一个缺陷是当被观察者意识到自己被观察时，他们的一举一动可能会与平时不同，这就会使观察结果产生很大偏差。为了提高观察效果，在操作时应注意：①采用观察法的人员必须对要进行观察的员工所从事的工作有深刻的了解，知道其行为标准；②进行现场观察，不能干扰工作者的正常工作，应尽量隐蔽。

通常在观察之前，要设计一份观察记录表，用来核查要了解的各个细节，这样，不仅能保证观察不流于形式，而且当研究结束时记录资料还可以作为选择培训内容的参考。

（2）问卷调查法。利用问卷调查员工的培训需求，也是培训管理者较常用的一种方法。培训部门首先将一系列的问题编制成问卷，发放给培训对象填写之后再收回进行分析。调查问卷要满足以下要求：①问题清楚明了，不产生歧义；②语言简洁；③多采用客观问题形式，易于填写；④主观问题要有足够空间填写意见。调查问卷必须由专家或专业人员主持进行，否则会造成结果的偏差和不真实，从而影响需求分析的客观性。

（3）访谈法。访谈法是通过与被访谈人进行面对面的交谈来获取培训需求信息的一种方法。培训需求的分析可以通过与企业管理层面谈，了解组织对员工的期望；也可以与有关工作负责人面谈，从工作的角度了解需求。访谈法需要专门的技巧，在进行访谈之前，一般要对访谈人员进行培训。访谈法应注意以下几点：①确定访谈法的目标，也就是明确"什么信息是最有价值的，是必须得到的。"②准备全面的访谈提纲，这对于启发、引导被访谈人讨论关键的信息，防止转移访谈中心是非常关键的。③营造融洽的、相互信任的访谈气氛。在访谈中，进行访谈的人员必须首先获得被访谈人的信任，以避免敌意或抵制情绪的产生。这对于搜集信息的正确性与准确性是非常重要的。

（4）关键事件法。关键事件法与整理记录法相似，用以考察生产过程和企业活动情况，以发现潜在的培训需求。关键事件是指那些对组织目标起关键性的积极或消极作用的事件。确定重大事件的原则是：工作过程中发生的对企业绩效有重大影响的特定事件，如系统故障、获取重要大客户、重要大客户流失、产品交货期延迟或事故数量过高等。关键事件的记录为培训项目分析提供了方便而有意义的消息来源。关键事件法要求管理人员记录员工工作行为中的关键事件，包括导致事件发生的原因和背景，员工的特别有效或失败的行为，关键行为的后果，以及员工自己能否支配或控制行为后果等。关键事件分析时应注意以下两个方面：①制定保存重大事件记录的指导原则并建立记录媒体（如工作日志、主管笔记等）；②对记录进行定期分析，明确员工的能力或知识方面的缺陷以确定培训需求。

（5）绩效分析法。培训的最终目的是改进工作绩效，减少或消除实际绩效与期望绩效之间的差距。因此，对个人或集体进行的绩效考核可以作为分析潜在需求的一种方法。运用绩效分析法需要集中把握以下4个方面：①将明确规定并得到一致同意的标准作为考核的基线；②集中注意希望达到的业绩；③总结未达到理想业绩水平的原因；④确定通过培训是否能达到理想的业绩水平。

（6）经验预计法。有些培训需求具有一定的通用性或规律性，可以凭借丰富的管理经验进行预计。对于预计到的培训需求，可在需求发生之前采取对策，这样既避免了临时性需求给培训工作带来的措手不及的压力，又防止了某些由于缺乏培训而带来的损失的发生。

（7）头脑风暴法。在实施一项新的项目、工程或推出新的产品之前需要进行培训需求分析时，可将一群合适的人员集中在一起共同工作、思考和分析。在公司内部寻找那些具有很强分析能力的人并让他们成为头脑风暴小组的成员。公司外部的有关人员，如客户或供应商，也可以参加小组。头脑风暴法的主要步骤：①将有关人员召集在一起，通常是围桌而坐，人数不宜过多（一般以十几人为宜）；②让这些人就某一主题，如生产一种新产品，尽快想出尽可能多的培训需求，在一定时间内进行无拘束的讨论；③只许讨论，不许批评或反驳，观点越多，思路越广，越受欢迎；④所有提出的方案都当场记录下来，不做结论，事后，对每条需求信息的迫切程度与可培训程度提出看法，选出当前最迫切的培训需求信息。

（8）专项测评法。专项测评法是一种高度专业化的问卷调查方法，选择合适的专项测评表并进行有效的测评需要大量的专业知识。通常一般的问卷只能获得表面或描述性的数据，专项测评表则复杂得多，它可通过深层面的调查，提供具体而较系统的信息数据。用于培训需求分析的专项测评表，可确定员工对计划中的公司变化的心理反应及对接受培训的应对准备等。使用专业公司提供的专项测评在一定程度上受时间与经费的限制。

3．确定培训的目标

在培训需求分析的基础上，培训与开发的第二步是设置培训目标。培训目标就是描述受训者应该能做些什么来作为培训结果，也就是确定培训活动的目的和预期结果。每一个培训与开发项目和计划都应当确定自身切实可行的总体目标、分阶段目标及各项工作的具体目标。有了建立在需求分析基础之上的培训目标，才能为培训与开发计划提供方向、指针、构架和信息输入，才能将对象、内容、时间、方法、教师等要素有机组合，也才能为衡量培训效果提供评估依据。当受训者理解并认同培训目标时，培训就能为其提供一个清晰的印象和结果预期，他们的学习动力和学习效果往往能得到有效提高。

良好的培训目标一般应包括：①组织希望员工做什么（绩效）；②组织可以接受的质量或绩效水平是什么（标准）；③受训者在何种条件下有望达到理想的培训结果（条件）。设置培训目标要与组织宗旨相统一，要与组织资源、员工基础、培训条件相协调，要尽可能量化、细致化并现实可行，还应把可衡量、可测评培训结果的绩效标准包括进来。培训目标主要可分为知识传播、技能培养和态度转变三大类。

培训目标所指向或预期的培训成果可以分成认知成果、技能成果、情感成果、绩效成果和投资回报率五大类。其中，认知成果用来衡量员工对培训内容中强调的原理、事实、技术、程序或过程的熟悉程度；技能成果用来评价员工在技术、运动技能、行为方式上的提高程度，它包括员工对一定技能的学习获得，以及在实际工作中的应用两个方面的水平；情感成果用来衡量员工对培训项目的感性认识，以及包括个人态度、动机、忍耐力、价值观、顾客定位等在内的情感、心理因素的变化情况，这些因素往往影响或决定个人的行为意向；绩效成果用来衡量员工接受培训后对工作绩效的提高情况，绩效成果通常以受训者的流动率、事故发生率、成本、产量、质量、顾客服务水平等指标的上升或下降为标准来度量；投资回报率是指培训的货币收益与培训成本（包括直接和间接成本）的比较，它可用来评价组织培训的效益。应当特别注意的是，设置培训目标需同组织长远目标相吻合，目标应定得具体可操作，一次培训的目标不宜过多。

三、培训计划的制订与组织实施

制订培训计划就是要把设定的培训目标具体化和可操作化。培训计划是最具体化、对执行有实际指导意义的计划性文件。制订培训计划的过程也是企业的培训主管（或组织者）理顺思路、系统思考如何组织培训活动的过程。培训目标为培训计划的编制提供了信息输入，培训计划则要根据既定培训目标，合理且具体地排列组合学制、课程、教材、教师、教法、实习、考核、设施、时间、场所等培训要素，从而为特定的培训与开发项目制订出高效可行的操作计划，努力使培训与开发成果最大化。

1．培训计划的基本要素

培训与开发项目主要是由6种基本要素（简称4W2H）所构成的，以下结合一般企业的情况进行扼要说明。

（1）What（培训什么）。

——培训的对象是谁？是新员工、老员工、干部、技术人员，还是营销人员？

——培训的需要是什么？是组织/工作/个人需要，还是技能、知识、态度、人际关系需要？

——培训的目标和内容是什么？选择哪些对员工有意义有价值的培训材料？

（2）When（何时培训）。

——用什么时间进行培训？培训从启动到完成，需要多少时间？是长期、中期还是短期计划？

——选择什么样的时机进行培训？

原则上，什么时候需要就什么时候进行培训。但事实上许多组织是在时间比较方便、培训费用比较便宜时提供培训，而不是在组织需要时开展这项工作。

必须重视应为员工提供培训的4种时机：①有新员工加盟组织时；②老员工的工作内容、技术和顾客需求改变时；③员工不具备工作需要的基本技能，需要补救时；④需要员工纵向、横向发展时。

（3）Where（何处培训）

——培训的场所和环境（具体到选择培训的地点、空间）是何处？

到底是放在企业内部，如培训中心、生产车间、工作岗位、具体工作环境，还是放在企业外部，如大学、培训机构、其他组织、国内或国外等，需要加以选择。

（4）Who（谁来培训）

——谁是培训的主体即谁来培训？培训的责任（任务）、权限、操作、控制等由谁来落实？

——选择何种培训的资源？

内部培训资源和培训人员比较经济、方便、实用，但却具有较大的局限性和非理论性、系统性的缺点。使用外部培训资源和培训人员虽能弥补上述缺点，但他们又不像内部人员那样了解公司，并且还倾向于把经理、主管排斥在培训过程之外。使用内部资源还需要时间、资金让其了解企业情况和培训要求，否则容易泛泛而为。因此，内部资源和外部资源结合起来、恰当使用，效果较好。

（5）How（如何培训）

——培训的实施操作步骤是什么？培训的指导过程要点是什么？

——培训采取什么样的方法、技术、技巧和手段（工具）？

培训的方式方法的选择主要应当根据培训目标、培训资源、培训对象的基础和特点来确定。

（6）How much（花费多少）

——培训的投入和预算是多少？培训的直接成本和间接成本是多少？

2．培训项目设计与课程计划

要想制订正确的培训计划，需要兼顾企业组织的宗旨、政策、法规、规模、行业类型、业务特点、用户要求、员工水平、企业文化、领导观念等多种情景因素，合理配置4W2H要素，进行培训项目的具体设计。项目设计主要是指培训项目4W2H等要素的计划安排与组织协调方案的制订。有效的培训项目设计应包括课程或项目描述、培训项目目标、详细的课程计划和课程时间安排表等。

（1）培训项目目标与课程目标。一个培训项目可能包括一门或多门课程，所以培训项目目标与培训课程目标有时是一致的，有时又有所区别。培训项目目标是对一个培训项目的广义概括，课程目标又称学习目标或学科目标，它是培训项目中具体一门课程的教学目标，后者在内容、条件、标准和预期行为方面比前者需更加具体、可衡量。设计培训项目与课程计划时首先应明确界定项目目标和课程目标。

（2）项目描述和课程描述。项目描述与课程描述都是建立在需要评估的基础上的。项目描述主要是概要介绍项目名称、培训对象、培训目的、教学（或学习）目标、培训地点、时间、设备、教师等培训项目特点的总体信息，课程描述同样介绍这些信息，但它局限在一门具体课程范畴。当一个培训项目有多门培训课程时，项目描述与课程描述便不一致，需要分别制定，但二者的格式类同。

（3）课程时间进程表或项目时间安排表。课程时间进程表又称日程表或进程表，主要描述这门培训课程的主要教学活动内容及相对应的时间和时间间隔的计划。当培训项目仅有单一课程或内容时，项目时间安排表与课程时间进程表相同，如果项目有多门课程时则不相同，需要首先确定课程设置与课时计划表，然后制定课程时间进程表。

项目或课程时间表有助于控制各部分培训内容所需的时间、人员、活动形式等。时间安排表或进程表的一般格式主要按时间—活动—人员—地点等栏目编排内容，其中，时间与活动是两个必要栏目，人员、地点等为选用栏目。人员栏目又可细分为主持人员和受训人员两类。

（4）详细的课程计划。详细的课程计划又称教学计划，是关于课程教学内容各项活动和教学组织的详细说明。课程计划为开展培训活动提供了基本依据，是传递有关培训课程活动内容与次序的指南，它有助于教与学双方沟通了解课程与项目目标，共同分享有关信息，保持培训活动的连贯性。

详细课程计划可以以天或其他时间间隔为单元进行编制，它的常见形式是一种培训活动的一览表。详细课程计划表的简明栏目是培训主题、培训目的或目标、学习结果、材料、时间、设备、过程和内容等，其余必备事项还包括安排场地、设备、资料、教师与学员的准备等。

3. 组织实施培训活动

组织实施培训活动就是要以既定的培训计划为蓝图，具体落实培训工作的4W2H等要素，扎扎实实地组织开展各项培训活动，保质保量地按时完成培训计划，力争有效达到已确立的培训目标。

执行培训计划、组织实施培训活动的关键是要抓好9个落实，4个协调和4个控制。

（1）9个落实。这主要是指培训活动的有关要素的准备落实，它主要包括以下9个方面。

①组织实施落实（培训活动的职能机构和职责权限等的落实）。
②人员落实（培训活动的管理和服务人员等的落实）。
③经费落实。
④师资落实。
⑤材料落实（培训的教材、讲义、课程表等的落实）。
⑥时间落实。
⑦地点（场所）落实。
⑧设备落实（培训活动使用的投影仪、黑板、笔、计算机、扩音器、屏幕、教室桌椅等）。
⑨后勤落实（培训活动有关的交通、食宿、通知、复印、茶水等后勤保障事务的落实）。

（2）4个协调。这主要是要抓好能促进培训活动顺利开展的组织协调工作，它主要包括以下4个方面。

①培训实践活动与培训计划的协调。
②培训活动各种要素资源的协调。
③培训活动各阶段各环节的协调。
④培训管理方、教学方、受训方信息沟通的协调。

（3）4个控制。这主要是指在培训活动中要抓好以下4个方面。

①培训活动的进程控制。
②培训各项工作的质量控制。
③培训经费的使用控制。
④培训活动各类参与者的激励和约束控制。

培训组织实施管理。其基本内容主要包括以下9个方面。

①就培训课程或项目内容、方案与员工进行沟通。
②征集确定受训人员。
③准备和整理培训中受训人员用到的所有材料和教师需要的各种资料。
④安排教室和教学设施。
⑤调试将使用的设备并做好应急措施。
⑥在教学和实践活动中随时提供帮助。
⑦为教与学双方的沟通提供便利。
⑧分发评价材料与组织培训评价。

⑨将培训完成情况记录在培训档案或个人档案之中。

四、培训评估

评估是一个由几个核心成分组成的系统。大多数成功的评估方案是在进行需求分析、提出影响该培训项目的问题的过程中就有所计划的。在实施培训项目之前、之中和之后都要考虑评估问题。

在实施培训项目的过程中，练习和活动都是为达到既定的结果而设计的。在培训项目完成之后，还要对更多的数据进行搜集、分析和汇报。评估活动贯穿于培训项目全过程的每一步。作为一种以结果为基础的评估方法，培训评估实施需要完成如下步骤。

1. 进行需求分析，暂定评估目标

在培训项目开发之前，必须将评估目标确定下来。多数情况下，评估的实施有助于对项目的前景做出决定。实际上，进行评估还有别的原因，这些原因将影响数据类型、数据搜集方法的选择。需求分析应提供有助于设立评估目标的信息，确切地讲，就是提供培训项目必须要达到的目标。这些目标是暂定的，一旦确定这些数据是现成的或可以搜集的，那么这些目标就可以最终得到完善。

2. 要建立基本的数据库

在进行评估之前，必须将项目执行前后的数据搜集齐备。数据的形式多种多样，并且基本上反映了产生培训需求的条件。搜集的数据最好是一个时段内的数据，以便进行实际分析比较。数据搜集的方法回答了为什么要实施评估这样一个基本的问题。基本数据反映的信息非常重要，它能反映出工作业绩的问题所在。经过需求分析之后，建立基本数据库能使培训人员的注意力集中在培训项目应该带来的变化上。有了基本的数据，操作程序及为解决问题、消除缺陷而设计改进方案也会相对容易一些。

3. 选择评估方法

确定培训项目目标之前就选择评估方法也许看上去不合逻辑，但是评估方法的选择会影响培训项目目标的制定。如果没有搜集到衡量目标实现的进展信息，确立培训项目目标就毫无意义。因此，如果首先选定搜集数据的方法，目标就可"量身定做"了。在最后确定培训项目的目标之前，选择评估方法能使设想的工作流程有所不同。选择评估方法的过程回答了如何对学习环境、学员和培训内容实施评估这一问题，因为方法的选择必须适合数据的类型。评估方法的类型包括课程前后的测试，学员的反馈意见，对学员进行的培训后跟踪，采取的行动计划及绩效的完成情况等。

4. 决定评估策略

在整个过程中，这一步回答了与评估有关的谁来评估、在什么地方评估和在什么时候评估的问题。这些关键问题的答案在计划评估时是很重要的。因为培训部门和培

训项目的学员在评估中都扮演着很重要的角色，有关双方的责任划分问题一定要明确：①由谁来实施评估；②信息将从参加培训的受训人员的直接上司还是直接下属处搜集；③谁来分析数据和解说数据；④谁将继续实施后续的评估；⑤谁来决定停止或改变评估程序。

在采取进一步措施之前应当先回答这些问题。多数情况下，应由个人或一个小组负责搜集数据进行比较。他们负责分析结果，并将结果告知目标听众。

一个完整的评估和衡量系统会在培训过程不同的时间段来搜集数据。如果和前面几步相结合，这一步将包括形成评估策略的所有问题。

5．确定评估项目所要达到的目标

培训项目的目标是在评估计划的有关问题都有答案后进行的，这是因为评估计划会影响目标的最终选择。最理想的是每一个目标应该与搜集的基本数据有关。培训项目的目标为课程设计者和学员指明了方向；同时，管理层也据此决定是否应该实施该培训项目。培训项目的目标应当考虑不同层次的特点，应当符合合理化目标所应该具备的普通标准。每个目标必须具有挑战性、明确性、时限性、可实现性和简单易懂的特点。为了达到这些标准，各方都应该参与目标的制定工作。这有助于使培训目标完全满足管理者的要求，并使之贴近部门的工作实际。这个过程的关键还在于它有助于高质量的培训系统的运作。

6．估算开发和实施培训项目的成本/收益

成本的估算要在培训项目工作启动之前进行，要看该项目是决定做还是不做。从这一点上看，需求分析能揭示工作表现中明显的缺陷。基本数据库一旦形成，评估策略和培训项目目标一经确定，就要估算开发和启动该培训项目所需要的成本，并与预计的收益进行比较，进而对投资回报率进行预测。成本可以按需求分析、课程开发、培训实施和培训项目评估等分类统计在表格当中加以分析，据此，还可以估计各种潜在的现金收益。基本计算公式如下。

$$成本 \div 利润 = 培训项目成本 \div 培训项目利润 \times 100\%$$

然而，这一步在有些情况下是没有必要的。如果项目必须进行，就必须做预算。不考虑成本而去完成一个培训项目，并不意味着成本不重要，相反，这是由于需求受到了经济因素以外其他因素的影响。这样一来，应将主要精力集中在高效开发项目、尽快使之投入使用这个方面上来。尽管如此，培训者还是应该计算成本的，让工作人员知道他们所付出的努力及他们在该项目上所产生的费用，同时将其作为历史数据记录下来。

7．设计评估手段和工具

在评估过程中，评估手段是一种搜集数据的工具，用搜集到的数据来描述学员在态度、学习和行为方面的变化，或者其他从培训项目实施中能得到的结果。这些工具可能包括数据记录系统、问卷、考试、态度调查、面谈、核心小组、观察和工作模拟等。这些手段和工具应该具有统计的可靠性和易于使用的特点。培训项目开发之前设计评估手

段和工具是非常重要的，因为这样会发现一些意外的信息，这些信息会改变课程开发和课程内容。

8. 在适当的阶段搜集评估数据

在评估过程中，一个重要的步骤就是搜集数据。在适当的时候要搜集数据，预先确定的数据搜集进度计划也要到位。确定周密的评估计划并不困难，但如果不能在适当的时候搜集到所需要的数据，评估计划就达不到预期的效果。有各种各样的数据搜集方法可以用于此搜集数据的过程。

9. 对数据进行分析和解释

数据分析有时会遇到巨大的挑战。当数据收齐并达到预先确定的目标之后，接下来的步骤就是对数据进行分析，以及对分析结果进行解释。对问卷调查的反馈结果要列表分类以便介绍，对不同的情况要进行不同的分析。在分析评估数据时，有三类统计分析方法尤其适用，即趋中趋势分析、离中趋势分析和相关趋势分析。

如果方法适当，可以在这一步骤计算培训结果的货币价值。在得出这些价值时，要考虑评价因素问题，对培训结果的分析和解释也可以在其他阶段进行。例如，在培训项目不同阶段所搜集到的数据往往会在当时的阶段进行分析，以便为培训项目的调整提供信息。此后，可以搜集在岗业绩表现数据或后续跟踪数据，将它们与最初的数据合在一起分析，以便评估整个项目。

10. 根据评估分析结果调整培训项目

如果评估结果显示培训项目没有什么效果或存在较大问题，就要对该项目进行调整或考虑取消该项目。如果培训项目的某些部分不够有效，就可以考虑对这些部分进行重新设计或调整。另外，对于那些不能接受的结果要进行分析，以便确定失败的原因。失败的原因包括：内容不适当、授课方式不适当、对工作没有产生足够的影响或学员本身缺乏积极性等，要对培训项目的每一个部分进行分析。

11. 计算投资回报率

如果要考虑培训的经济效益，就要计算投资回报率。最基本的投资回报率的计算公式如下：

$$投资回报率 = 项目净利润 \div 项目成本 \times 100\%$$

计算投资回报率之后，要将它们与培训项目的目标进行比较。有时候，对这些目标的确定是以公司资金支出标准为基础的，其他的则基于经理们对培训项目的期望结果，或者基于他们对实施该项目的要求程度。对投资回报率的计算应该得到足够的重视，因为它决定着评估的最终手段。除此之外，它正在成为人力资源培训与开发职能商业化的一个重要的组成部分，并且企业越来越重视其计算的效果。这也成为衡量用于人力资源开发活动的资金的应用是否有效的坚实基础和重要标准。

12. 对培训项目的结果进行沟通

有许多人需要得到评估信息，但以下人员是必须要得到评估结果的。

（1）培训开发人员。他们需要这些信息来改进培训项目，只有在反馈意见的基础上精益求精，才能提高培训项目的质量。

（2）管理层。因为他们当中有一些是决策人物，决定着培训项目的未来。评估的基本目的之一就是为决策提供基础。该项目是否值得做，是否有必要继续为这种努力投入更多的资金，应该向管理层沟通这些问题及其答案。

（3）学员。他们应该知道自己的培训效果怎么样，并且将自己的业绩表现与其他人的业绩表现进行比较。这种意见反馈有助于他们继续努力，也有助于将来参加该培训项目学习的人员不断努力。

（4）学员的直接经理。当学员参加培训学习时，经理要做一些调整工作，并且要对学员的成功表示很感兴趣。

在培训过程中，对培训结果的沟通往往被人们忽视。尽管经过分析和解释的评估数据将转给个人，但是，应该得到这些信息的人如果没有得到这些信息，就会出现问题。在沟通有关信息时，一定要做到不存在偏见且有效率。

第三节 员工培训的方法

培训方法的选择要和培训内容紧密相关，不同的培训内容适用于不同的培训方法。不同的培训方法有不同的特点，在实际工作中，应根据企业的培训目的、培训内容及培训对象，选择适当的培训方法。

一、直接传授式培训方法

直接传授式培训方法适用于知识类培训，主要包括讲授法和专题讲座法等。

1. 讲授法

讲授法是指教师按照准备好的讲稿系统地向学员传授知识的方法，它是基本的培训方法，适用于各类学员对学科知识、前沿理论的系统了解，主要有灌输式讲授、启发式讲授和画龙点睛式讲授三种方式。讲课教师是讲授法成败的关键因素。

讲授法的优点：传授内容多，知识比较系统、全面，有利于大面积培养人才；对培训环境要求不高；有利于教师的发挥；学员可利用教室环境相互沟通，也能向教师请教疑难问题；员工平均培训费用较低。

讲授法的局限性：传授内容多，学员难以完全消化、吸收；单向传授不利于教学双方互动；不能满足学员的个性需求；教师水平直接影响培训效果，容易导致理论与实践脱节；传授方式较为枯燥单一。

2. 专题讲座法

专题讲座法在形式上和课堂教学法基本相同，但在内容上有所差异。课堂教学一般是系统知识的传授，每节课设计一个专题，接连多次授课；专题讲座是针对一个专题知识，一般只安排一次培训。这种培训方法适合于管理人员或技术人员了解专业技术发展方向或当前热点问题等。

专题讲座法的优点：培训不占用大量的时间，形式比较灵活；可随时满足员工某一方面的培训需求；讲授内容集中于某一专题，培训对象易于加深理解。

专题讲座法的局限性：讲座中传授的知识相对集中，内容可能不具备较好的系统性。

二、参与式培训方法

参与式培训方法是调动培训对象积极性，让其在培训者与培训对象双方的互动中学习的一类方法。这类方法的主要特征是每个培训对象积极参与培训活动，从亲身参与中获得知识与技能，掌握正确的行为方式，开拓思维，转变观念。其主要形式有案例研究法、头脑风暴法、模拟训练法和敏感性训练法。

1. 案例研究法

案例研究法是一种信息双向性交流的培训方式，它将知识传授和能力提高融合到一起，是一种非常有特色的培训方法，可分为案例分析法和事件处理法两种。

（1）案例分析法。案例分析法又称个案分析法，是围绕一定的培训目的，把实际工作中真实的场景加以典型化处理，形成供学员思考分析和决断的案例，通过独立研究和相互讨论的方式，来提高学员分析及解决问题的能力的一种培训方法。

用于教学的案例应满足三个要求：内容真实；案例中应包含一定的管理问题；分析案例必须有明确的目的。

案例分析可分为两种类型：第一种是描述评价型，即描述解决某种问题的全过程，包括其实际后果（不论成功或失败）。这样，留给学员的分析任务只是对案例中的做法进行事后分析，以及提出"亡羊补牢"的建议。第二种是分析决策型，即只介绍某一待解决的问题，由学员去分析并提出对策。本方法能更有效地培养学员分析决策、解决问题的能力。上述两种方法不是截然分开的，中间存在着一系列过渡状态。一般来说，解决问题的过程有7个环节，如图5-2所示。

一个案例可以终止于7个环节中的任何一个。例如，如果写到第3个环节，即问题产生的原因已找出，留给学生去做的事便是对症下药，列出若干个备选方案，逐一权衡比较，然后制定出决策等；如果只找出了问题，分清了主次，则查明原因这一环节也有待

图 5-2 解决问题的 7 个环节

学员去做，学员的任务便加重了，案例的分析难度也相应增加。如此逐步上溯，如果案例只介绍了头绪纷繁的一种管理情景，则学员应找出此情景中究竟存在哪些问题，案例研究的难度也就更大了。反之，如果案例中7个环节均已覆盖，即介绍了解决问题的全过程及其后果，学员已能对此做法做一番评价，这才属于描述型的案例。

（2）事件处理法。事件处理法是指让学员自行搜集亲身经历的案例，将这些案例作为个案，利用案例研究法进行分析讨论，并用讨论结果来警戒日常工作中可能出现的问题，学员间通过彼此亲历事件的相互交流和讨论，可使企业内部信息得到充分利用和共享，同时有利于形成一个和谐、合作的工作环境。

事件处理法的适用范围包括：适宜各类员工了解解决问题时搜集各种信息及分析具体情况的重要性；了解工作中相互倾听、相互商量、不断思考的重要性；通过自编案例及案例的交流分析，提高学员理论联系实际的能力、分析解决问题的能力及表达、交流的能力；培养员工间良好的人际关系。

事件处理法的优点：参与性高，变学员被动接受为主动参与；将学员解决问题能力的提高融入知识传授中；教学方式生动具体，直观易学；学员间通过案例分析达到交流的目的。

事件处理法的缺点：案例准备的时间较长且要求高；需要较多的培训时间，同时对学员能力有一定的要求；对培训师的能力要求高；无效的案例会浪费培训对象的时间和精力。

2. 头脑风暴法

头脑风暴法能使培训对象在培训活动中相互启迪思想、激发创造性思维限度，能最大限度地发挥每个参加者的创造能力，提供更多、更好的解决问题的方案。

头脑风暴法的操作特点：只规定一个主题，即明确要解决的问题，保证讨论内容不泛滥。把参加者组织在一起无拘无束地提出解决问题的建议或方案，过程中组织者和参加者不能评议他人的建议和方案。事后再搜集各参加者的意见，传达给全体参加者。然后排除重复的、明显不合理的方案，重新表达内容含糊的方案。组织全体参加者对各可行方案进行逐一评估，选出最优方案。头脑风暴法的关键是要排除思维障碍，消除心理压力，让参加者轻松自由、各抒己见。头脑风暴法主要用于帮助学员尝试解决问题的新措施或新方法，以启发学员的思考能力并充分发挥其想象力。

头脑风暴法的优点：培训过程中可以为企业解决实际问题，大大提高培训的收益；可以帮助学员解决工作中遇到的实际困难；培训过程中学员参与性强；小组讨论有利于加深学员对问题理解的程度；可以集中集体的智慧，达到相互启发的目的。

头脑风暴法的缺点：对培训顾问要求高，如果不善于引导讨论，可能会使讨论漫无边际；培训顾问主要扮演引导的角色，教授的机会较少；研究的主题能否得到解决也受培训对象水平的限制；主题的挑选难度大，不是所有的主题都适合用来讨论。

3．模拟训练法

模拟训练法以工作中的实际情况为基础，将实际工作中可利用的资源、约束条件和工作过程模型化，学员在假定的工作环境中参与活动，学习从事特定工作的行为和技能，提高其处理问题的能力。

模拟训练法的优点：在培训中学员的工作技能将会获得提高；通过培训有利于加强员工的竞争意识；可以带动培训中的学习气氛。

模拟训练法的缺点：模拟情景准备时间长，而且质量要求高；对组织者要求高，要求其熟悉培训中的各项技能。

模拟训练法与角色扮演法类似，但并不完全相同。模拟训练法更侧重于对操作技能和反应敏捷的培训，它把参加者置于模拟的现实工作环境中，让参加者反复操作，解决实际工作中可能出现的各种问题，为进入实际工作岗位打下基础。这种方法比较适合于对操作技能要求较高的员工的培训。例如，运动员会针对比赛中可能出现的情况反复进行模拟训练，目的在于提高运动员在竞赛中的临场适应性，习惯比赛环境，在头脑中建立起合理的动力定型结构，以便正常发挥技术及战术。

4．敏感性训练法

敏感性训练法，又称"T小组"（T代表训练）、"恳谈小组"或"领导能力训练"。敏感性训练要求学员在小组中就参加者的个人感情、态度及行为进行坦率和公正的讨论，相互交流对各自行为的看法，并说明其引起的情绪反应。训练目的是要提高学员对自己行为和他人行为的洞察力，了解自己在他人心目中的"形象"，感受与周围人群的相互关系和相互作用，学习与他人沟通的方式，发展在各种情况下的应变能力，学习在群体活动中采取建设性行为。敏感性训练法适用于：组织发展训练；晋升前的人际关系训练；中青年管理人员的人格塑造训练；新进人员的集体组织训练；外派工作人员的异国文化训练等。

敏感性训练法常采用集体住宿训练、小组讨论、个别交流等活动方式。具体训练日程由指导者安排，内容可包括问题讨论、案例研究等。讨论中，每个学员将充分暴露自己的态度和行为，并从小组成员那里获得对自己行为的真实反馈，学会以他人的方式给自己提出意见，同时了解自己的行为如何影响他人，从而改善自己的态度和行为。

三、其他培训方法

1．师带徒

师带徒是一种最传统的在职培训方式。最早的师带徒培训没有一定的方法和程序，新员工只是从观察和体验中获得技能，因而成效相当迟缓。后来的师带徒培训是作为一种在职培训的方法，其形式主要是由一名经验丰富的员工作为师傅，带一名或几名新员工。在手工操作较多的领域通常使用这种培训，如管道工、理发师、机械师、木匠和印刷工等。

培训期限依据所需技艺的不同要求而不同。师带徒传授技能的主要过程如图5-3所示。

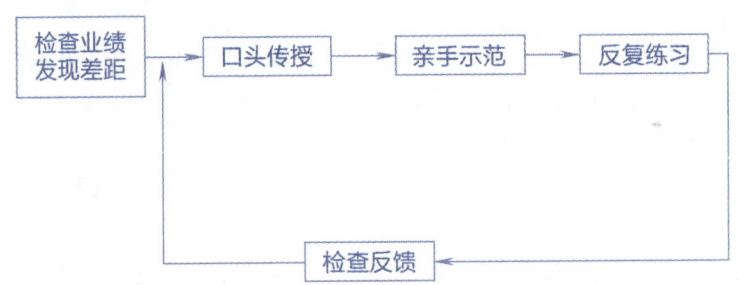

图 5-3 师带徒培训传授技能的主要过程

师带徒的优点：师傅具有的技能在因退休、辞退、调动和提升离开工作岗位或出现岗位空缺时，企业能有训练有素的员工补上，从而不影响工作效果和效率；同时，师带徒培训通常能在师徒间形成良好的关系，有助于工作的开展。

师带徒的缺点：仅对学员进行某一特定技能的培训，培训面比较窄；传统的消极观念"教会徒弟饿死师傅"在一些培训者脑中作祟，一定程度上影响技能的传授。

2．工作轮换法

工作轮换也称轮岗，是指让学员在预定时期内变换工作岗位，使其获得不同岗位的工作经验的培训方法。以管理岗位的工作轮换培训为例，让学员在预定时期内变换工作岗位，使其获得不同岗位的工作经验的培训方法。以管理岗位的工作轮换培训为例，让学员有计划地到各个部门学习几个月，如生产、销售、财务等部门。学员应实际参与所在部门的工作或作为观察者进行观察，以便了解所在部门的业务，扩大对整个企业各环节工作的了解。

工作轮换法的优点：工作轮换能丰富学员的工作经历，增加对企业工作的了解；能使学员明确自己的长处和短处，找到适合自己的位置；同时有利于改善部门间的合作。

工作轮换法的缺点：因为员工在每一个工作岗位上停留时间太短，所学不精，以至于他们更觉得自己只是某个部门的参观者而不是其中一员；由于员工工作水平不高，从而影响整个工作小组的效率；同时员工认识到目前的环境是临时的，所以很可能敷衍了事。此外，由于工作轮换法鼓励"通才化"，因此更适用于一般直线管理人员的培训，而不适用于职能管理人员。

3．角色扮演法

角色扮演是在一个模拟真实的工作情景中，让学员身处模拟的日常工作环境中，并按照他在实际工作中应有的权责来担当与实际工作类似的角色，模拟性地处理工作事务，从而提高处理各种问题的能力。这种方法的精髓在于"以动作和行为作为练习的内容来开发设想"。也就是说，学员们不是针对某个问题相互对话，而是针对某个问题采取实际行动，以提高个人及集体解决问题的能力。

角色扮演法的优点：学员参与性强，可以提高学员培训的积极性；角色扮演中特定的模拟环境和主题有利于增强培训效果；可增加学员间的感情交流，培养他们的沟通、自我表达、相互认知等社会交往能力；学员可以互相学习，及时认识到自身存在的问题并进行改正；提高学员业务能力、反应能力和心理素质；具有高度的灵活性，实施者可以根据培训的需要改变学员的角色，调整培训内容；角色扮演对培训时间没有特定的限制，可以根据培训要求来决定培训时间的长短。

角色扮演法的缺点：对场景的设计要求较高；实际工作环境复杂多变，而模拟环境却是静态不变的；扮演中的问题分析限于个人，不具有普遍性；由于学员自身原因，参与意识不强，角色表现漫不经心，影响培训效果。

当然，除了上面的培训方法之外，还有行动学习、文件筐法、拓展训练、管理者训练及基于现代信息技术的网上培训与虚拟培训等方法。

本章小结

1. 员工培训是企业通过各种教导或经验的方式，为改变企业员工的价值观、工作态度、知识、技能和工作行为等诸方面所做的努力，从而培养和提高员工的职业能力，获得竞争优势，满足员工自我成长与实现自我价值的需要。员工培训的对象主体是企业的所有员工，员工培训的内容是培训活动的实质，必须与企业的事业发展、战略目标相联系以及符合员工的职位特点，主要包括知识、技能和态度等。员工培训具有鲜明的特征：广泛性、层次性、协调性、实用性、长期性和速成性、实践性。
2. 通过对本章的学习，要了解员工培训与开发的含义、意义；员工培训的形式、内容与原则；员工培训的类型与方法；员工培训的系统模型；掌握培训与开发的流程，培训需求分析的内容与方法；熟悉培训计划的基本要素，并能进行培训项目设计；了解培训成果转化的影响因素，学会进行培训评估，掌握培训评估的层次和方法；熟悉培训的方法，特别是头脑风暴法，敏感性训练法的实际操作。

第六章 绩效管理

教学目的

通过本章的学习掌握绩效与绩效考核的含义；绩效考核的意义、内容和程序；绩效考核中容易出现的基本问题以及改进措施。

教学重点

绩效考核的指标与标准；绩效管理的作用及意义；绩效管理的流程。

教学难点

绩效沟通；绩效评估与改进。

知识目标

能够区别绩效与绩效管理的不同；熟悉掌握绩效管理的具体程序；掌握绩效沟通的技巧；熟悉绩效管理的流程。

能力目标

能够制定切实可行的绩效考核方案。

引导案例

东风本田汽车有限公司的绩效管理

东风本田汽车有限公司（以下简称"东风本田"）是由东风汽车集团股份有限公司出资50%、本田技研工业（中国）投资有限公司出资10%、日本本田技研工业株式会社出资40%共同组建的整车生产经营企业。2020年5月，东风本田完成批售量77万辆，同比增长4%，在全球疫情期间销量依然能够稳步上升。东风本田取得这样的成绩，与它的相关绩效管理制度是不无关系的。

1. 绩效考核的定期化与制度化

东风本田的绩效考核工作在绩效考核小组的直接领导下进行，综合部是绩效考核制度执行的管理部门。

公司对员工的考核采用每周考核的方法（业务员每两周考核一次），综合部每周公布各部门的考核结果，每月根据考核结果兑现奖惩。

绩效考核作为公司人力资源管理的一项重要制度，所有员工都要严格遵守执行，综合部负责不断对制度进行修订和完善。

2. 考核的灵活性

东风本田对员工的考核分为定量考核和定性考核。定量考核依据的是硬性的考核指标，主要来源于各部门的重点工作、每周安排的工作、部门年度工作目标分解、因生产经营所需随时增加的工作等。定性考核依据的是软性的考核指标，如工作态度、工作能力、考勤、行为准则等。针对公司的不同岗位、不同层次、不同时期，定量考核和定性考核的重点不同，所占分值比例也会有所区别。

3. 考核方法

公司主要结合关键绩效指标（KPI）和360°绩效评价法来对各个部门的员工进行考核。东风本田在进行绩效考核时，除了根据公司年度计划和公司战略目标、部门考核周期内的计划等确定绩效指标以外，还要用到工作分析所得的工作说明书和岗位规范。

4. 具体实施

这里以东风本田销售部门为例：销售部门的绩效考核由决策层、人力资源部牵头。考核结果作为部门奖金发放的依据，也是部门经理的绩效指标之一。考核采用年度考核方式，在每年的12月31日前完成。销售部门的KPI指标包括销售完成率、销售利润完成率、生产计划准确率和部门费用控制率。其中，销售完成率的权重最高，达到了40%。公司对销售部门成员的考核采用360°考核方法，以各职位的绩效指标为基准，对销售部门成员进行考核。这里主要涉及部门经理和人数最多的普通销售人员。

5. 绩效沟通

东风本田的绩效沟通工作做得非常详细，在计划制订阶段和评估阶段，会进行及时、充分、全面的沟通。在年度和月度绩效考核过程中，如果员工认为不公平或者对结果不满意，可以及时进行反馈申诉。

6. 结果的应用

东风本田切实地将考核结果运用到下一考核期的管理过程中，因此真正地发挥了绩效考核的作用。

7. 申诉及其处理

被考核人如果对考核结果不清楚或者有异议，可以以书面形式向东风本田人力资源部或组织部申诉。考核管理委员会是员工考核申诉的最终处理机构。人力资源部是考核管理委员会的日常办事机构，一般申诉由人力资源部或组织部负责调查协调，提出建议。人力资源部或组织部接到员工申诉后，会在三个工作日内做出是否受理的答复。对于申诉事项无客观事实依据、仅凭主观臆断的申诉不予受理。

结合该案例，你认为：

（1）绩效管理的目的是什么？

（2）绩效管理包括哪些步骤？在这个过程中，需要注意和考虑哪些因素？

（3）绩效管理和绩效考核有什么区别？

（4）绩效管理的方法有哪些？

（资料来源：改编自《东风本田的绩效考核》，HR案例网—HR管理案例—名企案例。）

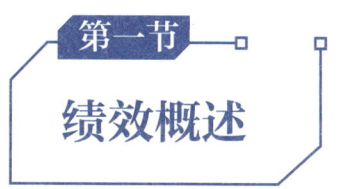

第一节 绩效概述

一、绩效概论

1. 绩效的概念

对于绩效的理解,站在不同的观察和测量角度,人们的认识和看法会有很大差异。一般而言,绩效是指执行某种任务、履行某种职责或达到某个目标的行为,它具有功能或效能。就企业员工而言,绩效是指对他们的工作行为、表现考核后的结果;就企业组织而言,绩效是组织任务在数量、质量和效率方面的整体情况。从组织管理的角度看,绩效是组织将战略目标分解到每个工作岗位和每个个体的实施过程,是组织对每个员工期望的结果;也是员工按照组织中的角色分工承担自己应尽的职责,完成对组织承诺的过程。

绩效是指员工在一定时间、空间等条件下完成某一任务所表现出的工作行为和所取得的工作结果。其表现形式主要体现在三个方面:工作数量与质量、工作效率和工作效益。

2. 绩效的性质和特点

(1)绩效的多因性。多因性是指一个人绩效的优劣取决于多个因素的影响,包括对员工的激励、技能、环境与机会等。

(2)绩效的多维性。多维性是指一个人绩效的优劣应从多个方面、多个角度去分析。例如,除了产量指标完成情况外,质量、原材料消耗率、能耗、出勤,甚至团结、服从、纪律等方面都需要综合考虑,逐一评估。管理人员也要从工作绩效、工作能力、工作态度等方面进行评估。

(3)绩效的动态性。员工的绩效是会变化的,随着时间的推移,绩效差的可能改进绩效,绩效好的也可能逐步变差,因此管理者千万不能凭一时印象,以僵化的观点看待下级的绩效。

二、绩效考核

1. 绩效考核的概念

绩效考核通常也称业绩考评或"考绩",是针对企业中每个员工所承担的工作,应用各种科学的定性和定量的方法,对员工行为的实际效果及其对企业的贡献或价值进行考核和评价。它是企业人事管理的重要内容,更是企业管理强有力的手段之一。绩效考核的目的是通过考核提高每个个体的效率,最终实现企业的目标。在企业中进行绩效考核工作，需要做大量的相关工作。首先，必须对绩效考核的概念做出科学的解释，使整个组织有一个统一的认识。

绩效考核是现代组织不可或缺的管理工具。它是一种周期性检讨与评估员工工作表现的管理系统，是指主管或相关人员对员工的工作做系统的评价。有效的绩效考核，不仅能确定每位员工对组织的贡献或不足，更可在整体上对人力资源的管理提供决定性的评估资料，从而可以改善组织的反馈机能，提高员工的工作绩效，更可激励士气，也可作为公平合理地奖赏员工的依据。

绩效考核可分为两大类。

①判断型绩效考核：以鉴定和验证员工绩效为目的的绩效考评，主要强调员工过去取得的工作成绩。它被经常用来控制员工的工作行为，其一大特点是将考评结果与工资或其他经济利益联系起来。

②发展型绩效考核：以提高员工将来的工作绩效为目的的绩效考评，主要着眼于今后的绩效。它被经常用来决定员工的培训和发展机会，其目的是找到排除工作障碍的办法和提出改进未来工作绩效的设想。

2. 影响绩效考核结果有效性的因素

影响绩效考核结果有效性的因素有很多，而考核者的主观因素是决定性要素。常见的因考核者的主观因素而导致的误差有：晕轮效应、近因误差、个人偏见误差和压力误差。晕轮效应意味着考核者在绩效考核时，对被考核者某一绩效要素的评价较高，导致对该人其他绩效要素评价也比较高；近因误差是由于人们对新近发生的事情的印象比较深刻，所以在考核时，就很容易以考核者近期的成绩代表整个考核期的成绩，这样就产生了考核误差；个人偏见误差是由于在绩效考核时，考核者容易将个人感情带入考核活动中，往往会给自己喜欢或熟悉的人较高的评价，而对自己不喜欢或不熟悉的人给予较低的评价；压力误差是当绩效考核结果与被考核者的薪酬或职务变更有直接的关系，或者惧怕在考核沟通时受到被考核者的责难时，考核者可能会做出偏高的评价。

三、绩效考核的指标与标准

1. 绩效考核指标

（1）考核指标的含义。绩效管理中最重要的环节是绩效考核，而绩效考核是通过考核绩效指标来体现的。绩效考核指标就是将品德、工作绩效、能力和态度用科学方式结合组织特性划分项目，用以绩效评价与业绩改善。绩效考核指标的定义主要是对绩效考核指标的解释，包含一些说明和计算公式等。

绩效考核指标的权重是绩效考核指标的主要内容，它主要告诉员工绩效考核的重点和工作的重点。

绩效考核指标的数据来源是规定员工在绩效管理过程中各部门对相关部门提供考核数据的主要职责和要求，以便在考核过程中保证数据的真实性和科学性。

（2）绩效考核指标的特征。

①绩效考核指标应遵循同质性原则、关键特征原则、独立性原则。

②考核指标是具体的且可以衡量和测度的。

③考核指标是考核者与被考核者共同商量、沟通的结果。

④考核指标是基本工作内容而非工作者。

⑤考核指标不是一成不变的。它根据企业内外的情况而变动，经常是"缺什么，考什么"，"要什么，考什么"。

⑥考核指标是大家所熟知的，必须要让绝大多数人理解。

（3）制定绩效考核指标遵循的原则。

①绩效考核指标应与企业的战略目标相一致。在绩效考核指标的拟定过程中，首先应将企业的战略目标层层传递和分解，使企业中每个职位被赋予战略责任，每个员工承担各自的岗位职责。绩效管理是战略目标实施的有效工具，绩效管理指标应围绕战略目标逐层分解而不应与战略目标的实施脱节。只有当员工努力的方向与企业战略目标一致时，企业整体的绩效才可能提高。

②绩效考核指标应突出重点，抓关键不要空泛，要抓住关键绩效指标。指标之间是相关的，有时不一定要面面俱到，通过抓住关键业绩指标将员工的行为引向组织的目标方向，指标一般控制在5个左右，太少可能无法反映职位的关键绩效水平；而太多太复杂的指标也只会增加管理的难度和降低员工满意度，对员工的行为无法起到引导作用。

③绩效考核指标中素质和业绩并重。重素质和重业绩，二者不可偏废。过于重素质，会使人束手束脚，过分重视个人行为和人际关系，不讲实效，而且妨碍人的个性、创造力的发挥，最终将不利于组织整体和社会的发展；过于重业绩，又易于鼓励人的侥幸心理，令人投机取巧、走捷径、急功近利、不择手段。一套好的考核指标，必须在业绩和素质之间安排好恰当的比例，应该在突出业绩的前提下，兼顾对素质的要求。

④绩效考核指标重在"适"字。绩效考核指标是根植在企业本身"土壤"中的，是非常个性化的。不同行业、不同发展阶段、不同战略背景下的企业，绩效考核的目的、手段、结果运用是各不相同的。考核指标要收到绩效，关键并不在于考核方案多么高深精准，而在于一个"适"字。现在的"适"，不等于将来永远"适"，必须视企业的发展、战略规划要求适时做出相应调整，才能永远适用。

2. 绩效考核的标准

（1）绩效考核标准的含义。绩效标准是采用工作分析的各种工具与方法明确工作的具体要求，提炼出鉴别工作优秀的员工与工作一般的员工的标准。就各岗位的任务、责任、绩效标准及期望优秀表现的胜任特征行为和特点进行评估，明确岗位考核指标完成的衡量标准（也就是绩效指标完成到什么程度算是合格的一种标准），绩效考核标准是绩效考核这项工作的衡量标准。

（2）制定绩效考核标准的操作要点。

①定量准确。形容词不能做量化考核的标准。员工填写绩效考核表时，常常会发现"完善制度""及时传达"这样的字眼，带有这些字眼的考核标准都是很难量化的。什么

程度下才算是完善？什么情况下才算是及时？例如，对一个办公室主任的考核，应这样写：普通文档8小时内送到，加急文档3小时内送到。这样量化后才能很好地评判办公室主任的工作到底是不是及时。

②标准合理。考核内容确定下来后，标准应该怎样确定呢？考核标准要参考三个方面：企业期望、历史数据、同行数据。企业期望是指企业战略发展要求，上级的期望；历史数据是指一般情况下，本月所做的标准不能低于上月，至少要和上月齐平；同行数据就是根据同行的标准，来制定自己的标准。一般情况下，应以多数员工（70%~80%）能达到的水平作为绩效考评指标的评定标准。

③考核标准要应用逆推法。考核标准的制定根据数量、质量、成本、时间、员工（上级）的评价5个部分组成。例如，你要制订一份绩效考核实施方案，从数量上来说，可以是一份，也可以规定多少字，也可以规定有多少分册等；质量上，可以是某某办公会议通过或者是上级签字，或者是上级修改几次；成本上，可以说控制在多少钱以内；时间上，可以说是在年前、月底前；从员工（上级）的评价来说，可以是员工对方案的认同率达到多高，上级对方案的满意度怎么样等。最后从中挑选一些重要的考核指标，像时间和成本这些相对较轻的指标可以不必写上去。

④上级一定要和员工达成一致。我们强调，上级在与下级沟通填写绩效考核表时一定要与员工达成一致。首先要概述上级认为完成的目的和期望，然后鼓励员工参与并提出建议。上级要试着倾听员工的意见，鼓励他们说出其顾虑，对于员工的抱怨进行正面引导，从员工的角度思考问题，了解对方的感受。

3. 绩效标准和绩效指标的区别

绩效指标是指考核的具体考核条款（考核什么），绩效标准是指绩效考核指标完成什么标准（绩效指标完成到什么程度）。绩效标准是作为最终考核指标的评价标准使用的。

> **案　例**
>
> 森林里的动物们准备进行选美大赛，很多动物都报名参赛，吵吵嚷嚷好不热闹。由猫头鹰、麻雀、老鹰、蚂蚁、棕熊组成的评委会，开始安排赛前的准备工作。这时，森林之王——老虎召集动物评委们，讨论如何组织这次选美比赛。
>
> 老虎说："要选美了，咱们首先要制定出选美的标准——什么是美。棕熊，先谈谈你的看法。"
>
> 棕熊说："这个问题我已经想了很久了，选美是一件重要的事情，必须慎重。我们评选的标准首先应该是身体健壮。身体健壮才是美，就像我们熊的家族，个个都是动物界的大力士，我们有一种力量美。"
>
> 麻雀说："我不同意棕熊的看法。美丽的动物一定要有漂亮的外表，如我们鸟类家族中的孔雀，她的羽毛多美丽，气质多优雅呀！"
>
> 老鹰说："你们说的都不对，最美丽的动物应该要有一双锐利的眼睛，那才叫迷人。我们鹰的眼睛是最锐利的。"

蚂蚁说:"我不同意你们的看法,内在的美,才是最美。我们昆虫世界里的蜜蜂,天天不辞辛劳地工作,那才叫美丽呢。"

猫头鹰说:"你们的理解都有偏差,最美丽的动物应该是对森林最有贡献的动物,如啄木鸟天天忙着捉虫子,没有它们的努力,森林里就会到处是虫子,我们生活的环境就会很糟糕。"

评委们你一言我一语,各执己见,争论不休。

老虎看大家争了半天也没有一个统一的意见,就说道:"我看大家对美的认识各有看法。咱们能不能综合一下,把选美的标准定为:要有熊一样的力量、孔雀般漂亮的外表、鹰一样锐利的眼睛、蜜蜂那样勤勤恳恳,同时还要有啄木鸟的奉献精神。按照这样的标准来评选,一定能选出最美的动物。"

老虎说完后,动物们面面相觑,不知道说什么好。

启发:企业在进行员工绩效考核时,也常常会碰到"绩效考核的标准是什么"这样的问题,其实这与动物选美是一样的道理。绩效最终讲的是结果,但是如果没有一个明确的标准,就很难公平地评估员工的业绩。因此,企业要提倡什么,赞扬什么,都要有一个明确的考核标准,否则就很难进行有效的考评。

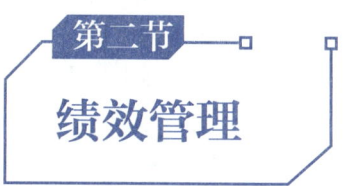

第二节 绩效管理

一、绩效管理概论

1. 绩效管理的定义

在了解行为、绩效、行为与绩效的关系以后,我们需要进一步了解什么是绩效管理。对于绩效管理的概念,不同的人有不同的看法。

本书认为,所谓绩效管理,就是指为了更有效地实现组织目标,由专门的绩效管理人员运用人力资源管理的知识、技术和方法,与员工一起进行绩效计划、绩效沟通、绩效评价、绩效诊断与提高的持续改进组织绩效的过程。

这个定义指出了绩效管理的以下特征。

①绩效管理的目的是更有效地实现组织预定的目标。绩效管理本身并不是目的,开展绩效管理,是要最大限度地提高组织的管理效率和组织资源的利用效率,进而不断提高组织绩效,最终更有效地实现组织预定的目标。更有效地实现组织的预定目标是绩效管理的终极目的。

②绩效管理的主体是掌握人力资源管理知识、技术和方法的绩效管理人员和员工。

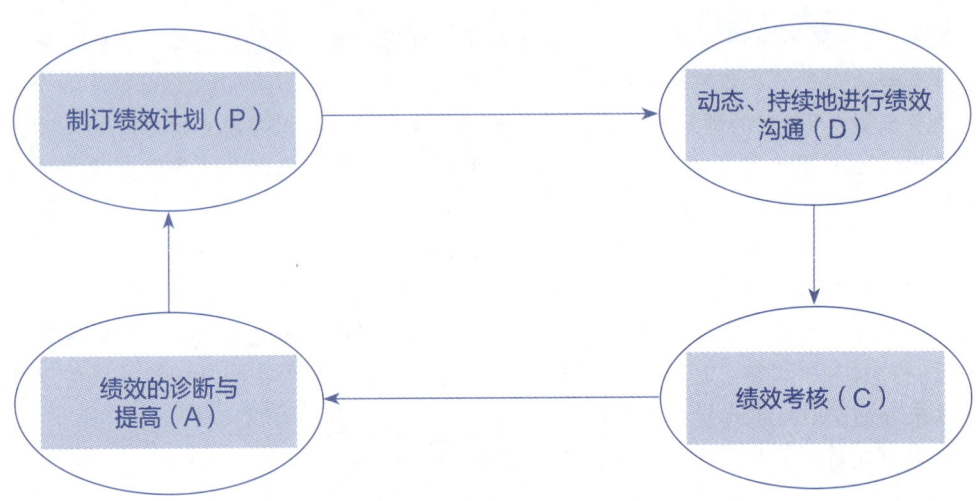

图 6-1 绩效管理的循环过程

绩效管理由掌握专门知识、技术和方法的绩效管理者推动,然后落实到员工身上,最终由每一位员工的具体实践操作实现。可见,绩效管理的主体不仅是绩效管理人员,还包括每一位参与绩效管理的员工。

④绩效管理的客体是组织绩效。借助于组织绩效的不断提高,绩效管理能够更有效地实现组织预定的目标。绩效管理围绕如何提高组织绩效这个核心展开,其中涉及的任何具体措施都是为持续改进组织绩效服务的。绩效管理"对事不对人",以工作表现为中心。

④绩效管理是一个包含多阶段、多项工作的综合过程。绩效管理是一套完整的P-D-C-A的循环体系,如图6-1所示。P、D、C、A分别指的是计划(Plan)、实施(Do)、检查(Check)、执行(Action),落实到绩效管理上就是制订绩效计划,动态、持续地进行绩效沟通,绩效考核,绩效的诊断与提高。

第一,制订绩效计划:即绩效管理人员与员工合作,就员工应该履行的工作职责、各项任务的重要等级和授权水平、绩效的衡量、绩效管理人员提供的帮助、可能遇到的障碍及解决的方法等一系列问题进行探讨并达成共识的过程,是整个绩效管理体系中最重要的环节。

第二,动态、持续地进行绩效沟通:即绩效管理人员与员工在计划实施期随时保持联系,全程追踪计划进展,及时排除遇到的障碍,必要时修订计划。这是绩效管理体系的灵魂与核心。

第三,绩效考核:纳入绩效管理体系的考核可在融洽、和谐的气氛中进行。原因有二,一是在充分参与绩效计划和绩效沟通的基础上,员工们能亲身感受和体验到组织进行绩效管理不是和他们作对,而是为了齐心协力地提高绩效,因此他们会少些戒备,多些坦率;二是考核不会出乎意料,因为在平时动态、持续的沟通中,员工们已就自己的业绩情况和绩效管理人员基本达成共识,绩效考核只是对平时讨论的一个复核和总结。此时,绩效管理人员已从"考核者"转变为"帮助者"和"伙伴"。考核面谈的目的是鼓励员工自我评价，运用数据、事实来证明。绩效管理人员同样也可用数据、事实来证明自己的观点。如果认真执行绩效计划和绩效沟通，则绩效考核时产生严重分歧的可能性很小。

第四，绩效的诊断与提高：一旦发现绩效低下，最重要的就是找出原因。导致绩效不佳的因素可以分成两类：一类是个体因素，如个人的能力不足或者努力程度不够等；另一类是组织或系统因素，如工作流程不合理、官僚主义严重等。组织要先进行绩效诊断，找出组织或系统因素，然后考虑个体因素。员工是查找原因的重要渠道，但组织要努力创造一个以解决问题为中心的接纳环境，必须确保员工不会因为吐露实情而遭到惩罚。一旦查出原因，绩效管理人员和员工就需要齐心协力地排除障碍。此时，绩效管理人员充当了导师、帮助者的角色。

第五，回到起点——再计划：完成了上述过程之后，绩效管理的一轮工作就算结束了。

2. 绩效管理与绩效考核的关系

绩效考核是对员工的工作绩效进行评价，以便形成客观、公正的人事决策的过程。绩效考核从制订绩效考核计划开始，确定考核的标准和方法，通过对员工前段时间工作的成效、工作业绩等进行分析评价，最后将考核结果运用到相关人事决策（晋升、解雇、加薪、奖金）中去。绩效考核的实质是将实际结果与计划进行比较。

绩效考核是绩效管理的一个不可或缺的组成部分。组织通过绩效考核可以为绩效管理的改善提供资料，从而不断提高绩效管理的水平和有效性，使绩效管理真正帮助管理者改善管理水平，帮助员工提高绩效能力，帮助组织获得理想的绩效水平。绩效管理以绩效考核的结果为参照，通过与标准进行比较，寻找二者之间的差距，提出改进的方案，并推动方案的实施。这里需要指出的是，标准是一个动态的标准，由组织的发展战略目标决定，同时也受组织绩效反馈的影响。

绩效管理与绩效考核存在的区别如表6-1所示。

表6-1 绩效管理与绩效考核的区别

绩效考核	属于管理过程中的局部环节	只出现在特定时期	回顾过去一个阶段的成果	事后的评价	注重进行绩效结果的评价	注重员工的考评成绩	绩效管理人员与员工会站在对立面	单向沟通
绩效管理	一个完整的绩效管理过程	贯穿于日常的工作中	具有前瞻性，能有效规划组织和员工的未来发展	注重双向交流、沟通、监督、评价	侧重于日常绩效的提高	注重个人素质、能力的全面提高	绩效管理人员与员工之间会形成绩效合作的关系	双向沟通

二、绩效管理的作用和意义

绩效管理作为人力资源管理的核心，已经吸引了越来越多的组织的注意。组织管理者越来越认识到绩效管理的重要性，越来越想方设法地提高员工的绩效，进而提高自己的管理绩效和组织的战略绩效。目前，绩效管理已被越来越多的组织所采用。

1. 绩效管理的作用

绩效管理常常是经理们比较头疼的事，由于不是所有的绩效管理都是积极的，与绩效很差的员工讨论绩效管理并不令人愉快。而且，如果没有获得充分的绩效数据，那么区分员工的业绩差别是很困难的。此外，一些上司不愿意扮演员工升迁和职业生涯发展指导者的角色，他们认为员工的升迁和职业生涯发展是绩效管理的结果。

绩效管理在组织中有两种常见的使用方式，它们的作用经常冲突。一种作用是回报员工或制定其他行政决策，如进行绩效管理、提升和解雇，而这些决策要与各类绩效评估相联系，这也是经理们常常感到绩效管理实施困难之处；另一种作用是开发员工的潜力。在这种作用中，经理们更多的是发挥顾问而非法官的作用，气氛是不同的。这种作用强调识别员工潜力和激发员工成长的机会和方向。图6-2所示为绩效管理的两种潜在的作用。

（1）行政性作用。绩效管理系统经常将员工希望获得的报酬和他们的生产率联系起来。在绩效管理系统中，员工得到晋升是基于他们完成的工作绩效。经理扮演的角色一直是下属的绩效管理者，所以由经理提出员工晋升建议或决定。如果这个管理过程的一部分没有做好，最有生产率的员工没有得到较大的回报，将导致不公平感的产生。

许多员工很少看到他们的努力水平与他们获得的报酬有联系。然而，将绩效管理用于决定付酬是很普遍的。绩效管理的其他行政性作用（如晋升、终止、解雇和工作转换等）对员工而言很重要。例如，解雇的顺序能够根据绩效管理来判断。基于此，如果雇主声称决定是以绩效为基础，那么绩效管理必须清楚地记录员工的绩效差别。类似地，基于绩效的晋升或降级必须有绩效管理记录。

当组织决定对员工终止合同、晋升或付酬不同时，绩效管理是必不可少的。如果员工针对组织这些决定向法院提起诉讼，绩效管理是一项重要的保护性措施。因此，考虑绩效管理广泛的行政性作用是必要的。

（2）开发性作用。绩效管理作为对员工信息反馈的基本资源，对员工未来的发展起着关键作用。当主管通过绩效管理识别员工的弱点、潜力和培训需求时，他们能告知员工以后如何发展，讨论员工需要发展什么技能并制订发展计划。

在这种情况下，经理更像一位教练。教练的工作是奖励高绩效，解释什么样的改进

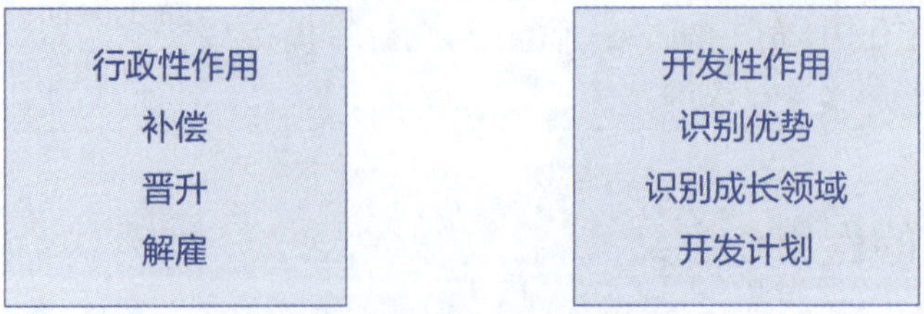

行政性作用	开发性作用
补偿	识别优势
晋升	识别成长领域
解雇	开发计划

图6-2 绩效管理的作用

是必要的，告诉员工如何改进。

开发反馈的目的是改变或加强个人行为，而不是像绩效管理的行政性作用那样来进行员工间的比较。组织需要加强正反馈，这是开发的一个重要部分。

2. 绩效管理的意义

（1）绩效管理的过程反映了组织的管理效率、组织资源的利用效率、员工的个人能力、组织的实力；提供了有关组织动态的真实信息，可使组织管理者真正了解自己管理的"到底是个什么样的组织"，绩效管理可为组织做"全息扫描"。

（2）绩效管理绝对不是绩效考核的简单变形，它的作用更多地体现在改变管理者的管理行为，改变员工的思维方式和行为方式上。

（3）绩效管理不仅是对员工贡献的承认和回报，还把组织的战略价值观、利润目标转化为具体的行动方案，促使企业整体形成面对目标上下一致的局面，激发员工对组织的责任心和工作积极性。

（4）组织内部子系统（流程、部门、团队、员工等）的绩效会影响组织的总体绩效目标，绩效管理的最终目标是保证组织和它的所有子系统以一种优化的方式一起工作，以获得组织希望获得的结果。

（5）绩效管理通过与员工的任职资格、职业化发展相结合，营造一种良好的工作氛围，在辅助员工个人能力提高的同时，实现组织资源的有效利用，从而获取最强的市场竞争力，最终实现组织与员工共同利益的最大化。

三、绩效管理的流程

绩效管理流程包括：制订绩效计划、绩效实施过程管理、绩效考核、绩效反馈与面谈、绩效改进及绩效结果应用。

1. 制订绩效计划

绩效计划是管理者和员工合作，对员工在下一年应该履行的工作职责、各项任务的重要性等级和授权水平、绩效的衡量、经理提供的帮助、可能遇到的障碍及解决的办法等一系列问题进行探讨，并达成共识的过程。绩效计划是绩效管理的第一个环节，是绩效管理过程的起点，是一个确定组织对员工绩效期望并得到员工认可的过程。

员工绩效计划过程即评估者和被评估者（各级员工和直接上级）之间进行充分沟通，明确关键绩效指标、工作目标及相应的权重，参照过去的绩效表现及公司当年的业务目标设定每个关键绩效指标的目标指标及挑战指标，并以此作为决定被评估者浮动薪酬、奖惩、升迁的基础。同时，绩效计划还帮助员工设定一定的能力发展计划，以保证员工绩效目标的实现。其主要流程如图6-3所示。

这里的权重是绩效指标体系的重要组成部分，通过对每个被评估者职位性质、工作特点及对经营业务的控制和影响等因素的分析，确定每类及每项指标、工作目标设定整体及其中各项在整个指标体系中的重要程度，赋予相应的权重，以达到考核的科学合理。

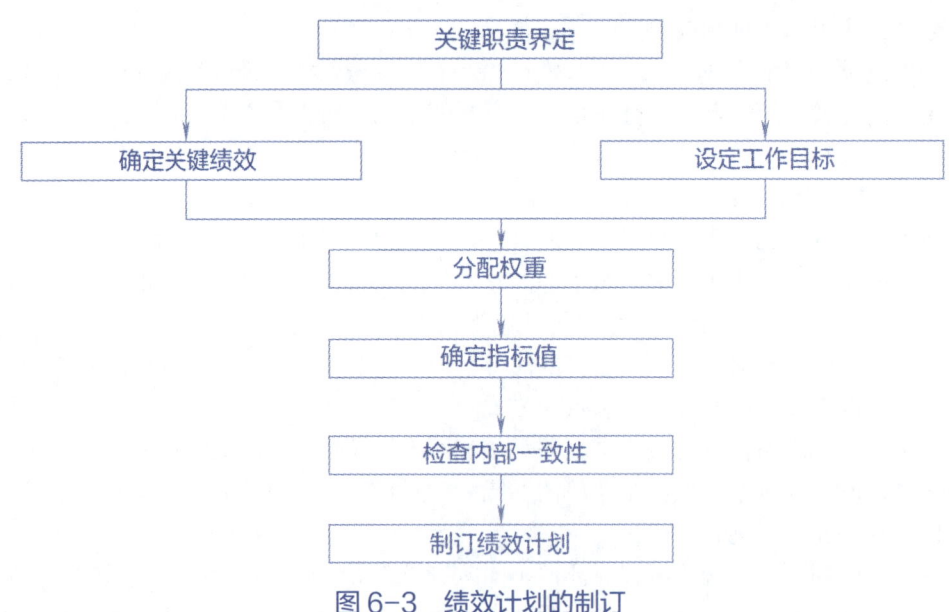

图 6-3　绩效计划的制订

2. 绩效实施过程管理

绩效实施过程主要包括两个方面的内容，一个是绩效沟通，另一个是员工数据、资料、信息的搜集与分析。绩效管理的循环从绩效计划开始，以绩效反馈和面谈导入下一个绩效周期。在这个过程中，决定绩效管理方法有效与否的就是处于计划与评估之间的环节——持续的绩效沟通和绩效信息的搜集与分析。

（1）持续的绩效沟通。持续的绩效沟通就是管理者和员工共同工作，以分享有关信息的过程，这些信息包括工作进展情况、潜在的障碍和问题、可能的解决措施及管理者如何才能帮助员工等。持续绩效沟通的目的是可以使一个绩效周期里的每一个人，无论是管理者还是员工，都可以随时获得有关改善工作的信息，并就随时出现的变化达成新的承诺。

①绩效沟通包括的内容。绩效沟通应包括：工作的进展情况，员工和团队是否在正确地达成目标和绩效标准的轨道上运行？如果有偏离方向的趋势，应该采取什么样的行动扭转这种局面？哪些方面的工作进行得好，哪些方面遇到了困难或障碍？面对目前的情境，要对工作目标和达成目标的行动做出哪些调整？管理人员可以采取哪些行为来支持员工？

②持续绩效沟通的方式。绩效沟通的方式包括：书面报告、定期面谈、团队会议、非正式沟通。

任何一种沟通方式都有其优点和局限性，因此企业在选择自己的沟通方式时要因地制宜，以最大限度地发挥沟通的效果为原则，采取多种形式的沟通，进而达到考核者与被考核者充分的交流，实现提高被考核者绩效的目的。

（2）信息的搜集与分析。信息的搜集与分析是绩效管理的必要条件，没有准确、必要的信息就无法使整个绩效管理循环不断进行下去，并对组织产生良好的影响。它是一种有组织、系统地搜集有关员工、工作活动和组织绩效的方法。

①搜集信息的内容。这些信息包括：目标和标准达到（或未达到）的情况，员工因工作或其他行为受到的表扬和批评情况，证明工作绩效突出或低下所需要的具体证据，对管理者和员工找到的问题（或成绩）原因有帮助的其他数据，管理者同员工的绩效问题进行谈话的记录，问题严重时还应让员工签字。

②搜集信息的渠道和方法。信息的搜集可以是企业中的所有员工。通过员工自身的汇报和总结，同事的共事与观察，上级的检查和记录，下级的反映和评价。总之，如果一个企业的信息渠道畅通、信息来源全面，那么该企业的绩效考核就更客观，绩效管理就更有效。

3. 绩效考核

绩效考核可以根据具体情况和实际需要进行月考核、季度考核、半年考核和年度考核。绩效考核是一个按事先确定的工作目标及其衡量标准，考察员工实际完成的绩效的过程。考核期开始时签的绩效合同或协议一般都规定了绩效目标和绩效衡量标准。绩效合同一般包括：工作目的的描述、员工认可的工作目标及其衡量标准等。绩效合同是进行绩效考核的依据。绩效考核包括工作结果考核和工作行为评估两个方面。其中，工作结果考核是对考核期内员工工作目标实现程度的测量和评价，一般由员工的直接上级按照绩效合同的标准，对员工的每一个工作目标完成情况进行等级评定；而工作行为考核则是针对员工在绩效周期内表现出来的具体行为态度进行评估。同时，在绩效实施过程中，所搜集到的能说明被评估者绩效表现的数据和事实，可以作为判断被评估者是否达到关键绩效指标要求的证据。

4. 绩效反馈与面谈

绩效反馈是绩效管理过程中一个非常关键的环节，通过绩效反馈面谈，可以使员工了解自己在本绩效周期内的业绩是否达到所定目标，行为态度是否合格。通过面谈使双方达成对评估结果一致的看法，找到员工绩效未合格的原因并制订绩效改进计划，并且可以对下一个绩效周期进行协商，形成个人绩效合约。

补充阅读资料

绩效面谈中应注意的事项：

（1）试探性地面谈。上级可以提出意见，但最好不是指令性的。

（2）乐于倾听。下级对自己的工作最了解，对于自己能力和工作表现方面的不足也最清楚，所以最好让下级自己发表意见。而且下级自己提出的建议最能被自己接受和执行。下级在工作中可能会有一些意见和抱怨，最好能让下级表达出来，否则带着情绪很难完全投入工作。作为上级，绩效面谈本身创造了一个与下属沟通的机会，要善于利用这个机会听取下属的意见和想法。

（3）具体化。提出的建议尽量具体，最好能落到行为层次上。

（4）尊重下级。尽量对下级表现出理解和接受，不要轻易否定下级的人格和价值。建立在尊重基础上的谈话才会有效果。

（5）全面地反馈。不要只反馈好的，也不要只反馈不好的，要全面地告诉下属绩效考核结果。

（6）建设性地面谈。所谓建设性地面谈是指面谈结果有利于下属的绩效改进。提供解决问题的建议比批评和指责有效得多。

（7）不要过多地强调员工的缺点。过多地强调员工的缺点会导致员工的抵触情绪，使员工处于一种自我保护的状态，而不愿表达自己的观点。

5．绩效改进

（1）确定绩效改进目标。绩效改进目标的确定主要包括两个方面：工作绩效改进目标和个人能力提升目标。工作绩效改进目标的达成依赖于个人能力提升目标的实现。在确定绩效改进目标时要注意以下几点。

①目标要具体，难度要适当，要切实可行。

②改进计划要有明确的时间性，并得到上下级的认可。

③容易改的先改，容易见效的先改。

（2）拟订具体的行动方案。为了达成提升个人能力目标，需要确定具体的行动方案，其主要形式有以下几种。

①阅读指定的书籍、报纸和杂志等。

②参加脱产的培训和经验交流活动。

③参加在职培训活动。

④实际观摩与指导活动等。

（3）明确资源方面的保障。为了使行动方案落到实处，企业在资源方面要给予保障，具体表现在以下几个方面。

①组织与上级要给员工创造条件和机会。

②选择合适的培训教师和课程。

③通过建立完善的企业培训制度等来保障和管理。

（4）改进绩效的指导。

①分析绩效改进指导需求，具体包括明确绩效改进项目的先后次序、各绩效改进项目的关键点、各绩效改进项目的最佳时机。

②拟订指导计划，具体包括：评估下属的学习风格；选择学习活动；准备指导计划。

③执行指导计划，具体包括：与下属保持深入沟通，发挥下属绩效改进的主动性；营造有利的学习环境，包括管理者的指导技巧、员工的学习条件和其他人的有效配合等。

④评估绩效指导成效。

6．绩效结果应用

当绩效考核完毕之后，评估结果不能束之高阁、置之不理，绩效管理制度必须同企业的激励制度相联系。缺乏相应的绩效管理制度的激励机制将是失败的，因为不但无法区分激励对象予以合理激励，反而促使员工"搭便车"。因此，绩效评估的结果必须与激励机制直接"挂钩"并及时体现。

通常，绩效管理制度要与以下激励制度相衔接。

（1）改进工作绩效。改进员工的工作绩效是绩效管理的一个主要实施目的，通过不断提升员工的绩效进而提升组织的绩效。绩效改进从本质上说是促进一些符合期望的行为发生和增加出现的频率，或者减少不期望出现的行为。对于值得肯定的绩效或行为，管理者应给予正面的强化，鼓励其继续保持并发扬光大；对于必须纠正的行为或绩效，就要给予负强化，驱除某种不愉快的刺激，促进希望的行为出现。

（2）薪酬奖金的分配。这是绩效考核结果一种非常普遍的用途。一般来说，为了增强薪酬的激励效果，在员工的薪酬体系中有一部分是与绩效"挂钩"，通过薪酬，对干得好的员工进行奖励。公平的薪酬又是员工取得新的绩效的潜在动力，对于从事不同工作性质的人，这部分与绩效"挂钩"的薪酬所占的比例不同，另外薪酬的调整也往往由绩效来决定。

（3）职务调整和是否继续留用。绩效考核的结果也可以为职务的变动提供一定的信息。员工在某方面的绩效突出，就可以让其在此方面承担更多的责任。如果员工在某方面绩效不够好，很可能是目前所从事的职务不适合他，可以通过职务调整，使他从事更适合的工作。当某员工经过职务调整及多次绩效考核都无法达到绩效标准时，或者其态度经过多次提醒都难以改变时，就可以考虑将其解聘了。

（4）培训与再教育。许多中小企业在对员工进行培训上存在一定的盲目性，即没有对员工的需要进行分析，只是为了培训而培训，正确的培训计划应该是同员工的工作绩效结合起来的，通过对员工的工作绩效进行分析，找出员工存在的不足之处，有针对性地对员工进行培训，使企业的培训效力尽可能最大化。

（5）员工职业生涯规划。员工职业生涯规划是根据员工目前的绩效水平和长期以来的绩效提高过程，同员工协商制订一个长远工作绩效和工作能力能够改进提高的系统计划，以及在企业中的未来发展途径。通过这种职业生涯的规划，不仅对员工目前的绩效得以反馈，还增加了其归属感和满意度，是促进其绩效提升的强大动力。

本章小结

1. 绩效考核通常也称业绩考评或"考绩"，是针对企业中每个职工所承担的工作，应用各种科学的定性和定量的方法，对职工行为的实际效果及其对企业的贡献或价值进行考核和评价。
2. 绩效管理是指通过持续开放的监控和沟通过程来开发团队和个体的潜能，从而实现组织目标所预期的利益和产出的管理思想与具有战略意义的、整合的管理流程及方法。绩效管理是理念和思想的统一，它应该贯穿于整个管理流程的所有环节，渗透进企业管理的各个方面。
3. 绩效管理流程包括：制订绩效计划、绩效实施过程管理、绩效考核、绩效反馈与面谈、绩效改进、绩效结果应用。

第七章 薪酬管理

教学目的

通过本章学习使学生对薪酬管理有一个全面的了解,在掌握薪酬管理的基本含义、功能和分类的基础上,对薪酬管理在企业发展中的地位和作用能有一个全面的认识。

教学重点

薪酬管理的概念及构成、分类和功能;薪酬理念与薪酬策略;薪酬体系设计以及核心人才的长期薪酬。

教学难点

对薪酬管理在企业中的地位的认识以及薪酬在企业中所发挥的作用。

知识目标

掌握薪酬管理的概念、理念及薪酬策略薪酬体系设计;熟悉薪酬管理的相关知识。

能力目标

掌握薪酬的概念、方法及薪酬体系设计的内容。

引导案例：可口可乐中国公司的薪酬制度

可口可乐公司在中国的历史可追溯到20世纪20年代，20世纪40年代末退出中国市场。改革开放之初的1979年，可口可乐经由我国香港地区用火车运往大陆，成为改革开放后最先到达大陆的国际消费品，可口可乐公司由此重新进入中国市场。可口可乐公司在中国的业务发展主要经历了三个阶段：重返阶段、快速发展阶段和稳定发展阶段。

在重返阶段，公司采用的是强调外部竞争性的"高薪政策"。

20世纪80年代初，改革开放初期的中国尚处于计划经济时代，缺乏市场观念。中国饮料行业处于相当落后的状态，人们的生活水平较低，饮料市场尚待开发。中国各地的饮料厂和其他企业一样，"大锅饭"和平均主义观念根深蒂固，企业的效益与员工薪酬的多少基本无关，薪酬级别设置套用行政级别，同酬不同工的现象普遍存在。买得到，买得起，乐意买是可口可乐公司全球统一的经营战略，在中国也不例外。为了高效服务于公司的经营战略及其目标，可口可乐中国公司针对当时中国物质不发达、员工收入水平低的状况，采用高薪政策吸引和激励人才。公司提供给员工的基本工资是当时国内饮料行业的2～3倍。

在快速发展阶段，公司采用的是外部与内部均具竞争性的薪酬政策。

1992年，在邓小平同志南方谈话的推动下，中国加大了对外开放、对内改革的力度。1993年，可口可乐中国公司与原轻工业部签署了合作备忘录，可口可乐中国公司要在此后的5年时间里再发展10家灌装厂。1993—1998年是可口可乐中国公司的快速发展阶段。一方面，随着众多跨国公司的进入及可口可乐中国公司自身的快速发展，其对本土人力资源特别是本土人才的需求更为强烈；另一方面，中国劳动力市场虽然长期存在供大于求的现象，但这种现象仅存在于低素质的劳动力市场，高学历、高技术、懂外语、懂管理的人力资源依然非常紧缺。

为了在人力资源竞争上占据优势地位，可口可乐中国公司于1995年对薪酬制度进行了一次重新审核和改变，减少工资等级，提高工资总量，建立符合员工价值、贡献的薪酬体系。公司根据实际需要，将以前的17个工资等级简化为13个；根据劳动力市场薪酬调查报告，提高工资水平，保持公司薪酬水平处于美商在华企业的3/4水准；增加工资总量，每年给员工多发3个半月的基本工资；除交通津贴外，取消肉食补贴等津贴，代之以按有关法律规定比例的上限，为员工支付基本养老金、住房公积金、失业保证金等，并根据公司情况增加补充养老保险金，以及向员工提供普通团体意外险和住房贷款计划等；在强化佣金、奖金等短期激励措施的同时，开始注重采用股票期权等长期激励手段。另外，可口可乐中国公司注重向员工提供非货币性的回报，向员工提供系统性、全员性的培训，培训内容不但包括生产、管理方面，还包括公司文化、经营理念等方面。

在稳定发展阶段，公司采用的是注重满足多层次需求的全面薪酬政策。

1999年，可口可乐中国公司大规模办厂已告一段落，其在中国投资扩张的速度开始放缓，进入稳定发展阶段。与此同时，在中国饮料市场上，百事可乐虽比可口可乐晚进入中国市场2年，但其投资扩张的趋势直追可口可乐中国公司。此外，国内健力宝、娃哈哈、露露、统一、康师傅等企业不断崛起，饮料行业的竞争日趋激烈。

可口可乐中国公司的全面薪酬制度将物质和精神奖励相结合，在经济性薪酬和非经济性薪酬上尽量满足员工的多层次需要，同时辅之以将个人发展目标与公司目标有机结合的绩效考核，激励员工不断发挥自己的潜力，以有效提高公司的竞争力和吸引力。

（1）可口可乐中国公司的薪酬制度体现了薪酬管理的哪些基本原理？
（2）在企业薪酬设计中，应考虑的主要因素是什么？
（3）结合本案例，请论述企业的薪酬管理制度是如何随着外界环境和企业经营战略的变化而变化的。

第一节 薪酬管理概述

从组织的角度看，员工薪酬是推动企业战略目标实现的一个强有力的工具。首先，薪酬对于员工的态度和行为有着重要的影响。它不仅会影响到哪些种类的员工会被企业吸引进来并被企业留住，而且还能够成为一种使当前员工的个人利益与更为广泛的企业利益一致起来的有力工具。其次，员工薪酬还是一个企业的重要成本项目，因此，需要对其给予特别仔细的关注。从员工的角度看与薪酬有关的政策对于他们的总收入乃至生活水平有着极大的影响。无论是绝对的薪酬水平还是与他人相比的公平性，对于员工来说都十分重要。薪酬往往还被看作是地位和成功的标志。薪酬管理构成了企业人力资源管理的一个重要内容。

一、薪酬的概念及其构成

研究企业的薪酬设计及管理，首先要理解薪酬的概念及其组成要素，即要理解什么是薪酬？薪酬一般有哪些组成部分？在人力资源管理中，对薪酬的界定比较宽泛，内容十分丰富，致使不同人对薪酬的看法和认识往往存在着较大差异。尤其因为中国企业的人力资源管理仍处于与国际管理理论和技术对接的过程之中，国内对薪酬概念的认识尚与国际通行的对薪酬的认识存在着一定的差异。因此，仔细研究薪酬概念的内涵和外延具有十分重要的现实意义。

（一）薪酬的概念

薪酬一般是指员工因从事组织所需要的劳动或服务而从组织得到的以货币形式和非货币形式表现的补偿或回报。薪酬概念具有狭义和广义之分：狭义的薪酬是指个人获得的以工资、奖金等以金钱或实物形式支付的劳动回报；广义的薪酬包括经济性报酬和非经济性报酬两个部分。其中，经济性报酬指工资、奖金、福利待遇和假期等，也叫货币薪酬；非经济性报酬指个人对企业及工作本身在心理上的一种感受，也叫非货币薪酬。

美国著名薪酬管理专家米尔科维奇认为，不仅不同国家对薪酬概念的认识不同，社会、股东、管理者和员工等不同利益群体对薪酬的概念界定也存在着较大的差异。但如果要从薪酬管理的角度给薪酬下定义的话，可以将薪酬界定为：雇员作为雇佣关系中的一方所得到的各种货币收入，以及各种具体的服务和福利之和。由这个定义可以看出，米尔科维奇更多地把薪酬看作是雇主和雇员之间的一种价值交换。

美国的薪酬管理专家约瑟夫·J.马尔托奇奥在其所著的《战略薪酬》一书中，将薪酬界定为：雇员因完成工作而得到的内在和外在的奖励，并将薪酬划分为外在薪酬和内在薪酬，其中内在薪酬是雇员由于完成工作而形成的心理形式，外在薪酬则包括货币奖励和非货币奖励。这种对薪酬的定义,更多的是将薪酬作为企业奖励员工,从而提高对员工的吸引、保留和激励效果的一种手段和工具来看待。

在本书中,我们将薪酬定义为:企业向员工提供的用以吸引、保留和激励员工的报酬,具体包括:工资、奖金、福利、股票期权等。

(二)薪酬的构成

从广义上讲,薪酬由经济性报酬和非经济性报酬两类组成。经济性报酬是员工获得的各种形式的收入,包括工资、奖金、福利、津贴、股票期权等。它又可以再细分为直接薪酬(主要指以货币或现金形式支付的薪酬)和间接薪酬(主要指不以货币或现金形式支付的各种福利)。非经济性报酬是指员工由于努力工作而得到的晋升、表扬或受到重视等,它能产生和强化员工的工作荣誉感、成就感、责任感等。非经济性的报酬包括工作本身、工作环境和组织特征带来的心理效用三个部分。薪酬的构成如图7-1所示。

从上述对总体薪酬组成部分的概述可以看出,非经济性报酬是总体薪酬的重要组成部分。然而,在关于薪酬和薪酬管理的研究中,由于大多数的员工主要关注经济性报酬部分,因此我们将主要集中分析企业对经济性报酬的安排。经济性报酬主要包括以下组成部分。

(1)基础工资。基础工资是企业按照一定的时间周期,定期向员工发放的固定报

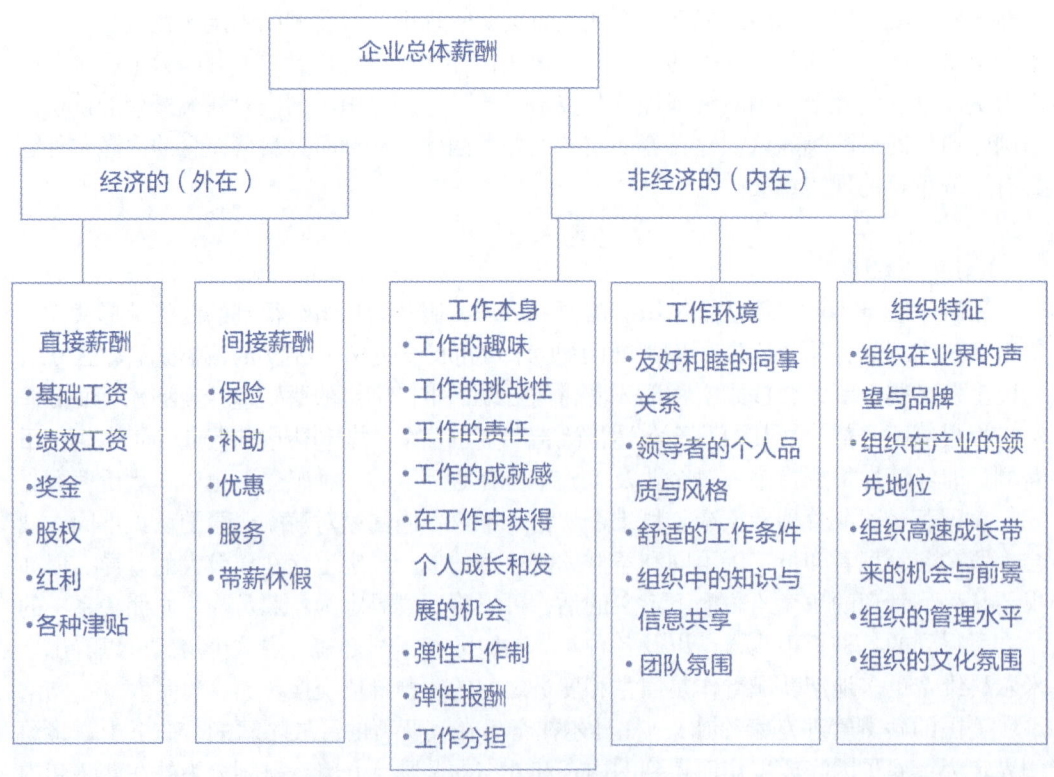

图 7-1 薪酬构成

酬。基础工资主要反映员工所承担职位的价值或者员工所具备的技能或能力的价值，这就是以职位为基础的基础工资和以能力为基础的基础工资。在国外，基础工资往往有时薪、月薪和年薪等形式，中国大多数企业提供给员工的基础工资往往是以月薪为主，即每月按时向员工发放固定工资。

（2）绩效提薪。绩效提薪是根据员工的年度绩效评价结果而确定的对基础工资的增加部分，是对员工优良工作绩效的奖励。

（3）奖金。奖金也称为激励工资或可变工资，是薪酬中根据员工的工作绩效进行浮动的部分。奖金可以与员工的个人业绩相挂钩，也可以与其所在团队的业绩相挂钩，还可以与组织的整体业绩相挂钩，分别称为个体奖励、团队奖励和组织奖励。需要注意的是，奖金不仅要与员工的业绩相挂钩，同时也与员工在组织中的位置和价值有关，它通常等于两者的乘积。还要注意的是，虽然绩效提薪和奖金的支付依据都是年度绩效评价结果，但两者却有着实质性的不同：绩效提薪是对基础工资永久性的增加部分，而奖金只是一次性的。

（4）奖励。奖励并不成为基础工资永久性的增加部分。

（5）津贴。津贴往往是对员工工作中的不利因素的补偿，它与经济学理论中的补偿性工资差别相关。比如：企业对从事夜班工作的人，往往会给予额外的夜班工作津贴；对于出差的人员，往往会给予一定的出差补助；对于在远郊现场工作的人，往往给予远郊补贴。但是，津贴往往并不构成薪酬中的核心部分，它在整个薪酬包中所占的比例往往很小。

（6）福利。福利也是经济性报酬中十分重要的组成部分，而且在现代企业的薪酬设计中占据着越来越重要的位置。在中国企业的市场化改革过程中，为了改变"企业办社会"的局面，中国企业曾经大幅度削减提供给员工的福利，将福利转变为给予员工的货币报酬，但现在越来越多的企业开始转变观念，认识到福利对于企业吸纳和保留人才的重要性。在现代薪酬设计中，福利在很大程度上已经与传统的福利项目不同，带薪休假、健康计划、补充保险、住房补贴等已经成为福利项目中的重要形式，并且根据员工个人偏好而设计的自助餐式福利计划也成为正在新兴的福利形式，已经获得了广泛认可。

（7）股权计划。股权主要包括员工持股计划和股票期权计划。员工持股计划主要针对企业中的中基层员工，而股票期权计划则主要针对中高层管理人员、核心业务和技术人才。员工持股计划和股票期权计划不仅是针对员工的一种长期报酬形式，而且将员工的个人利益与组织的整体利益连在一起，是优化企业治理结构的重要方式，是现代企业动力系统的重要组成部分。近年来股权计划已经受到越来越多中国企业的青睐。

二、薪酬的分类

薪酬是相当复杂的社会经济现象，理论界对薪酬的分类也是众说纷纭。依照薪酬是否取得直接的货币形式，可将薪酬分为货币性和非货币性两类；以薪酬量的界定为基本依据，可将薪酬分为计时、计件和业绩薪酬；依据薪酬的发生机制，可将薪酬分为外在薪酬和内在薪酬。对于前两类薪酬，在前面已有所涉及，在此不再赘述。下面着重阐述外在薪酬和内在薪酬的有关内容。

（一）外在薪酬

外在薪酬是指单位针对员工所做的贡献而支付给员工的各种形式的收入，包括工资、奖金、福利、津贴、股票期权及各种间接货币形式支付的福利等。

对外在薪酬做进一步划分，可将外在薪酬划分为货币性薪酬、福利性薪酬和非财务性薪酬。对绝大多数薪酬接受者来说，货币性薪酬实际上只是一种间接性薪酬。员工最终的需求，可能是为了得到商品和劳务、社会的认同或尊重、进入上流社会、获得友情和爱情等。因此，要较为充分地发挥薪酬的激励杠杆作用，就不仅要了解薪酬接受者对货币的需求，还有必要了解薪酬接受者追求的最终需求。福利性薪酬有货币性的，也有非货币性的，但以非货币性为主。福利通常不考虑薪酬接受者的绩效，组织内员工人人有份，但福利仍然是一种相当重要的激励因子。其激励的基本取向是强化组织的凝聚力，强化员工的团队建设。非财务性薪酬包括：①终生雇佣的承诺；②安全舒适的办公条件；③较有兴趣的工作；④主管的鼓励和对成绩的肯定；⑤引人注目的头衔；⑥良好的工作氛围；⑦良好的人际关系；⑧业务用的名片；⑨私人秘书等。外在薪酬相对于内在薪酬来说，比较容易定性及进行定量分析，在不同个人、公众和组织之间进行比较也较好操作。对于那些从事重复性劳动的员工来说，如果对内在薪酬产生不满，可以通过增加工资来解决。

（二）内在薪酬

内在薪酬是指由于自己努力工作而受到晋升、表扬或受到重视等，从而产生的工作的荣誉感、成就感、责任感。

内在薪酬包括：①参与决策的权利；②能够发挥潜力的工作机会；③自主且自由地安排自己的工作时间；④较多的职权；⑤较有兴趣的工作；⑥个人发展的机会；⑦多元化的活动等。内在薪酬的特点是难以进行清晰的定义，不易进行定量分析和比较，没有固定的标准，操作难度比较大，需要较高水平的管理艺术。管理人员或专业技术人员对于内在薪酬的不满难以通过提高薪酬获得圆满解决。

三、薪酬的功能

（一）保障功能

员工通过劳动获得薪酬来维持自身基本生存需要，以保证自身劳动力的再生产；薪酬还必须用来养育子女和自身的进修学习，以实现劳动力的再生产者人力资本的增值。

（二）激励功能

企业通过支付给员工不同的薪酬来评价员工个人的素质、能力、工作态度、工作效果等。合理的薪酬可以促进员工产生更高的工作绩效，而更高的工作绩效又会为员工带来更高的薪酬。

（三）调节功能

企业可以通过薪酬水平的变动和倾斜，促使员工个人行为与企业期望的行为最高限度地趋于一致，并引导内部员工合理流动，实现企业内部各种资源的高效配置，吸引企业需要的人力资源。

（四）增值功能

对企业而言，薪酬作为企业用于交换员工劳动的一种成本性投入，实际上是对活劳动（劳动要素）的数量和质量的一种投资，与其他资本投资一样，是为了获得预期的大于成本的收益。

第二节 薪酬理念与薪酬策略

一、薪酬理念与价值取向

在进行薪酬体系设计时，应该依据企业的使命与战略，确定公司的人力资源愿景与整体战略，然后在企业所面临的社会与行业环境及法律环境大背景下，确定企业的薪酬理念和策略。

企业薪酬理念的确定需要注意以下几点：

（1）企业薪酬体系的设计要体现企业文化的价值诉求，并据此确立企业的薪酬理念。

薪酬理念是企业薪酬体系设计的依据，是薪酬管理的终极价值判断标准，所以要把薪酬文化培育与薪酬理念灌输同薪酬体系设计结合起来。与薪酬激励相配套的薪酬理念发挥的是软约束作用，因为员工只有认可并接受公司的薪酬理念后才能更好地感受到公司的薪酬激励，自觉地约束自己的行为，使自己的工作行为更为职业化，更符合公司的要求。在塑造企业的薪酬文化与理念时，要定位于员工行为习惯的引导，因为员工行为的职业化是提高公司管理水平并降低公司人工成本的前提条件，只有以个人薪酬目标引导其行为习惯，逐步实现员工行为职业化，才能将个人薪酬目标实现与工作效率提高、创造价值能力增强相结合。

（2）要赋予薪酬理念以丰富的内涵，向员工灌输和传导薪酬理念，塑造员工全新的工作价值观、贡献观与回报观。

薪酬理念不只是一种口号，而是员工能够从内心深处感受到的一种价值观，其具有丰富的内涵。在进行薪酬体系设计时，企业需要秉承人力资本优先发展的理念，要承认知识创新者和企业家是企业价值创造的主导要素，在薪酬分配时向这些最能创造价值的人倾斜，并且适当拉开薪酬差距，打破平均主义。要让员工认识到，岗位是其施展才华的舞台，工作是承担个人责任的行为，要在工作中创造价值并获取回报，要凭自己的能力和对企业的贡献，而不是凭借政治技巧。在实际进行薪酬管理时，要实现员工的薪酬随着其所担负的责任及个人能力的提升、绩效贡献的提高而不断增长。

（3）要将薪酬理念落实到薪酬的机制和制度建设，推进薪酬理念的落地。

在进行薪酬设计和管理相关机制及制度建设时，要处处体现企业的薪酬理念，将其落到实处，建设企业权、责、利、能四位一体的薪酬管理机制与制度。

二、企业战略与薪酬战略

（一）企业战略对薪酬的影响

在确定企业的薪酬策略及薪酬管理制度时，需要关注的基本问题包括薪酬支付的基础、对象、规模、水平、结构和方式等方面，而这各个方面的确定都要受到企业战略的影响。

战略决定企业员工的类型、规模和数量结构，从而确定了企业薪酬的支付对象和支付规模。薪酬支付对象是指向谁支付薪酬，对哪些类型的人才支付薪酬；薪酬支付规模是指要向多少人支付薪酬。企业整体战略部署会对人员安排做出明确的规划，其中包括员工的类型、规模和数量结构，如若某企业在特定阶段强调以研发为战略重点，则研发人员在企业全体人员中所占的比重就相对较高，研发人员也将成为薪酬激励的重点。

战略决定了薪酬水平与市场工资水平的关系，即企业要根据企业整体战略对薪酬支付水平进行选择。薪酬支付水平是指企业要确定支付多高水平的薪酬，通常可以将企业支付的薪酬水平与同一职位、同一等级的市场薪酬水平相比较，从而确定企业要选择领先的、落后的还是跟随市场的薪酬水平。虽然说企业的支付能力、企业所处的发展阶段及企业所属的行业性质在一定程度上决定了企业薪酬支付的水平，但企业战略的性质也会影响企业的薪酬水平定位：当企业采取保守型战略时，其薪酬水平定位通常也会比较保守，会低于或略低于市场平均工资水平；当企业采取平稳发展战略时，其薪酬水平定位通常是跟随市场的平均工资水平；当企业采取激进型战略时，其薪酬水平定位通常是领先于市场平均工资水平，以此吸引更多的优秀人才，不断扩大企业规模，增强企业的竞争优势。

1. 薪酬水平定位

领先型策略是指企业发放的薪酬高于市场平均工资水平；跟随型策略也称匹配策略，是指企业发放的薪酬基本与市场平均工资水平持平；滞后型策略是指企业发放的薪酬落后于市场平均工资水平。

战略会影响企业薪酬结构的设计。薪酬结构是指在同一组织内部不同职位或不同技能员工的薪酬水平的排列形式，它强调薪酬水平等级的多少、不同等级水平之间的级差大小以及决定薪酬级差的标准。采取低成本、顾客导向战略的企业，往往会采用等级化的薪酬结构，而采取创新和差异化战略的高新技术企业则往往采用扁平化的薪酬结构。

2. 薪酬结构定位

薪酬结构设计的基本思想有两类：等级化或者扁平化。等级化的薪酬结构往往等级较多，级差较小；扁平化的薪酬结构往往等级较少，级差较大。

等级化薪酬结构通常要求对每个等级所做的工作给出细致的描述，明确每个人的职责。这种薪酬结构承认员工之间技能、责任和对组织贡献的差别，认为频繁的职位升迁能够很好地发挥对员工的激励作用。

扁平化薪酬等级界定的每个等级的任务职责范围比较宽泛，从而使员工拥有更大的决策自主权。这种薪酬结构认为所有的员工都应平等对待，越平等就越能提高员工的工作满意度，促使形成企业内的工作团队，提高员工绩效。

（二）薪酬策略的本质特征

不同的企业战略导致各异的薪酬策略，但无论企业采取什么样的薪酬策略，其都具有以下两个本质性特征。

（1）薪酬策略是权变的，其会因企业的发展阶段、文化背景不同而各异。

企业进行薪酬设计时，需要遵循三项基本原则（图7-2），即要在保证薪酬支付的内部公平和外部竞争性的同时实现支付效率。在满足这三项基本原则的基础上，不同企业因其所处的发展阶段不同、企业文化不同而在进行薪酬设计时关注的重点也有所差异，因此所采取的薪酬策略会有所不同，甚至同一企业在其不同发展阶段所采取的薪酬策略也有可能不尽相同，如表7-1所示。

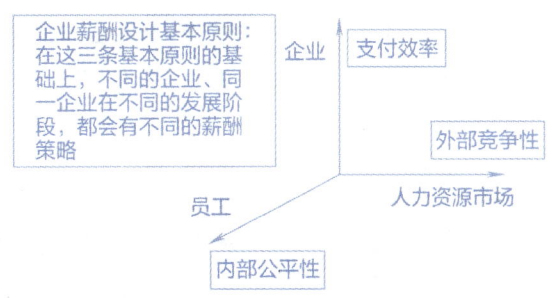

图 7-2 企业薪酬设计基本原则

表7-1 薪酬的发展阶段

	起步阶段	平稳发展阶段	下降阶段
基本薪酬	比例不高	稳定	增长缓慢
奖金	更多弹性	少	有所提高
福利	水平不高	越来越多	停滞

（2）薪酬策略是对企业战略性薪酬问题提出的系统解决方案。

在进行薪酬体系设计时，需要关注两个重点：一是确定企业的战略性薪酬问题是什么？二是如何找到战略性薪酬的解决方案？战略性薪酬问题是指企业薪酬体系中与企业战略目标实现紧密相关的事项。要制定一套整体性薪酬战略，必须经过以下5个步骤。

①依据企业战略，确定本公司的关键成功要素是什么以及组织需要做些什么才能达成自己的使命或者获得理想的竞争地位。

②依据企业的现有条件及其所面临的外部环境，确定组织需要什么样的行为或者行动来使这种竞争策略得以成功执行。

③确定组织应当用什么样的薪酬方案来强化这些行为，以及报酬方案的每一部分是为了强化哪种或者哪些理想行为。

④明确要发挥每一种报酬方案的预期作用，其需要满足哪些要求，对雇员的价值是什么，以及评价这些报酬方案的激励有效性的方式方法。

⑤评价企业现有的薪酬方案在多大程度上能够满足这些要求。

经过上述步骤，可形成一套基于企业战略的薪酬策略，找到针对企业战略性薪酬问题的系统解决方案。

（三）薪酬策略要素与组合

薪酬策略是一个整体，是由不同要素组合而成的一套体系。这些要素包括薪酬水平策略、薪酬管理策略以及薪酬组合策略。

1. 薪酬水平策略

薪酬的支付水平定位有三种策略：领先型策略、跟随型策略和滞后型策略。领先型薪酬策略是一种基于一流人才的战略，采取领先型薪酬策略的企业为员工提供高于市场平均水平的薪酬来吸引市场上最优秀的人才加盟本企业，以实现企业的战略目标；跟随型薪酬策略是一种基于竞争对手的战略，采取跟随型薪酬策略的企业在决定企业的薪酬支付水平时不是基于企业的内部因素，而是根据市场平均工资水平的变化而变化，持续保持本企业支付给员工的薪酬水平与市场平均薪酬水平相一致；滞后型薪酬策略是一种基于成本的战略，采取滞后型薪酬策略的企业一般是追求成本领先的企业，其员工的市场可替代性较强，企业支付给员工的工资将保持在稍微低于市场平均薪酬水平。

2. 薪酬管理策略

薪酬不仅是连接组织与员工的十分重要的纽带和桥梁，同时还是一把双刃剑：用得好时可以激励员工努力工作，提升工作绩效；用得不好时会削弱员工的动力，造成员工的不满。这把双刃剑用得好坏，不仅取决于薪酬体系设计是否科学合理，同时还取决于企业是否对薪酬进行了科学有效的管理。薪酬管理策略包括以下9个方面。

（1）薪酬治理与管控模式。关于薪酬的治理与管控模式，主要是依据企业的战略制定科学合理的薪酬管理的决策程序与机制，建立与企业战略相一致的薪酬管理体制与管控模式，在薪酬策略支持企业战略目标实现的同时实现对企业工资总额和人工成本的有效控制。

（2）薪酬重心的倾斜与内部差距。在制定企业的薪酬管理策略时，要依据企业战略和公司价值创造体系确定企业的薪酬重心应如何向那些最能创造价值的员工倾斜，确定员工因能力不同和对组织战略实现的价值贡献不同，其所获得的薪酬差距应该为多大，通过薪酬实现对企业核心人才的激励，吸引和保留企业所需要的核心人才。

（3）薪酬决定的模式。前面我们讲到，薪酬的支付依据有四种，即职位、能力、绩效和市场，并据此形成四种薪酬模式：基于职位价值的薪酬体系、基于能力的薪酬体系、基于绩效的薪酬体系和基于市场的薪酬体系。企业的战略不同，所选择的薪酬模式就会有所差别，在此不再赘述。

（4）薪酬结构的优化与调整策略。企业薪酬结构的确定是基于公司当前战略及其所面临的内外部环境。随着企业的发展，企业的战略和面临的内外环境都有可能发生变化，原先确定的薪酬结构可能就会不能满足企业的需要，这时需要对薪酬结构进行优化与调整。这里要确定调整薪酬的内容结构及其比例（基本薪酬、绩效薪酬、福利的结构及其比例）、当期收入与预期收入的结构及其比例（短期奖励与长期奖励）以及固定收入与非固定收入的结构等策略和方式。

（5）薪酬等级管理策略。在前面介绍企业战略对薪酬策略的影响时我们曾谈到，薪酬结构设计的基本思想有两类：等级较多、级差较小的等级化薪酬结构以及等级较少、级差较大的扁平化薪酬结构。这两种薪酬结构的理论依据不同，管理策略也不同。企业选择了所要采用的薪酬等级策略之后，就要制定相应的薪酬等级管理策略。

（6）团队与个体薪酬管理策略。在现代企业中，大部分工作不是由员工个人"单打独斗"完成，而是需要团队成员相互协作，因此工作绩效的好坏既取决于员工个人的努力，又取决于团队成员之间的合作。在这种情况下，员工的薪酬就由两大部分组成：个体薪酬和团队薪酬。于是就需要对基于团队的薪酬进行管理，处理好个体薪酬与团队薪酬之间的关系，既能发挥个体薪酬对员工的激励作用，又能避免团队成员搭便车现象的发生。

（7）薪酬的支付方式管理策略。薪酬的支付方式是指对如何向员工支付薪酬的策略选择，如是采用短期薪酬还是长期薪酬、是重视奖励现在还是奖励未来等的选择。处于不同发展阶段的企业，其支付方式可能会有所不同，如处于成长期的企业可能会支付较低的短期工资和较具吸引力的长期薪酬（如股票期权），而处于成熟期的企业则主要是用短期薪酬激励和保留员工。所以，企业需要随着自身的发展选择和调整其薪酬支付方式管理策略，合理使用延期支付，最大化薪酬的激励作用。

（8）薪酬的沟通管理策略。薪酬沟通是薪酬管理体系中的重要组成部分，沟通做得好，员工对薪酬方案就比较容易接受，薪酬的正面激励作用就会发挥得较好；反之，薪酬的负面作用就会很突出。因此，企业要制定合理的薪酬沟通管理策略，在薪酬的公开与保密之间进行权衡，并选择合适的薪酬沟通管理方式。

（9）薪酬的满意度管理策略。薪酬体系实施之后，还要对员工的薪酬满意度进行管理。这时就要确定企业是追求内部公平还是外部公平，并向员工传递公司的薪酬文化，让员工认识到，岗位是其施展才华的舞台，工作是承担个人责任的行为，要在工作中创造价值才能获取回报。

3. 薪酬组合策略（表7-2）

除了薪酬的水平策略和管理策略外，组合策略也是薪酬策略体系的重要组成部分。所谓组合策略，是指对员工所处层次（高层管理者、中层主管及基层员工）、员工在组织结构中的职能模块进行组合，针对每一组合确定不同的薪酬策略。对于高层管理者来讲，无论其在组织的哪一个职能模块任职，都向其支付行业最优水平的薪酬，并且以长期激励为主；而对于基层员工来讲，其所在职能模块不同，薪酬策略就有所不同。

表7-2 薪酬组合策略

高层	• 行业最优水平 • 激励性薪酬结构 • 长期激励为主导			
中层	• 适度领先：行业中上水平、地区75%以上 • 保障+激励 • 长、中、短期相结合			
基层	• 行业最优水平 • 保障+激励	• 成本控制：地区中等水平 • 短期激励主导	• 行业最优水平 • 短期激励	• 成本控制：地区中上水平 • 保障+激励
	研发	生产	销售	职能

第三节 薪酬体系设计

薪酬体系是组织的人力资源管理系统的一个子系统。它向员工传达在组织中什么是有价值的，并且为向员工支付报酬建立政策和程序。在一个设计良好的薪酬体系中，员工会感觉到，相对于同一组织中从事相同工作的其他员工，相对于组织中从事不同工作的其他员工，相对于其他组织中从事类似工作的人而言，自己的工作获得了适当的薪酬。一个组织越是能够建立起面向员工的内部公平、外部公平和个体公平的条件，就越是能够有效地吸引、激励和保留所需要的员工来实现组织的目标。

一、薪酬体系的类型

目前，国际通用的薪酬体系类型主要有职位薪酬体系、技能或能力薪酬体系和绩效薪酬体系3种。

1. 职位薪酬体系

职位薪酬体系是应用最为广泛，同时也是最为稳定的薪酬体系类型。所谓职位薪酬体系，就是首先对职位本身的价值做出客观的评价，然后再根据这种评价的结果，来确定承担这一职位工作的人与该职位价值相当的薪酬的基本薪酬决定制度。

职位薪酬体系最大的特点是基本上只考虑职位本身的因素，很少考虑人的因素，员工担任什么样的职位就得到什么样的薪酬。它实际上暗含着这样一种假定：担任某一职位工作的员工恰好具有与工作的难度水平相当的能力，不鼓励员工发展跨职位的其他技能。

（1）职位薪酬体系的优点：

①实现了真正意义上的同工同酬；

②有利于按照职位系列进行薪酬管理，操作比较简单，管理成本较低；

③晋升和基本薪酬增加之间的连带性增强了员工提高自身技能和能力的动力。

（2）职位薪酬体系的缺陷：

①由于薪酬与职位直接挂钩，当员工晋升无望时，也就没有机会获得较大幅度的加薪，其工作积极性可能会受挫，甚至会出现消极怠工或者离职的现象。忽视同一岗位可能存在的绩效差异，也有可能会挫伤员工的积极性；

②由于职位相对稳定，与职位联系在一起的员工薪酬也就相对稳定，这不利于组织对于多变的外部经营环境做出迅速的反应，也不利于及时激励员工。

（3）实施职位薪酬体系的前提：

①职位的内容是否已经明确化、规范化和标准化；

②职位的内容是否基本稳定，在短期内不会有大的变动；

③是否具有按个人能力安排职位或工作岗位的机制；

④企业中是否存在相对较多的职级；

⑤企业的薪酬水平是否足够高。

2. 技能或能力薪酬体系

技能薪酬体系，是指组织根据一个人所掌握的与工作有关的技能、能力以及知识的深度和广度来支付基本薪酬的一种基本薪酬决定制度。

技能薪酬体系的特点是员工所获得的薪酬是与知识、一种或多种技能，而不是与职位联系在一起的。换句话说，技能薪酬体系的设计目的就是把职位薪酬体系所强调的工作任务转化为能够被认证、培训以及对之付酬的各种技能。组织依据员工拥有的工作相关知识或技能对其支付报酬，员工薪酬的上涨也取决于员工个人掌握的技能水平上升或者是已经拥有技能的改善。这种薪酬制度通常适用于管理层和员工都愿意进行合作，并且职位结构允许员工可以不受传统的职位描述的约束而自由发展的组织。换句话说，一个组织是否可以实施技能薪酬体系，需要考虑两个方面的基本因素，即组织内部员工所从事的工作的性质以及组织管理层对企业与员工之间的关系的看法。

能力薪酬体系中的能力，并不是一般意义上的能力，而是取得某种特定绩效或是表现出某种有利于绩效取得的行为的能力，也就是目前流行的胜任能力、素质等。由于能力薪酬体系与技能薪酬体系在本质上非常接近，所以能力薪酬体系可以看作广义的技能薪酬体系的一部分，只是在实践中，能力薪酬体系更多地应用于"白领"职位的薪酬确定。

（1）技能薪酬体系的优点：

①向员工传递的是关注自身发展和不断提高技能的信息；

②有助于较高技能水平的员工达到对组织更为全面的理解；

③在一定程度上有利于鼓励优秀专业人才安心本职工作，而不是去谋求报酬虽然很高但自己却并不擅长的管理职位；

④在员工配置方面为组织提供了更大的灵活性；

⑤有助于高度参与型管理风格的形成。

（2）技能薪酬体系的不足：

①由于组织往往要在培训以及工作重组方面进行投资，结果很有可能出现薪酬在短期内上涨的状况；

②要求组织在培训方面付出更多的投资，如果组织不能通过管理使得这种人力资本投资转化为实际的生产力，则组织可能因此无法获得必要的利润；

③技能薪酬体系的设计和管理都要比职位薪酬体系更为复杂，因此它会要求组织有一个更为复杂的管理结构，至少需要对每一位员工在技能的不同层级上所取得的进步加以记录。

3．绩效薪酬体系

绩效薪酬体系，是指员工薪酬按照个人或者团队、组织绩效目标的实际完成状况确定薪酬的一种薪酬体系。其最大特点是将员工薪酬收入与个人业绩挂钩，薪酬数额随绩效目标的完成状况而浮动。员工工作绩效具体表现为完成工作的数量、质量、利润额以及对企业的其他贡献。随着市场竞争的激烈，按绩效付酬的趋势越来越显著。

由于绩效付酬适应的职位比较复杂，很难用一个模式来说明其设计方法，如生产职位可采用个人薪酬与个人生产产品的数量和质量直接挂钩的计件薪酬制；销售部门可实施直接按销售额的一定比例确定销售人员薪酬的佣金制；高级管理人员可实行以会计年度为考核周期，把经营者的薪酬多少与企业经营业绩和承担的责任、风险挂钩的年薪制。

绩效薪酬体系将员工的个人收入与绩效挂钩，既公平又有一定的激励作用。在整体效益不好时，企业无需支付过高的报酬，从而有利于节省人工成本。但是，绩效薪酬体系的绩效目标和衡量标准很难做到客观、准确，这就可能造成新的不公平，影响其激励功能；按绩效付酬过分强调物质刺激，长期使用会造成不良导向；在企业困难时，员工得不到高报酬，可能会消极怠工甚至离职；按绩效付酬容易使员工看重个人绩效，造成部门之间、员工之间的不正当竞争，影响员工间的合作与企业的和谐发展。

二、薪酬设计的原则

薪酬设计的目的是建立科学合理的薪酬制度。为此，在薪酬设计中要始终坚持贯彻以下原则。

（一）战略导向原则

战略导向原则强调企业设计薪酬时必须从企业战略的角度进行分析，制定的薪酬政策和制度必须体现企业发展战略的要求。企业的薪酬不仅仅只是一种制度，它更是一种机制，合理的薪酬制度驱动和鞭策那些有利于企业发展战略的因素的成长和提高，同时使那些不利于企业发展战略的因素得到有效的遏制、消退和淘汰。因此，企业设计薪酬时，必须从战略的角度分析哪些因素重要，哪些因素不重要，并通过一定的价值标准，给予这些因素一定的权重，同时确定它们的价值分配即薪酬标准。

（二）公平原则

公平是薪酬设计的基础，只有在员工认为薪酬设计是公平的前提下，才可能产生认同感和满意度，才可能产生薪酬的激励作用。公平原则包括内部公平和外部公平两个方面的含义。

1．内部公平

内部公平包含几个方面：一是横向公平，即企业所有员工之间的薪酬标准、尺度应该是一致的；二是纵向公平，即企业设计薪酬时必须考虑到历史的延续性，一个员工过去的投入产出比和现在乃至将来都应该基本一致，而且还应该是有所增长的。这里涉及一个工资刚性问题，即一个企业发给员工的工资水平在正常情况下只能看涨，不能看跌，否则会引起员工很大的不满。

2．外部公平

外部公平即企业的薪酬水平与同行业的同类人才薪酬水平相比具有一致性。

（三）竞争原则

企业在设计薪酬时必须考虑到同行业薪酬市场的薪酬水平和竞争对手的薪酬水平，保证企业的薪酬水平在市场上具有一定的竞争力，能充分地吸引和留住企业发展所需的关键性人才。

（四）激励原则

对一般企业来说，通过薪酬系统来激励员工的责任心和工作的积极性是最常见和最常用的方法。一个科学合理的薪酬系统对员工的激励是最持久也是最根本的激励，因为科学合理的薪酬系统解决了人力资源所有问题中最根本的分配问题。

（五）经济原则

薪酬设计的经济原则强调企业设计薪酬时必须考虑企业自身发展的特点和承受能力。这包括两个方面的含义：从短期来看，企业的销售收入扣除各项非人工费用和成本后，应当能够支付企业所有员工的薪酬；从长期来看，企业在支付所有员工的薪酬，即补偿所有非人工费用后，要有盈余，这样才能支撑企业追加和扩大投资，获得企业的可持续发展。

（六）合法原则

薪酬设计应当在国家和地区相关劳动法律法规允许的范围内进行，这是最起码的要求，特别是国家有关的强制性规定，企业在薪酬设计中是不能违反的。比如，国家有关最低工资的规定、有关职工加班加点的工资支付问题等，企业都必须遵守。

三、薪酬体系设计的程序

（一）明确企业薪酬策略与原则

明确企业薪酬策略是以后各环节的前提，对后者起着重要的指导作用。企业薪酬策略是企业人力资源策略的重要组成部分，而企业人力资源策略是企业人力资源战略的落实，说到底是企业基本经营战略、发展战略和文化战略的落实。因此制定企业的薪酬原则和策略要在企业的各项战略的指导下进行，要集中反映各项战略的需求。薪酬策略作为纲领性文件要对以下几个方面的内容做出明确规定：对员工本性的认识，对员工总体价值的认识，对管理骨干即高级管理人才、专业技术人才和营销人才的价值估计等核心价值观；企业基本工资制度和分配原则；企业工资分配政策与策略，如工资拉开差距的分寸标准，工资、奖金、福利的分配依据及比例标准等。

（二）工作分析与评价

工作分析，也称为职务分析或职位分析，是指采用一定的技术方法，全面调查和分析组织中各种职位的任务、职责等情况，并在此基础上对职位的性质和特征做出描述，对担任各种职位所需具备的资格条件做出说明。结合公司经营目标和组织结构，公司管理层要在业务分析和人员分析的基础上，明确部门职能和职位关系，人力资源部和各部门主管合作编写职位说明书，并在此基础上进行职务评价。

工作评价，也称为职务评价、职位评价或岗位评价，是指根据各种职位中所包括的技能要求、努力程度要求、职位职责要求、工作任务环境等因素来决定各种职位之间的相对价值。职位评价主要是努力用语言来表达可以感受到的各种职位之间的差别，并通过对各种职位的解释回答职位对任职者的要求。

工作评价重在解决薪酬的对内公平性问题。它有两个目的：一是比较企业内部各个职位的相对重要性，即决定每一个职位对于同一组织中其他职位而言，对组织的相对价值的大小，从而得出职位等级序列；二是为进行薪酬调查建立统一的职位评估标准，消除不同公司间由于职位名称不同或即使职位名称相同但实际工作要求和工作内容不同所导致的职位难度差异,使不同职位之间具有可比性,为确保工资的公平性奠定基础。它是工作分析的自然结果,同时又以工作说明书为依据。工作评价的方法主要有排序法、职位归类法、要素计点法、要素比较法等。

(三)薪酬调查

企业要吸引和留住员工,不但要保证企业工资制度的内在公平性,而且要保证企业工资制度的外在公平性,因此要组织力量开展薪酬调查。薪酬调查就是通过各种调查手段,来获取相关企业和本企业各职务的薪酬水平及相关信息。这些调查提供了给定岗位的最低、最高及平均工资水平,使组织能很好地了解其他公司对从事各种工作的员工支付什么样的薪酬。同时要参照同行业同地区其他企业的薪酬水平及时制定和调整本企业对应工作的薪酬水平及企业的薪酬结构,确保企业工资制度外在公平性的实现。

薪酬调查有薪酬市场调查和薪酬满意度调查。薪酬调查的结果,是根据调查数据绘制的薪酬曲线。图7-3可以直观地反映A企业和B企业的薪酬水平与市场薪酬的差别。

(四)薪资结构设计

通过工作分析、职务评价和薪酬调查,使我们确定了公司每一项工作的理论价值:工作的完成难度越大,对员工的素质要求越高,对企业的贡献越大,对企业的重要性越高。同时意味着该工作的相对价值越大,因此工作的工资率也越高。要把工作的理论工资率转移成实际工资率,还必须进行薪酬结构设计。

(五)薪酬分级与定薪

根据企业内外条件调整所得的薪酬线,为相对价值不同的所有职务确定了一个对应的薪酬值,这在理论上是很合理的。但在实际操作上,若企业中每一种职务都各有一种独特的薪酬,就会给薪酬的发放和管理带来巨大的困难和混乱。所以在实际中总是把经职务评价而获得的相对价值相近的一组职务编入同一等级,形成一个薪酬等级系列。

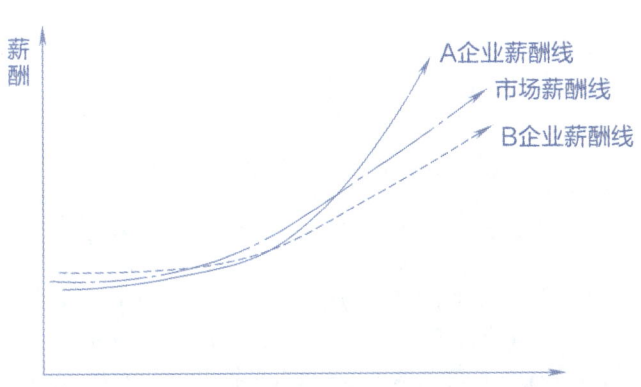

图7-3 A、B企业的薪酬水平与市场薪酬的差别

（六）薪酬体系的实施和修正

组织薪酬体系一经建立，就应该投入正常运作，并实行适当的控制与管理，使其发挥应有的功能，这是一个相当复杂的问题，也是一项长期的工作。另外要建立薪酬管理的动态机制，根据企业经营环境的变化和企业战略的调整对薪酬方案适时地进行调整，使其更好地发挥薪酬管理的功能。

在制定和实施薪酬体系过程中，及时的沟通、必要的宣传或培训是保证薪酬改革成功的因素之一。从本质意义上讲，劳动报酬是对人力资源成本与员工需求之间进行权衡的结果。为保证薪酬制度的适用性，规范化的公司都对薪酬的定期调整做了规定。世界上不存在绝对公平的薪酬方式，只存在员工是否满意的薪酬制度。人力资源部门、宣传部门应充分利用薪酬制度问答、员工座谈会、满意度调查、内部刊物甚至网络BBS论坛等形式介绍企业薪酬制定的依据、程序、内容与基本原理，鼓励和吸引员工们参与薪酬制度的建立，听取他们的质疑、建议，并认真对待，这样才能使员工们感到公平和满意，也才能赢得广大员工的理解和支持。

四、薪酬体系设计的方法

（一）薪酬策略

薪酬策略是企业的重要组成部分，是企业为了把握员工的薪酬总额、薪酬结构和薪酬形式所确立的薪酬管理导向和基本思路的方案说明或者统一意向。具体地说，薪酬策略就是对企业薪酬管理运行的目标、任务和手段的选择和组合，是企业在员工薪酬上所采取的方针策略，包括企业对员工薪酬所采取的竞争策略、公平原则、薪酬成本与预算控制方式等内容，从而确保员工对薪酬系统的基本看法，有助于配合组织经营战略的实施，促成组织和个人目标的实现。

薪酬策略是有关薪酬分配的政策和策略，是企业文化的一部分，是薪酬福利设计和管理的前提。明确薪酬策略，也就是将企业经营竞争战略转化为一系列对员工行为和工作成果产生积极影响的薪酬项目的过程。它可以帮助和引导企业通过对有效资源的利用加强其期望的员工行为和结果，为企业薪酬决策提供一个解决问题的框架，反映出企业在人力资源方面的投资策略。

企业薪酬策略的框架一般应包括薪酬水平策略、企业内部薪酬等级划分策略、薪酬组合形式、薪酬管理与控制方式，如表7-3所示。

表7-3　企业薪酬策略的框架

策略维度	维度解释	政策指向	衡量指标
薪酬水平	企业为保持外部竞争性的要求而确定的相对于其他组织或市场一般水平的薪酬水准，考虑如何以市场为导向参照竞争对手的薪酬水平进行定位	选择领先市场政策、追随市场政策或者落后市场政策，使薪酬水平符合企业发展的情况	• 薪酬政策与企业经营战略的一致性 • 竞争性人才的吸纳和流失率 • 员工满意度

续表

策略维度	维度解释	政策指向	衡量指标
企业内部薪酬等级划分	以员工完成组织目标所做的贡献大小为主要依据，确定以何种标准对员工的薪酬进行等级划分，关注企业内部不同职位之间或者不同技能员工的薪酬（包括加薪数额）对比问题	如何合理拉开从事不同工作的员工之间的收入差距；控制最高薪酬、平均薪酬与最低薪酬的倍数；确定增加员工薪酬的依据（资历、业绩还是技能）的选择	• 员工的满意度 • 员工的公平感
薪酬组合形式	考虑薪酬以何种组织形式进行发放，引导员工行为的倾向性	确定稳定部分与可变部分的比例，短期薪酬与长期薪酬的结构以及直接薪酬与间接薪酬的替代性等	薪酬对员工行为的导向与企业目标的一致性
薪酬管理与控制方式	对薪酬体系的运行状况进行监督和控制，尽量减少薪酬运行的偏差	确定控制方式，如员工参与的程度、薪酬透明程度；确定成本控制的标准	• 人力成本效益率 • 人工成本总量 • 员工满意度

1. 薪酬水平策略

薪酬水平策略实质上就是企业薪酬的外部竞争力策略，其本质在于在市场既定的薪酬水平上设定一个对公司有利的最优报酬水平。薪酬策略有三个层次的薪酬水平：第一，能够吸引并保留适当员工所必须支付的薪酬水平；第二，企业有能力支付的薪酬水平；第三，实现企业战略目标所要求的薪酬水平。

在进行薪酬水平设计时，一是要考虑市场薪酬水平；二是要考虑企业内部的一些因素：企业能够提供的薪酬总额是多少，企业内部能够接受的薪酬水平最高与最低差距是多大，企业内部是否有一个衡量岗位价值的客观标准。

常见的薪酬水平策略类型有：领先型（组织所支付的薪酬水平要高于市场平均水平），跟随型（根据市场平均水平来确定本组织的薪酬水平），滞后型（组织的薪酬水平低于当前的市场薪酬水平），混合型（组织在确定薪酬水平时，根据职位的类型或者员工的类型来分别制定不同的薪酬水平策略，而不是对所有的职位和员工均采用相同的薪酬水平定位）。

2. 薪酬结构策略

对于薪酬结构的理解，有广义和狭义之分。狭义的薪酬结构，或叫薪资结构，有时也称为薪酬组合，简单地讲是指员工薪酬的各构成项目及各自所占的比例。一个合理的组合薪酬结构应该是既有固定薪酬部分，如基本工资、岗位工资、技能或能力工资、工龄工资等，又有浮动薪酬部分，如效益工资、业绩工资、奖金等。广义的薪酬结构则包括横向结构（要素组合）和纵向结构（等级结构）。薪酬横向结构的设计包括确定不同员工的薪酬构成项目以及确定不同员工各薪酬等级的薪酬结构比例。纵向结构指的是薪酬等级设计，包括确定薪酬等级数量、确定每个薪酬等级的薪酬区间，确定相邻薪酬等级之间的重叠。

（二）薪酬策略的调整

企业的薪酬策略不应该是一成不变的，而是应该随着企业的变化、行业的变化和劳动力市场的变化而进行动态的调整。因此就应该建立一套薪酬策略动态调整的机制，使企业的薪酬策略能够保持生命力。因此，制定合理的薪酬策略并对其进行动态的调整是企业进行科学的薪酬管理的基本要求。

1．常规的调整

常规的调整是指每个企业应该建立年度薪酬策略审视的机制。在每年年末进行新一年度的薪酬预算前，首先对上一年度的薪酬状况进行分析和评估，进行员工薪酬满意度调查。了解上一年度的薪酬策略在运行过程中存在的问题，根据存在的问题进行薪酬策略的必要的调整。

2．非常规的调整

非常规的调整是指企业应该建立薪酬策略调整的预警机制。在企业的战略、组织结构发生重大变化，行业内主要竞争对手的薪酬策略发生重大变化或劳动力市场的薪酬水平发生重大变化时能进行薪酬策略的调整。其中企业的战略、组织结构的调整会导致企业的薪酬总额预算发生变化，企业内关键岗位的相对价值发生变化，这就应该相应地进行调整。但薪酬策略一般不宜频繁地发生变动。

3．工作分析与评价

工作分析是通过系统全面的情报收集手段，提供相关工作的全面信息，以便组织改善管理效率。工作分析是人力资源管理工作的基础，其分析质量对其他人力资源管理模块具有举足轻重的影响。工作分析是指对某特定的工作职位做出明确规定，并确定完成这一工作需要有什么样的行为的过程。

工作分析由两大部分组成：工作描述和工作说明书。工作描述具体说明了某一工作职位的物质特点和环境特点，主要包括职位名称、工作活动和工作程序、工作条件和物理环境、社会环境、聘用条件。工作说明书是工作识别信息、工作概要、工作职责和责任，以及任职资格的标准信息，为其他人力资源管理职能的使用提供方便。

岗位评价的基础是岗位分析，岗位分析是对企业各个岗位的设置目的、性质、任务、职责、权力、隶属关系、工作条件、工作环境以及承担该职务所需的资格条件等进行系统分析研究，并制定出岗位规范和工作说明书等文件的过程，可以采取观察法、面谈法、工作日写实法、典型事例法、问卷调查法进行。岗位评价的方法有排序法、岗位分类法、要素计点法、要素比较法等。

（1）排序法。排序法是根据总体上界定的职位的相对价值或者职位对于组织成功所做出的贡献来将职位进行从高到低的排列的一种职位评价方法。由于这种方法不将工作内容分解为组成要素，而只是根据工作职位的相对价值按高低次序进行排列，所以它也是诸多职位评价方法中最简单、最易操作的一种。排序法有直接排序法、交替排序法、配对比较排序法三种类型。

（2）岗位分类法。它是按一个假设的量表，把工作岗位划分为几个类别，每个类别常有明确的界限；根据所判断的岗位的整个价值与几种分类描述的关系，把一种工作岗位划入特定类别。简单来说，它是预先制定一套供参照用的等级标准（标尺），再将各待定级的岗位与之比照，从而确定该岗位的相应级别。分类法的操作方法类似于先构造好一个书架（总体职位分类），再对书架上的每一行中所要放的图书用一个标签（职位等级描述）来加以清晰界定，最后再把各种书籍（职位）按照相应的定义放入不同的横排中。

（3）要素计点法。要素计点法也称计点法，是一种比较复杂的量化职位评价技术。它要求首先确定组合为评价职位的价值所需要运用的若干报酬要素，然后对每一种职位中的每一个报酬要素进行等级划分和界定，并赋予不同的点值，一旦分别确定了每一个报酬要素上的点值，进行加总就可以得出该职位的总点值，最后再根据每一种职位的总点值大小对所有职位进行排序，即可完成职位评价过程。

（4）要素比较法。要素比较法是通过依据不同的薪酬要素多次对岗位排序，然后再综合考虑每一个岗位的序列等级，并得出一个加权的序列值，最终确定岗位序列。表7-4列出了四种岗位评价方法的比较。

表7-4 岗位评价方法的比较

方法	概述	实施步骤	优点	缺点	适用企业
排列法	根据各种岗位的相对价值或它们对组织的相对贡献进行排列	选择评价岗位；取得工作说明书；进行评价排序	简单方便，易于理解和操作，节约成本	评价标准宽泛；要求评价人员对每个岗位都非常熟悉；只能排列各岗位价值相对次序，无法回答岗位价值差距	适用于规模较小，生产单一，岗位设置比较少的企业
岗位分类法	将各种岗位与事先设定的一个标准进行比较来确定岗位的相对价值	岗位分析并分类；确定岗位类别数目；对各岗位级别进行定义；将被评价岗位与标准进行比较，将它们定位在合适的岗位类别中的合适级别上	简单明了，易于理解和接受，避免出现明显的判断失误	划分类别是关键；成本相对较高	适用于各岗位的差别明显的企业，或公共部门和大企业的管理岗位

续表

方法	概述	实施步骤	优点	缺点	适用企业
要素比较法	确定标尺性岗位在劳动力市场的薪酬标准，将非标尺性岗位与之相比较来确定标尺性岗位的薪酬标准	选择工作内容稳定的标尺岗位确定报酬要素；确定标尺性岗位在各报酬要素上得到的基本工资；将非标尺性岗位进行比较，确定其在各报酬要素上应得到的报酬	能够直接得到各岗位的薪酬水平	应用最不普遍；要经常做薪酬调查；成本相对较高	适用于能够随时掌握较为详细的市场薪酬标准的企业
要素计点法	选择关键评价要素和权重，将各要素划分等级，并分别赋予分值，然后对每个岗位进行估值	选择评价标准和权重；各要素划分等级并赋予分值	能够量化；可以避免主观因素对评价工作的影响；可以经常调整	设计比较复杂；对管理水平要求较高；成本相对较高	适用于生产过程复杂，岗位类别数目多，对精确度要求较高的大中型企业

4. 薪酬调查

（1）薪酬调查的内容主要包括：

①了解企业所在同行业的工资水平，是薪酬调查的一项重要内容。

②了解本地区的工资水平。不同地区因为生活费用水平、生产发展水平不同，工资水平可能差别较大。

③了解同行业、本地区企业的薪酬构成。薪酬构成调查应该是全面的，除了解基本工资、奖金、津贴外，还要了解以佣金、分红等形式出现的奖金以及福利等非货币报酬所占的比例。

④调查对象的选择最好是选择与自己有竞争关系的公司或同行业的类似公司，重点调查关键职位的薪酬状况以及员工的流失去向和招聘来源。

（2）常用的调查方式主要包括：

①企业之间相互调查。通过不同员工之间的联系进行调查。那些有着良好的对外关系的企业，比较适合采用这种方式，因为它们与同行之间有着较为紧密的合作关系，能够较为轻松地获得所需的薪酬信息。

由于我国的薪酬调查系统和服务还不完善，所以最可靠和最经济的薪酬调查渠道还是企业之间的相互调查。相关企业的人力资源管理部门可以采取联合调查的形式，共享相互之间的薪酬信息。这种相互调查是一种正式的调查，也是双方受益的调查。

②委托调查。委托调查是指委托商业性、专业性的咨询公司进行调查。尤其是当企业需要确定薪酬水平的岗位难以在类似企业中找到对等的岗位时，或者该企业属于新兴行业时。

③调查公开的信息。调查公开的信息是指调查政府公布的信息，有关的专业协会或

学术团体提供的数据，报纸、杂志、网络上的数据（仅作为参考）等。但是这些数据的特点是针对性不强，比如政府所做的薪酬调查侧重于对宏观信息的收集和调查，侧重于面而不是点；专业协会或学术团体对薪酬的调查，也不可能面面俱到，完全满足企业的需要，只能用于对宏观的把握和参考。另外，企业也不可能免费使用政府或协会、团体薪酬调查的数据，只是这些数据相对于委托调查的数据更为便宜。有些企业在发布招聘广告时，会写上薪金待遇，调查人员稍加留意就可以了解到这些信息。另外，某些城市的人才交流部门也会定期发布一些岗位的薪酬参考信息，同一岗位的薪酬信息，一般分为高、中、低三档。由于它覆盖面广、薪酬范围大，所以它对有些企业并没有意义。通过其他企业的应聘人员也可以了解一些该企业的薪酬状况。

④问卷调查。前三种方式是简单地用于薪酬调查的方法，对于少数的、规范的岗位薪酬调查是切实可行的，但是对于大量的、复杂的岗位作薪酬调查则是不可行的。事实上，20%~25%的企业是通过正式的问卷调查来实现薪酬调查目标的。具体的调查形式普遍采用的是问卷法和座谈法。

调查结束后，要尽快形成正规的薪酬调查报告，并对相关结果进行分析。薪酬调查报告的表现形式因调查目的和所采用的调查渠道不同可能存在较大差距，但一般要包含上年度的薪资增长状况、不同薪酬结构对比、不同职位和不同级别的职位薪酬数据、奖金和福利状况、长期激励措施以及未来薪酬走势分析等信息。

通过对调查结果进行统计分析得到市场薪酬线，并结合企业的薪酬战略而设计出本企业的薪酬线，如图7-4所示。薪酬线是企业薪酬结构的直观表现形式，理论上可呈现任何一种曲线形式，但实际上它们多呈向右上方倾斜的直线或曲线形式，如图7-5所示，因为它反映了企业的薪酬和职位贡献之间的一种正比关系。不同斜率的曲线代表着不同的薪酬结构，在图7-5中，A、B是直线，说明企业的工资值是严格正比于职位的相对价值，但B的斜率更大，表示该企业不同贡献职工收入差距比A大；C是更为陡直的曲线，表明随着职级升高，收入差距会越来越大，也就是说该企业更注重高级员工的激励。同理，图7-4表示企业的各职位的薪酬水平均领先于市场水平，不同职位间的收入差距也更大。

5. 薪酬结构设计

薪酬结构设计是建立在企业职位评价结果和薪酬线基础上的一个关键步骤，主要包

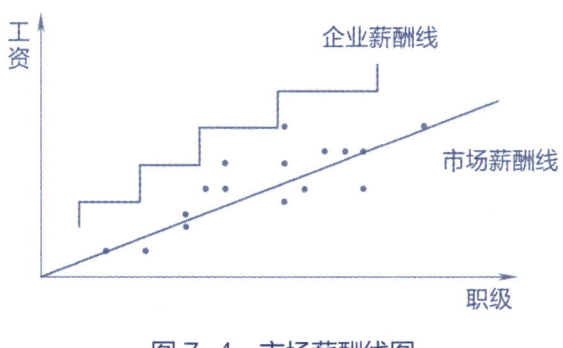

图 7-4　市场薪酬线图

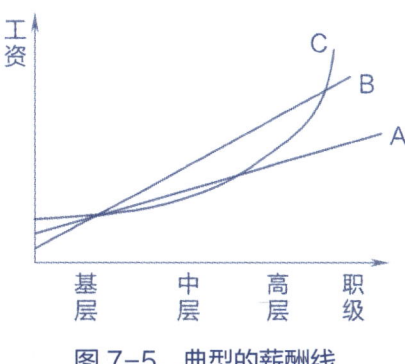

图 7-5　典型的薪酬线

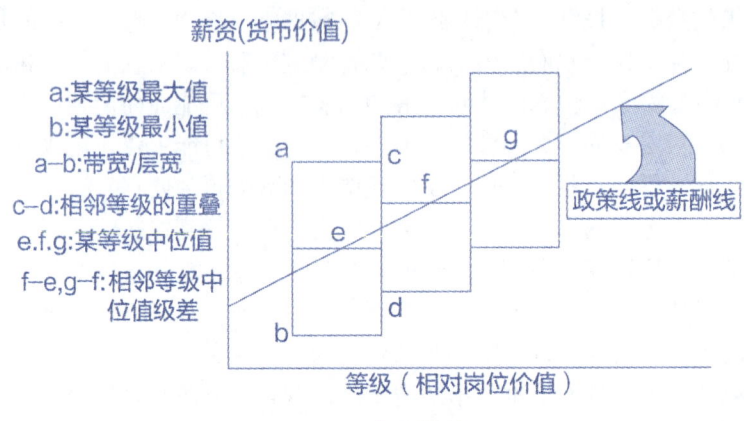

图 7-6 薪酬结构

括划分薪酬等级、明确每个薪等的薪酬区间、确定相邻薪等之间的重叠这三项工作，如图7-6所示。

在薪酬结构图中，各相关概念的内涵如下：

①薪等中位值：反映的是由市场薪酬水平和公司的薪酬策略所决定的、受过良好培训的员工在其工作达到规定标准时所得到的工资。

②中位值级差：反映了等级递进的增加率。一般说来，低等级之间级差较小，等级越高级差越大。

③薪等最大值：即薪等的上限，该等级员工可能获得的最高工资。

④薪等最小值：即薪等的下限，该等级员工可能获得的最低工资。

⑤薪酬区间：由上限和下限所决定的区间，是每一薪酬等级的级别宽度。上下限之差除以下限，即为薪等的浮动幅度。

⑥重叠度：相邻两个薪酬等级的重叠程度，常见的重叠形式如图7-7所示，分为适度重叠、大部分重叠、无重叠、有缺口等形式。重叠度与相邻两个薪等的等内浮动幅度密切相关，它们的浮动幅度越大，则重叠度越大。

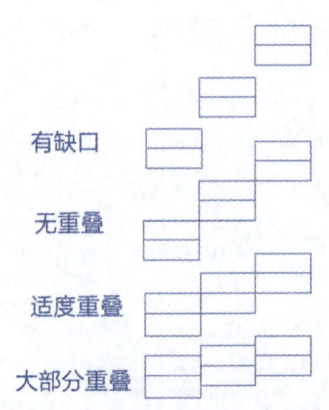

图 7-7 薪酬区间的重叠形式

第四节 核心人才的长期薪酬

核心人才是企业的关键人才,是企业效益的主要创作者,是企业发展的重要支撑。核心人才在企业发展中起着决定性作用。因此,发现并留住核心人才是人力资源管理者的重要任务。采用长期薪酬的方式,给予核心人才以优厚待遇,提升核心人才的价值,解除其后顾之忧,提高核心人才的工作积极性,对于企业的健康发展具有十分重要的意义。

一、企业核心人才

随着全球化竞争和知识经济时代的到来,人力资源日益成为企业竞争优势的基础,而核心人力资源更是成就卓越事业的关键所在。

(一)核心人才的定义

核心人才就是在企业发展过程中,通过其高超的专业素养和优秀职业经理人的操守,为企业做出或者正在做出卓越贡献的员工,或者说是因为他们的存在而弥补了企业发展过程中的某些空缺或者不足的员工。在企业中,往往是20%的人才创造了80%的效益。毫无疑问,这20%的人才算得上是企业的核心人才。在产品、技术、渠道等竞争因素趋于同质化的情况下,人才成为企业之间差异化竞争的焦点,而创造了企业80%效益的核心人才更是企业竞争的灵魂。核心人才不仅具有企业人才的特点还具有其特殊性,即核心人才具有比其他员工更强的竞争性,因此必须建立有利于人才彼此进行合作的创造性方式。

企业内的核心人才一般都掌握着其他人不可替代的知识、技术或技能。他们一般素质较高,掌握和运用着符号和概念,利用知识和信息,通过自己的创意、分析、判断、综合、设计来创造价值;掌握着一般人所不具备的知识资本,具有较强的独立性、自主性和创造性。这些高素质的核心人才,更注重实现自我价值,有强烈的表现欲,且有明确的奋斗目标。他们来到企业工作,除了获得较高的工作报酬外,更是为了发挥自己的专业特长和成就自己的事业,在追求自我价值实现的同时期望得到认可。

(二)核心人才的界定方法

(1)运用人才稀缺性和人才价值矩阵法来确定核心人力资源。这种方法从两个角度来区分:一是人才的稀缺性,指的是对手很少拥有的或者对手很难一时培养的人;二是人才的价值。从这个角度看,一个博士不一定是核心人才,因为博士创造的价值(收益)可能很高,但同时成本也可能很高。根据这两个维度,企业可以将其人力资源分为三种组合：第一种是价值很低同时稀缺性也很低的人力资源；第二种是价值很高但不稀缺的人力资源；最后一种是价值很高，也很稀缺的人力资源。一般说来，最后这种组合的人力资源是核心人才。

（2）按照管理层级或者职位层级来确定核心人力资源。一般来说，层级越高的管理者或者职位的从事者，就越有可能被看成是核心人力资源。

（3）按照业绩高低来确定核心人力资源。这种办法主要是根据员工的历史业绩和当前业绩来确定核心人才，业绩高的人就可能被认为是核心人才，业绩一般的人则被认为是一般人力资源。

二、核心人才长期薪酬类型

（一）年薪制

1. 年薪制的概念

公司制为代表的企业，通常由董事会领导下的经理阶层负责企业经营，为了避免由此造成企业效率损失，必须建立经营者的激励机制和约束机制。其中一项重要方法是通过改进经营者的年薪制，使其能有效地激励和约束经营者的行为。年薪又称年工资收入，是指以企业会计年度为时间单位计发的工资收入，主要用于公司经理、企业高级职员的收入发放，成为经营者年薪制。年薪制是一种国际上较为通用的支付企业经营者薪金的方式，它把经营者的工资收入与企业经营业绩挂钩，通常包括基本收入（基薪）和效益收入（风险收入）两部分。基本收入主要依据企业规模（如职工人数、总资产规模等）确定，在很多实行国企经营者年薪制的省份，对于基薪都设定了上限；效益收入则根据企业完成指标的情况上下浮动。目前，一些地区在效益收入中还引入了股权激励的方式，将部分效益年薪收入通过各种方式转化为企业股份，由经营者持有。

2. 年薪制的特点

（1）年薪制的针对性。年薪制适用于特定的对象，包括企业的经营管理者（包括中层和高层）和一些其他的创造性人才，比如科研人员、营销人才、软件工程师、项目管理人才等。这些人具有这样的特点：素质较高、工作性质决定了他们的工作需要较高的创造力、工作中需要更多的是激励而不是简单管理和约束、工作的价值难以在短期内体现。

（2）较长的周期。一般是以年为周期，这是和其考核相关的，对于绝大部分的年薪制适用人员，都是以企业经营年度为周期；对于一些科研人员、项目开发人员，这个周期也可能是半年、一年半、两年或其他，虽然不一定正好是一整年，但是都具有周期较长这一特点，因此也被归类为年薪制。

（3）存在一定的风险。薪酬中的很大一部分和本人的努力及企业经营好坏情况相挂钩。因此具有较大的风险和不确定性。

（4）传统的工资主要是面向过去，而年薪制在相当大的程度上是面向未来。年薪的制定不是简单地依据过去的业绩，同时更取决于接受者所具备的经营企业（或其他工作的能力和贡献潜力。对于接受年薪制的企业经营者而言，年薪制是委托人和代理人之间的一个动态合约，年薪制的目标对双方来说就是以最低的委托代理成本实现双方相对满意的委托代理收益，把委托人即企业的利益和经营者个人的利益更紧密地联系起来。

3．年薪制的实施条件

作为一种特殊的企业薪酬制度，经营者年薪制的实施需要良好的实施环境：

（1）以现代企业制度为基本的运行条件。主要包括：企业所有权与经营权的分离，以保证经营者有独立的决策经营权；实行公开招聘、优胜劣汰制度，保证经营者的高素质；以契约形式确立经营者的责权利，通过一套科学、严密、完善的监督体系和内部管理机制制衡和规范经营者行为。

（2）有科学的外在评估机制。只有对企业资产和经营状况进行准确的评估，才能决定经营者的基本薪酬和风险收入，这取决于两个条件：一是全面反映企业经营状况的指标体系；二是社会评估机构的介入。

对企业经营状况的考核，必须全面考核反映企业资产的增值保值情况、企业盈利、偿还债务和企业成长的能力，以及技术改造的投入、新产品研究开发投入以及人力资源状况。社会评估单位必须有强大的评估力量，能够公正、客观地评价企业经营状况和经营者的工作绩效。

（3）理顺经营者与出资者的关系、经营者与企业其他雇员的关系；加速和完善企业家市场，促进经营者职业化、市场化的运行机制；创造一个宽松的宏观经济环境和公平竞争的市场，使企业业绩能够与经营者的劳动付出和经营水平紧密联系在一起。

4．年薪制的具体模式

年薪制的设计一般有5种模式可以选择：

①准公务员型模式：基薪＋津贴＋养老金计划；
②一揽子型模式：单一固定数量年薪；
③非持股多元化型模式：基薪＋津贴＋风险收入（效益收入和奖金）＋养老金计划；
④持股多元化型模式：基薪＋津贴＋含股权、股票期权等形式的风险收入＋养老金计划；
⑤分配权型模式：基薪＋津贴＋以"分配权"或"分配权"期权形式体现的风险收入＋养老金计划。

（二）股票期权

1．股票期权的概念

股票期权一般是指企业在与经理人签订合同时，授予经理人未来以签订合同时约定的价格购买一定数量公司股票的权利，经理人有权在一定时期后出售这些股票，获得股票市价和行权价之间的差价。经理人的个人利益就同公司股价表现紧密地联系起来，股票期权制度是激励公司经理人员的制度。

股票期权是应用最广泛的前瞻性的激励机制，只有当公司的市场价值上升的时候，享有股票期权的人才能得益。股票期权使雇员认识到自己的工作表现直接影响到股票的价值，从而与自己的利益直接挂钩。股票期权制度则是主要以高层经理人、技术骨干等核心员工为对象的薪酬激励制度。

2. 股票期权的类型

美国会计原则委员会第25号《意见书》将股票期权按照其计划条款的不同分为典型的期权、不确定的期权、涉及次级股票的期权、股票增值权以及混合与可选择的期权五种类型。凡是在授权日就明确行权价和股票数量的，属于典型的期权；凡是在授权日尚不明确行权价或股票数量，或二者都不明确的，则为不确定的期权；凡经营者具有将一定的次级股票交换成普通股股票权利的，就是涉及次级股票的期权；凡规定经营者只能享受授权日的股价总额与行权价总额之间增值额的，即为股票增值权；而混合与可选择的股票期权，是指经营者通常可以在企业提供的多种权利中选择一种，各种权利一般会同时存在或存续的期间不同。

股票期权还可分为限制性股票期权、合格的股票期权、不合格的股票期权和激励性股票期权四种类型。限制性股票期权一般是公司以奖励的形式直接向经营者赠送股份，而经营者并不需要向公司支付什么，其限制条件在于当行权者在奖励规定的时限到期前离开公司，公司将会收回这些奖励股份。合格的股票期权一般享有税收方面的优惠，当行权者以低于市场价的价格购买公司股票时，不需要对差价部分所享有的利益交税；当行权者出售股票时，所获取的"超额利润"（购买价与市场价之差加上因股票升值所获利之和）只需按长期资本收益交税，而在欧美这种税率最高不超过20%。不合格的股票期权与合格的股票期权的区别在于，它要对购买价与市场价之差的部分在当期按当时税率缴纳所得税。激励性股票期权是为了向经营者提供激励，其形式不仅有着多样性，而且支付和行权方式也因企业不同而不同。但它一般具有税收优惠的特点，从而与合格的股票期权有某些相似性。

3. 股票期权的特征

一般股票期权具有如下几个显著特征：

①股票期权是一种权利，而不是义务，经营者可以根据情况决定购不购买公司的股票；

②这种权利是公司无偿赠送给它的经营者的，也就是说，经营者在受聘期内按协议获得这一权利，期权的内在价值表现为它的"期权价"；

③虽然股票期权和权利是公司无偿赠送的，但是与这种权利联系的公司股票却不是如此，即股票是要经营者用钱去购买的。

4. 股票期权的操作方式

股票期权的操作方式是：交易的买方与卖方经商议之后，以支付一笔约定的保证金为代价，取得在一定期限内按协议价格（公平市场价值，即签约当天的股票价格）购买或出售一定数量股票的权利,超过期限,买卖双方的合同义务自动解除。

实施股票期权(ESO)的主要做法:

(1)成立薪酬管理委员会或股票期权管理委员会。该委员会处于董事会直接管理之下,有权决定公司股票期权的授予人、授予额度、授予时间表,处理突发事件,解释股票期权计划等。然后根据公司扩股计划,在公司历次增资扩股时留出一部分普通股作为股票期权的可用股份。

(2)确定股票期权的价格、实施方式和有效期。

①股票期权的认购价可以以股票期权合同签订日前一段时间的股票平均市价为准。

②股票期权的实施有匀速法和加速法两种,匀速法即在股票期权的有效期内,每年执行等额期权的办法;加速法是指随着年数的增长,可执行期权的比例也逐年增加的方法。与匀速法相比,加速法更能使企业的长期利益得到保护。

③股票期权的有效期为合同签订后5~10年或管理者离职前。

由于管理者和中小股东之间存在着信息不对称,因此管理者行使股票期权应有一定的时间限制,而且,公司对这类买卖应予以披露。

应注意当遇到公司资本化发行、配股或分割股份时,股票期权应同比例增加。当管理者违反法律时,公司有权收回股票期权的未执行部分。当股价低于行权价时,一般不允许对股票期权重新定价。

实施股票期权计划的企业应为上市公司,这样可以使行使期权后股票出售和交易比较方便,且价格对交易有关各方都比较公道。上市公司的股票价格是股东利益的市场体现,它是一个对公司经营的各个方面都比较敏感的指标,能够综合地反映企业的经营情况,数据也容易取得。

本章小结

1. 薪酬概念具有狭义和广义之分:狭义的薪酬是指个人获得的以工资、奖金等以金钱或实物形式支付的劳动回报;广义的薪酬包括经济性报酬和非经济性报酬两个部分。
2. 依照薪酬是否取得直接的货币形式,可将薪酬分为货币性和非货币性两类;以薪酬量界定为基本依据,可将薪酬分为计时、计件和业绩薪酬;依据薪酬的发生机制,可将薪酬分为外在薪酬和内在薪酬。
3. 薪酬的功能有保障功能、激励功能、调节功能和增值功能。薪酬的支付水平定位有三种策略:领先型策略、跟随型策略和滞后型策略。
4. 国际通用的薪酬体系类型主要有职位薪酬体系、技能或能力薪酬体系和绩效薪酬体系三种。
5. 薪酬设计的原则有战略导向原则、公平原则、竞争原则、激励原则、经济原则和合法原则。
6. 薪酬策略一般应包括薪酬水平策略、企业内部薪酬等级划分策略、薪酬组合形式、薪酬管理与控制方式。

第八章 员工关系管理

教学目的

通过本章学习使学生对员工关系管理有一个全面的了解,在掌握员工关系的基本含义、性质、目的和内容的基础上,熟悉劳动关系的作用和劳动关系。

教学重点

掌握员工关系的概念、主体。对劳动关系的内容进行主要学习,熟悉劳动安全与员工健康管理。

教学难点

了解员工关系在人力资源中的作用,能够运用劳动关系的相关知识。

知识目标

掌握薪酬管理的概念、理念及薪酬策略薪酬体系设计,了解劳动安全与员工健康管理相关知识。

能力目标

掌握员工关系的概念、方法及内容,做到学以致用。

> **引导案例**

谷歌公司的福利激发创造力

美国《财富》杂志曾做过一项调查，在全球互联网企业中，谷歌是员工福利较好的公司之一。众所周知，从事信息技术产业的员工很大一部分工作是创新性的，他们承受着巨大的压力，时常需要加班、熬夜。

谷歌公司人力运营高级副总裁拉兹罗·博克介绍，谷歌公司共有约3万名员工，为了让他们保持愉悦的心情、健康的身体，使员工关系更加亲密，最大限度地激发员工的创造力，谷歌公司付出了巨大努力，包括推行高标准的员工福利政策，如免费美食、现场洗衣及改衣服务、户外运动、邀请名人演讲等。

谷歌公司为什么要提供如此丰厚的福利和待遇？谷歌公司为员工创造了什么样的工作氛围？这是很多企业高管想知道的。谷歌公司在曼哈顿的工程总监内维尔·曼宁介绍："谷歌公司的企业哲学其实很简单，其成功依赖于创新和协作，其做的一切就是让创新和协作更简单。"

谷歌公司的办公楼是一个把休闲度假和家庭风格混合的、充满轻快和温馨气息的地方。这里有开放式厨房、多功能咖啡吧、阳光房、游戏室、餐厅、艺术走廊以及按摩室、瑜伽教室、拥有多种器材的健身房等。员工们工作劳累时，就可以在这里小休片刻，让精神放松。

走进图书馆，打开书柜，员工会发现里面隐藏着更大的空间，可以在这里独自看书，不用担心他人的打扰。而当员工到了游戏厅，会发现整个游戏厅就是一个巨大的乐高玩具库，进入其中就像进入了迷宫一样。

谷歌公司的福利不仅是办公环境的人性化，还体现在个性化方面。谷歌公司让众多的软件工程师自己设计办公桌的风格。有些人不喜欢整天坐在桌子旁边，就可以站着工作；有的人在自己的办公桌旁边加了一个跑步机。谷歌公司还将女性员工开辟了婴儿室、宠物室、儿童室，女性员工上班可以带孩子。

在健康饮食方面，谷歌公司可以说是不遗余力。一日三餐免费自不必说，像各种糖果、饮料都全天提供。当然，这些食物多是健康食品。

谷歌公司的福利不仅表现在物质生活上，还表现在他们对员工文化生活的关注上，谷歌公司会经常举办各种演讲、音乐会、舞会以及其他交谊活动。

问题与思考：
（1）此案例给了我们什么启发？
（2）员工关系对企业来说有何价值？
（3）为什么要进行员工关系管理？

第一节 员工关系管理概述

一、员工关系管理的含义

随着知识经济时代的到来，人对于企业发展的作用越发凸显，企业也逐渐由以前的粗放的管理风格和管理方式转变为开始注重建立、维持和改善与员工之间的关系。特别是在现代热力资源管理出现以后，员工关系管理便作为人力资源管理系统的一个子系统而存在。我们认为员工关系管理就是企业采用各种管理手段和管理行为，来调节企业与员工、员工与员工之间的相互联系，使之良性循环和发展，以实现组织目标的过程。员工关系管理典型的职能范围包括：劳动关系管理、员工沟通、员工活动、激励、企业文化和员工关怀等。

员工关系管理可做如下定义：为保证企业及利益相关者的目标实现，对涉及组织与员工、管理者与被管理者、员工之间以及员工与客户之间的各种工作关系、利益冲突和社会关系进行协调与管理的策略、制度、体系及行为。

二、员工关系管理的性质

员工关系管理的内涵体现了其基本属性：员工关系管理是人力资源管理的一项基本职能。员工关系贯穿员工管理的各个方面，是人力资源管理的基础与核心职能之一，同时也为人力资源系统的其他管理职能，如招聘、培训、绩效管理、薪酬福利、安全健康管理等，提供和谐的员工关系的前提和保障。

1. 提倡从员工角度制定管理策略和措施

当代员工关系管理倡导劳资之间，员工与组织、团队之间的关系和利益协调，强调通过非强制性的、柔性的、激励性的方法和手段来管理员工的态度、行为及绩效。

2. 在合理的规章制度和组织规则下进行

这一职能具有鲜明的两面性：一方面为保证企业正常的工作和生活秩序，需要运用制度、规范、惩罚、争议甚至冲突等手段，约束组织成员的行为；另一方面，力图通过协调、援助关爱以及互惠合作等措施，实现对员工的权益保护和行为激励。

3. 含有"去工会化"的意图与性质

这一特点通过西方产业关系和人力资源管理实践的发展可以体会或理解到。员工关系暗含这样一个基本假设：在组织不可以通过管理者的积极努力，不可以通过有效的员工关系协调，避免和内化员工与企业之间利益的对抗与冲突；或者说企业管理者试图在现代商业环境下，通过非工会或者非外部集体性行动来满足本企业员工的利益需求和权益诉求。

三、员工关系管理的目的

企业通过与员工深入交流沟通，使企业理解并影响员工行为，最终实现提升员工忠诚度、满意率、人才稳定率等目的。客观地说，员工关系管理就是满足员工和企业双方的需求，提高企业生产力，提升员工工作质量，并使双方彼此取得经济效益为目的的一种管理过程。员工关系管理是企业增强员工凝聚力、向心力、战斗力的重要手段。融洽、和谐的员工关系能让企业形成互相帮助、协调开展工作的良好氛围，进而不断提高员工满意度。加强员工参与企业管理的意识，提高横向和纵向的沟通效率，促进团队整体工作效率与合作意识的提高，企业就能实现在市场中保持良好竞争优势的最终目的。总的来说，良好的企业员工关系具有以下三个方面的作用，如图8-1所示。

如果企业管理者不注重、不讲究员工关系精益化管理，一味地横冲直撞，那么以上三个方面的优势将因缺失而转化为劣势，这将给管理工作带来很大阻力。所以，建立和谐、友好的员工关系是管理者实现企业精益化管理目标的重要条件。

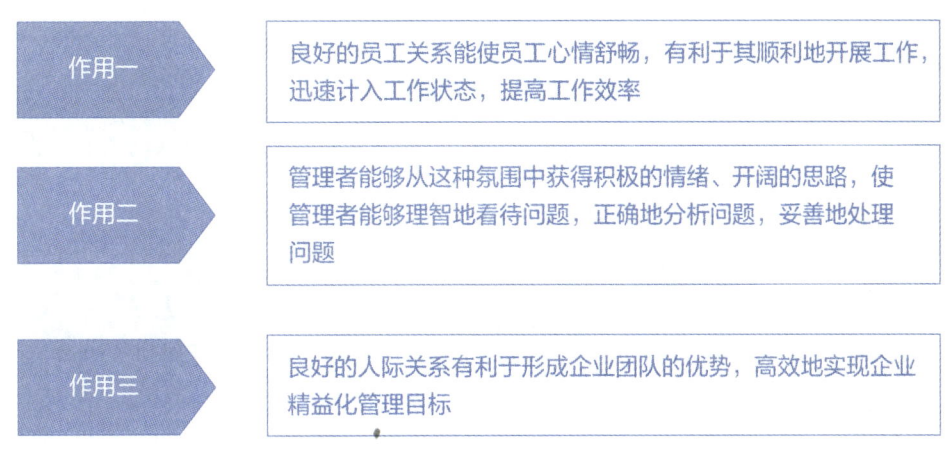

图 8-1　企业员工关系良好的作用

四、员工关系管理的内容

员工关系管理作为人力资源管理的一个子项目，将在企业里发挥其独特的管理效用。员工关系管理的内容至少应包括以下六个方面的内容，如图8-2所示。

企业内不同部门的管理者，由于管理层次的高低、工作性质的差异，能力标准也有所不同。对于企业内各个层次的管理者来说，应具备三项基本能力：业务能力、管理能力、人际关系管理能力。然而，不同层次的领导因工作任务不同，管理范围不同，被领导对象不同，对三种能力要求的水平也略有不同，各有侧重，但不论哪个层次的管理者都必须具有较高的人际关系能力。具体来说，员工关系管理需要五个角色的沟通和参与，即高层管理者、人力资源经理、直线经理、员工及员工组织，它们构成了员工关系经理的"钻石"结构，如图8-3所示。

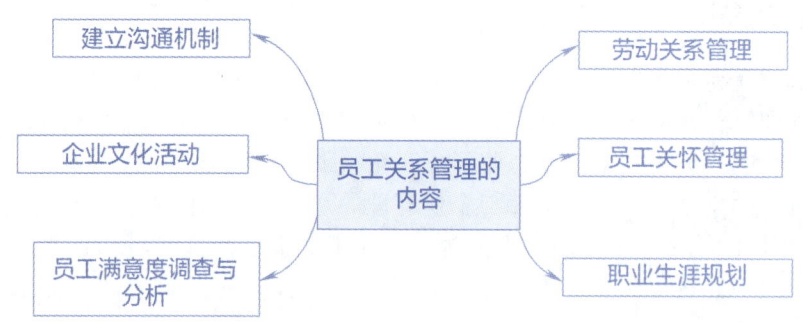

图 8-2　员工关系管理的内容

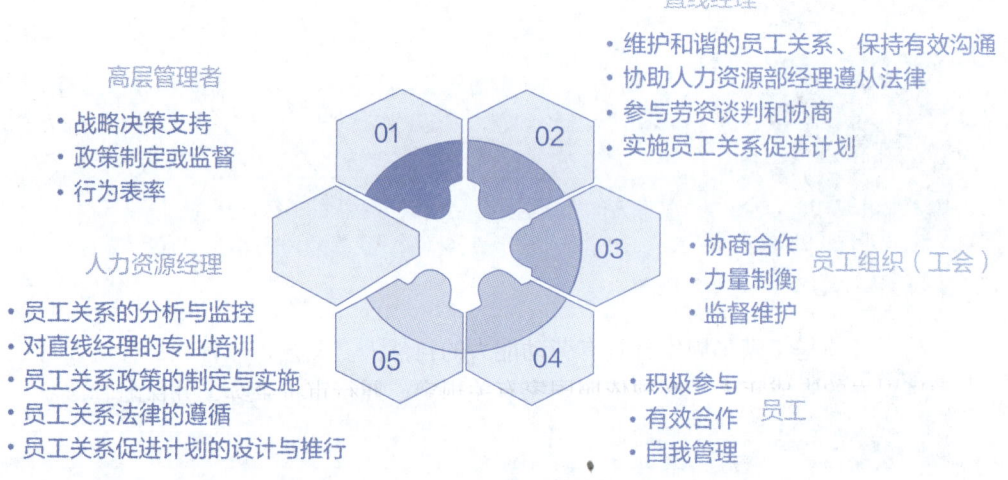

图 8-3　员工关系管理中的角色分工

第二节 劳动关系管理

一、劳动关系管理的概念

劳动关系管理主要是指传统的签订合同、解决劳动纠纷等内容。劳动关系管理是对人的管理，对人的管理是一个思想交流的过程，在这一过程中的基础环节是信息传递与交流。劳动关系管理是要通过规范化、制度化的管理，使劳动关系双方（企业与员工）的行为得到规范，权益得到保障，维护稳定和谐的劳动关系，促使企业经营稳定运行。企业劳动关系主要指企业所有者、经营管理者、普通员工和工会组织之间在企业的生产经营活动中形成的各种责、权、利关系，所有者与全体员工的关系，经营管理者与普通员工的关系，经营管理者与工人组织的关系，工人组织与职工的关系。

二、劳动关系管理的主体

劳动关系中的一方应是符合法定条件的用人单位，另一方只能是自然人，而且必须是符合劳动年龄条件，并且具有与履行劳动合同义务相适应的能力的自然人。

（一）用人单位

用人单位包括企业、个体经济组织、民办非企业单位、律师事务所、会计师事务所、基金会以及国家机关、事业单位、社会团体等。

（二）劳动者

劳动者必须是年满16周岁且具有劳动能力的自然人。文艺、体育和特种工艺单位招用未满16周岁的未成年人，必须依照国家有关规定，履行审批手续，并保障其接受义务教育的权利。劳动者不包括公务员、参公管理人员、实行聘用制的事业单位工作人员、现役军人、家庭保姆、在校学生、义工、单纯从事农业生产的农民等。

三、劳动合同

（一）劳动合同的种类

劳动合同分为固定期限劳动合同、无固定期限劳动合同和以完成一定工作任务为期限的劳动合同。无固定期限劳动合同是指用人单位与劳动者约定无确定终止时间的劳动合同。用人单位与劳动者协商一致，可以订立无固定期限劳动合同，无条件限制。有下列情形之一的，劳动者有权要求订立无固定期限劳动合同：

①劳动者在该用人单位连续工作满10年的。
②用人单位初次实行劳动合同制度或者国有企业改制重新订立劳动合同时，劳动者在该用人单位连续工作满10年且距法定退休年龄不足10年的。
③订立两次固定期限劳动合同，续订劳动合同的。

视为订立无固定期限劳动合同的情形是指用人单位自用工之日起满一年不与劳动者订立书面劳动合同的，视为用人单位与劳动者已订立无固定期限劳动合同。用人单位违反相关规定不与劳动者订立无固定期限劳动合同的，自应当订立无固定期限劳动合同之日起向劳动者每月支付两倍的工资。

（二）劳动合同的成立和效力

1. 订立书面劳动合同

劳动合同应当以书面形式订立。劳动合同应当在用工同时或者自用工之日起一个月内订立。用人单位自用工之日起超过一个月且不满一年未与劳动者订立书面劳动合同的，应当向劳动者每月支付两倍的工资并补签书面劳动合同；用人单位自用工之日起满一年不与劳动者订立书面劳动合同的，除按上述规定每月支付两倍工资外，视为用人单位与劳动者已订立无固定期限劳动合同。先订立劳动合同后用工的，劳动关系自用工之日起建立。劳动合同由劳动合同书和规章制度等附件构成，规章制度与集体合同或者劳动合同不一致的，劳动者有权请求优先适用合同约定。

2. 劳动合同的成立和生效

（1）劳动合同由用人单位与劳动者协商一致，并经用人单位与劳动者在劳动合同文本上签字或者盖章生效。

（2）无效的劳动合同的情形包括：以欺诈、胁迫的手段或者乘人之危，使对方在违背真实意思的情况下订立或者变更劳动合同的；用人单位免除自己的法定责任、排除劳动者权利的；违反法律、行政法规强制性规定的。劳动合同无效的处理类似于民事合同无效的处理。

（3）无书面形式的劳动合同形成的事实上的劳动关系。用人单位招用劳动者未订立书面劳动合同，但同时具备下列情形的，劳动关系成立：用人单位和劳动者符合法律、法规规定的主体资格；用人单位依法制定的各项劳动规章制度适用于劳动者，劳动者受用人单位的劳动管理，从事用人单位安排的有报酬的劳动；劳动者提供的劳动是用人单位业务的组成部分。

3. 告知义务

用人单位招用劳动者时，应当如实告知劳动者工作内容、工作条件、工作地点、职业危害、安全生产状况、劳动报酬以及劳动者要求了解的其他情况。用人单位有权了解劳动者与劳动合同直接相关的基本情况，劳动者应当如实说明。用人单位招用劳动者，不得扣押劳动者的居民身份证和其他证件，不得要求劳动者提供担保或者以其他名义向劳动者收取财物。用人单位违反此规定，由劳动行政部门责令限期退还劳动者本人，并以每人500元以上2000元以下的标准处以罚款；给劳动者造成损害的，用人单位应当承担赔偿责任。

（三）劳动合同的条款

（1）法定条款：①用人单位的名称、住所和法定代表人或者主要负责人；②劳动者的姓名住址和居民身份证或者其他有效身份证件号码；③劳动合同期限；④工作内容和工作地点；⑤工作时间和休息休假；⑥劳动报酬；⑦社会保险；⑧劳动保护、劳动条件和职业危害防护；⑨法律法规规定应当纳入劳动合同的其他事项。

（2）约定条款：①试用期限；②培训；③保密事项；④补充保险和福利待遇；⑤当事人协商约定的其他事项。

（3）关于试用期的强制性规定。试用期是指用人单位和劳动者在建立劳动关系时，经过平等协商，在劳动合同中约定，供双方相互了解、相互考查、相互选择的不超过法律规定时长的期限。试用期在劳动合同解除方式、工资水平等方面与正式劳动合同期间有所不同。

试用期的具体时间，应由劳动者和用人单位协商确定，但不得违反国家有关试用期最长限度的以下规定。

①劳动合同期限在三个月以上一年以下的，试用期不得超过一个月。

②劳动合同在一年以上三年以下的，试用期不得超过二个月。

③三年以上固定期限和无固定期限的合同，试用期不得超过六个月。

非全日制用工、以完成一定工作任务为期限的劳动合同、劳动合同期限不满三个月的，不得约定试用期。

同一用人单位与同一劳动者只能约定一次试用期。试用期包含在劳动合同期限内。劳动合同仅约定试用期的，试用期不成立，该期限为劳动合同期限。劳动者在试用期的工资不得低于本单位相同岗位最低档工资的80%或者不得低于劳动合同约定工资的80%，并不得低于用人单位所在地的最低工资标准。用人单位应当为试用者缴纳社会保险费。

用人单位违反规定与劳动者约定试用期的，由劳动行政部门责令改正；违法约定的试用期已经履行的，由用人单位以劳动者试用期满月工资为标准，按已经履行的超过法定试用期的期间向劳动者支付赔偿金。

（四）关于违约金的强制性规定

1. 违约金约定

除劳动者违反服务期约定和竞业限制条款外，劳动合同不得约定由劳动者承担违约金。

2. 服务期约定

用人单位为劳动者提供专项培训费用，对其进行专业技术培训的，可以与该劳动者订立协议，约定服务期。劳动者违反服务期约定的，应当按照约定向用人单位支付违约金。约定的违约金数额不得超过用人单位提供的培训费用。用人单位要求劳动者支付的违约金数额不得超过服务期尚未履行部分所应分摊的培训费用。

3. 竞业限制条款

为了保护商业秘密，防止不正当竞争，用人单位的高级管理人员、高级技术人员和其他负有保密义务的人员在竞业限制期限内按月给予劳动者经济补偿；竞业限制期限不得超过两年。劳动者违反竞业限制约定的，应当按照约定向用人单位支付违约金。

限制的范围条款主要包括时间限制、地域限制、领域限制等。例如，禁止引诱离职条款（职工离职后负有不得诱使其他知悉企业商业秘密的员工离职的义务，如果违反此义务，则应该承担相应的责任）；补偿费条款（职工负有竞业禁止的义务，企业应支付一定数额的竞业禁止补偿金，具体标准可由双方约定，可执行相关行业或地方规定）。

（五）劳动合同的解除与终止

1. 劳动合同解除的法律后果

劳动合同解除和终止后用人单位应承担的合同义务。用人单位应当在解除或者终止劳动合同时出具解除或者终止劳动合同的证明，并在15日内为劳动者办理档案和社会保险关系转移手续。劳动者应当按照双方约定，办理工作交接。用人单位依照有关规定应当向劳动者支付经济补偿的，在办结工作交接时支付。用人单位对已经解除或者终止的劳动合同的文本，至少保存两年备查。

（1）单方解除合同的法律后果。单方解除劳动合同系违反《中华人民共和国劳动合同法》的行为，用人单位或劳动者由于本身的过错造成的不履行或不适应履行合同义务，应承担相关的法律责任，即行政责任、经济责任和刑事责任。

（2）用人单位违法解除或者终止劳动合同的处理。用人单位违反法律、法规规定解除或者终止劳动合同，劳动者要求继续履行劳动合同的，用人单位应当继续履行；劳动者不要求继续履行劳动合同或者劳动合同已经不能继续履行的，用人单位应当依照经济补偿标准的两倍向劳动者支付赔偿金。

（3）劳动者违法解除劳动合同的处理。劳动者违反法律、法规规定解除劳动合同，或者违反劳动合同中约定的保密义务或竞业限制，给用人单位造成损失的，应当承担赔偿责任。用人单位招用与其他用人单位尚未解除或者终止劳动合同的劳动者，给其他用人单位造成损失的，应当承担连带赔偿责任。

2. 协商解除

用人单位与劳动者协商一致，可以解除劳动合同。协商解除劳动合同要求双方当事人具有平等的解除合同请求权；必须经双方平等、自愿、协商一致；协商解除不受约定终止合同条件的约束；由用人单位提出解除劳动合同的，用人单位必须支付补偿金。工作每满一年的，发给相当于一个月的工资补偿，最多不超过12个月；工作时间不满一年发给相当于一个月工资的经济金补偿金。劳动合同解除后，用人单位未按规定给予劳动者经济补偿的，除发给经济补偿金外，还必须按经济补偿金额的50%支付额外经济补偿金。

（1）劳动者单方解除。

①无条件的单方解除（预告解除）。劳动者提前30日以书面形式通知用人单位，可以解除劳动合同。劳动者在试用期内提前3日通知用人单位，可以解除劳动合同。

②有条件的单方解除（单位过错）。根据《中华人民共和国劳动合同法》（以下简称《劳动合同法》）第三十八条的规定，用人单位有下列情形之一的，劳动者可以解除劳动合同：

a. 未按照劳动合同约定提供劳动保护或者劳动条件的；

b. 未及时足额支付劳动报酬的；

c. 未依法为劳动者缴纳社会保险费的；

d. 用人单位的规章制度违反法律、法规的规定，损害劳动者权益的；

e. 劳动合同无效的；

f. 法律、行政法规规定劳动者可以解除劳动合同的其他情形；

g. 用人单位以暴力、威胁或者非法限制人身自由的手段强迫劳动者劳动的，或者用人单位违章指挥、强令冒险作业危及劳动者人身安全的，劳动者可以立即解除劳动合同，不需事先告知用人单位。

（2）用人单位单方解除。

①用人单位随时解除（过错性解除）。根据《劳动合同法》第三十九条的规定，劳动者有下列情形之一的，用人单位可以解除劳动合同：

a. 在试用期间被证明不符合录用条件的；

b. 严重违反用人单位的规章制度的；

c. 严重失职，营私舞弊，给用人单位造成重大损害的；

d. 劳动者同时与其他用人单位建立劳动关系，对完成本单位的工作任务造成严重影响，或者经用人单位提出，拒不改正的；

e. 劳动合同无效的；

f. 依法追究刑事责任的。

②用人单位提前通知解除（非过错性解除）。根据《劳动合同法》第四十条的规定，有下列情形之一的，用人单位提前30日以书面形式通知劳动者本人或者额外支付劳动者1个月工资后，可以解除劳动合同：

a. 劳动者患病或者非因工负伤，在规定的医疗期满后不能从事原工作，也不能从事由用人单位另行安排的工作的；

b. 劳动者不能胜任工作，经过培训或者调整工作岗位，仍不能胜任工作的；

c. 劳动合同订立时所依据的客观情况发生重大变化，致使劳动合同无法履行，经用人单位与劳动者协商，未能就变更劳动合同内容达成协议的。

（3）经济性裁员。

根据《劳动合同法》第四十一条的规定，有下列情形之一的，需要裁减人员20人以上或者裁减不足20人但占企业职工总数10%以上的，用人单位提前30日向工会或者全体职工说明情况，听取工会或者职工的意见后，裁减人员方案经向劳动行政部门报告，可以裁减人员：

①依照企业破产法规定进行重整的；
②生产经营发生严重困难的；
③企业转产、重大技术革新或者经营方式调整，经变更劳动合同后，仍需裁减人员的；
④其他因劳动合同订立时所依据的客观经济情况发生重大变化，致使劳动合同无法履行的。

裁减人员时，应当优先留用下列人员：
①与本单位订立较长期限的固定期限劳动合同的；
②与本单位订立无固定期限劳动合同的；
③家庭无其他就业人员，有需要扶养的老人或者未成年人的。

用人单位依照规定裁减人员，在6个月内重新招用人员的，应当通知被裁减的人员，并在同等条件下优先招用被裁减的人员。

（六）经济补偿、一次性安置费和经济赔偿

1. 经济补偿

根据《劳动合同法》第四十七条的规定，经济补偿按劳动者在本单位工作的年限，每满一年支付一个月工资的标准向劳动者支付。6个月以上不满一年的，按一年计算；不满6个月的，向劳动者支付半个月工资的经济补偿。劳动者月工资高于用人单位所在直辖市、设区的市级人民政府公布的本地区上年度职工月平均工资3倍的，向其支付经济补偿的标准按职工月平均工资3倍的数额支付，向其支付经济补偿的年限最高不超过12年。月工资是指劳动者在劳动合同解除或者终止前12个月的平均工资。

有下列情形之一的，用人单位应当向劳动者支付经济补偿：
①劳动者因用人单位的违法或过错解除劳动合同的；
②用人单位提出解除劳动合同并与劳动者协商一致解除劳动合同的；
③用人单位提前通知解除劳动合同的；
④用人单位经济性裁员的；
⑤劳动合同期满而终止（但劳动者不同意续订的除外）；
⑥用人单位消灭终止劳动合同的；
⑦以完成一定工作任务为期限的劳动合同因任务完成而终止的；
⑧法律、行政法规规定的其他情形。

有下列情形之一的，用人单位解除劳动合同不用支付经济补偿金：
①试用期被证明不符合录用条件的；

②严重违反用人单位的规章制度的;

③严重失职,营私舞弊,给用人单位造成重大损害的;

④劳动者同时与其他用人单位建立劳动关系,对完成本单位的工作任务造成严重影响,或者经用人单位提出,拒不改正的;

⑤以欺诈、胁迫的手段或者乘人之危,使对方在违背真实意思的情况下订立或变更劳动合同的,致使劳动合同无效;

⑥被依法追究刑事责任的。

2. 一次性安置费

一次性安置费是指国家为了支持国有企业改革和减员增效而在国务院确定的优化资本结构试点城市中实行的一项安置破产企业职工的政策,政府可根据当地的实际情况,发放一次性安置费,不再保留国有企业职工身份。一次性安置费原则按照破产企业所在市的企业职工上年平均工资收入的3倍发放,具体发放由有关人民政府规定。

经济补偿金与一次性安置费的区别如下:

(1)支付与领受的依据不同。一次性安置费是基于劳动保障的政策性规定,不属于企业的法定义务,是一项政策性措施;经济补偿金是企业的法定义务,是保障劳动者合法权益的一项法律手段。

(2)支付与领受主体不同。领取一次性安置费仅适用于国有破产企业职工;领取经济补偿金适用于所有类型的用人单位与劳动者。

(3)支付与领受主体意愿不同。支付与领受一次性安置费必须经由职工个人自愿申请并与企业达成协议后由企业支付;支付经济补偿金无需劳动者申请,用人单位负有法定的支付义务。

(4)支付与领受标准不同。领取一次性安置费的标准为不高于当地企业职工上年平均工资收入的3倍。领取经济补偿金的标准为企业正常生活情况劳动者解除劳动合同前12个月平均工资水平,每满一年发给相当于一个月工资,最多不超过12个月。工作时间6个月以上不满一年的按一年标准发给;不满6个月的向劳动者支付半个月工资的经济补偿金。

(5)支付与领受条件不同。支付及领受一次性安置费的适用对象仅为破产国有企业职工;支付及领受经济补偿金适用于各类所有制及其劳动者的解除劳动合同的情形。

(6)支付与领受形式不同。支付与领受一次性安置费属于职工自愿申请并与企业达成协议,属双方法律行为;领取经济补偿金无需职工申请。

3. 经济赔偿

经济赔偿是用人单位因违法或者违约行为造成劳动者损失的情况下给予的赔偿。经济赔偿以损失为前提,以遭受的实际损失为计算基础。

《劳动合同法》第四十八条规定:用人单位违反本法规定解除或者终止劳动合同,劳动者要求继续履行劳动合同的,用人单位应当继续履行;劳动者不要求继续履行劳动合同或者劳动合同已经不能继续履行的,用人单位应当依照本法第八十七条规定支付赔偿金。

《劳动合同法》第八十七条:"用人单位违反本法规定解除或者终止劳动合同的,应当依照本法第四十七条规定的经济补偿标准的二倍向劳动者支付赔偿金。"

《劳动合同法》第四十七条:"经济补偿按劳动者在本单位工作的年限,每满一年支付一个月工资的标准向劳动者支付。六个月以上不满一年的,按一年计算;不满六个月的,向劳动者支付半个月工资的经济补偿。劳动者月工资高于用人单位所在直辖市、设区的市级人民政府公布的本地区上年度职工月平均工资三倍的,向其支付经济补偿的标准按职工月平均工资三倍的数额支付,向其支付经济补偿的年限最高不超过十二年。本条所称月工资是指劳动者在劳动合同解除或者终止前十二个月的平均工资。"

(1)用人单位直接涉及劳动者切身利益的规章制度。用人单位直接涉及劳动者切身利益的规章制度违反法律、法规规定的,由劳动行政部门责令改正,给予警告;给劳动者造成损害的,用人单位应当承担赔偿责任。用人单位提供的劳动合同文本未载明《劳动合同法》规定的劳动合同必备条款或者用人单位未将劳动合同文本交付劳动者的,由劳动行政部门责令改正;给劳动者造成损害的,用人单位应当承担赔偿责任。

(2)用人单位自用工之日起超过一个月不满一年未与劳动者订立书面劳动合同。用人单位自用工之日起超过一个月不满一年未与劳动者订立书面劳动合同的,应当向劳动者每月支付两倍的工资。用人单位违反《劳动合同法》规定不与劳动者订立无固定期限劳动合同的,自应当订立无固定期限劳动合同之日起向劳动者每月支付两倍的工资。

(3)用人单位违反《劳动合同法》规定与劳动者约定试用期。用人单位违反《劳动合同法》规定与劳动者约定试用期的,由劳动行政部门责令改正;违法约定的试用期已经履行的,由用人单位以劳动者试用期满月工资为标准,按已经履行的超过法定试用期的期间向劳动者支付赔偿金。

(4)用人单位违反《劳动合同法》规定,扣押劳动者居民身份证等证件。用人单位违反《劳动合同法》规定,扣押劳动者居民身份证等证件的,由劳动行政部门责令限期退还劳动者本人,并依照有关法律规定给予处罚。

(5)用人单位违反《劳动合同法》规定,以担保或者其他名义向劳动者收取财物。用人单位违反《劳动合同法》规定,以担保或者其他名义向劳动者收取财物的,由劳动行政部门责令限期退还劳动者本人,并以每人500元以上2000元以下的标准处以罚款;给劳动者造成损害的,用人单位应当承担赔偿责任。劳动者依法解除或者终止劳动合同,用人单位扣押劳动者档案或者其他物品的,依照上述规定处罚。

(6)其他情形。用人单位有下列情形之一的,由劳动行政部门责令限期支付劳动报酬、加班费或者经济补偿;劳动报酬低于当地最低工资标准的,应当支付其差额部分;逾期不支付的,责令用人单位按应付金额50%以上100%以下的标准向劳动者加付赔偿金:

①未按照劳动合同的约定或者国家规定及时足额支付劳动者劳动报酬的;

②低于当地最低工资标准支付劳动者工资的;

③安排加班不支付加班费的;

④解除或者终止劳动合同,未依照规定向劳动者支付经济补偿的。

用人单位有下列情形之一的，依法给予行政处罚；构成犯罪的，依法追究刑事责任；给劳动者造成损害的，用人单位应当承担赔偿责任：

①以暴力、威胁或者非法限制人身自由的手段强迫劳动的；

②违章指挥或者强令冒险作业危及劳动者人身安全的；

③侮辱、体罚、殴打、非法搜查或者拘禁劳动者的；

④劳动条件恶劣、环境污染严重，给劳动者身心健康造成严重损害的。

用人单位违反《劳动合同法》规定，未向劳动者出具解除或者终止劳动合同的书面证明的，由劳动行政部门责令改正；给劳动者造成损害的，用人单位应当承担赔偿责任。劳动者违反《劳动合同法》规定解除劳动合同，或者违反劳动合同中约定的保密义务或者竞业限制，给用人单位造成损失的，应当承担赔偿责任。

用人单位招用与其他用人单位尚未解除或者终止劳动合同的劳动者，给其他用人单位造成损失的，应当承担连带赔偿责任。

（七）特别规定

1. 集体合同

集体合同又称团体协议、集体协议等，是指工会或职工推举的职工代表代表全体职工与用人单位依照法律、法规的规定就劳动报酬、工作条件、工作时间、休息休假、劳动安全卫生、社会保险、劳动福利等事项，在平等协商的基础上缔结的书面协议。

（1）集体合同的订立。集体合同草案应当提交职工代表大会或者全体职工讨论通过。用人单位与本单位职工签订集体合同或专项集体合同以及确定相关事宜，应当采取集体协商的方式。集体协商主要采取协商会议的形式，它比一般的民事合同订立要复杂得多，是一种高度规定化、程序化的商谈。严重违反集体谈判的程序性规范而签订的集体合同应认定为无效。集体合同由工会代表企业职工一方与用人单位订立；尚未建立工会的用人单位，由上级工会指导劳动者推举的代表与用人单位订立。集体合同订立后，应当报送劳动行政部门。劳动行政部门自收到集体合同文本之日起15日内未提出异议的，集体合同即行生效。

（2）集体合同的效力。集体合同中劳动报酬和劳动条件等标准不得低于当地人民政府规定的最低标准；用人单位与劳动者订立的劳动合同中劳动报酬和劳动条件等标准不得低于集体合同规定的标准。

（3）集体合同争议。用人单位违反集体合同，侵犯职工劳动权益的，工会可以依法要求用人单位承担责任。因履行集体合同发生争议，经协商解决不成的，工会可以依法申请仲裁、提起诉讼。集体合同处于协商争议阶段产生的纠纷，按照《集体合同规定》第五十一条的规定，集体协商争议处理实行属地管辖，具体管辖范围由省级劳动保障行政部门规定。中央管辖的企业以及跨省、自治区、直辖市用人单位因集体协商发生的争议，由劳动保障部指定的省级劳动保障行政部门组织同级工会和企业组织三方面的人员协调处理，必要时，劳动保障部也可以组织有关方面协调处理。集体合同履行阶段产生纠纷，如果是申请仲裁的，按照《工会法》第二十条第四款的规定，企业违反集体合同，侵犯职工劳动权益的，工会可以依法要求企业承担责任；因履行集体合同发生争议，经协商解决不成的，工会可以向劳动争议仲裁机构提请仲裁，仲裁机构不予受理或者对仲裁裁决不服的，可以向人民法院提起诉讼。如果提起诉讼的，则按照诉讼程序规定的诉讼管辖来执行。

2. 劳务派遣

（1）劳务派遣的概念。劳务派遣又称人力派遣、人才租赁、劳动派遣、劳动力租赁、雇员租赁，是指由劳务派遣机构与派遣劳工订立劳动合同，把劳动者派向其他用工单位，再由用工单位向派遣机构支付一笔服务费用的一种用工形式。劳动力给付的事实发生于派遣劳工与要派企业（实际用工单位）之间，要派企业向劳务派遣机构支付服务费，劳务派遣机构向劳动者支付劳动报酬。劳动合同用工是我国企业的基本用工形式。劳务派遣用工是补充形式，只能在临时性、辅助性或替代性的工作岗位上实施。用工单位应当严格控制劳务派遣用工数量，不得超过其用工总量的一定比例。

（2）劳务派遣单位。经营劳务派遣业务的法人注册资本不得少于人民币200万元，应当向劳动行政部依法申请行政许可。经许可的，依法办理相应的公司登记；未经许可的，任何单位和个人不得经营劳务派遣业务。劳务派遣单位应当与劳动者订立两年以上的固定期限劳动合同，按月支付劳动报酬。劳务派遣单位不得以非全日制用工形式招用被派遣劳动者。被派遣劳动者在无工作期间，劳务派遣单位应当按照最低工资标准向其按月支付报酬。用人单位不得设立劳务派遣单位向本单位或者所属单位派遣劳动者。

（3）用工单位。实际用工单位应当履行下列义务：

①执行国家劳动标准，提供相应的劳动条件和劳动保护；

②告知被派遣劳动者的工作要求和劳动报酬；

③支付加班费、绩效奖金，提供与工作岗位相关的福利待遇；

④对在岗被派遣劳动者进行工作岗位所必需的培训；

⑤连续用工的，实行正常的工资调整机制；

⑥用工单位不得将被派遣劳动者再派遣到其他用人单位；

⑦对被派遣劳动者与本单位同类岗位的劳动者实行相同的劳动报酬分配办法。用工单位无同类岗位劳动者的，参照用工单位所在地相同或者相近岗位劳动者的劳动报酬确定。

（4）责任。用工单位违法而给被派遣劳动者造成损害的，劳务派遣单位与用工单位承担连带赔偿责任。

3. 非全日制用工

非全日制用工属于劳动合同用工范畴，一般的非全日制用工的当事人双方是劳动者和用人单位。《劳动合同法》第九十四条规定："个人承包经营违反本法规定招用劳动者，给劳动者造成损害的，发包的组织与个人承包经营者承担连带赔偿责任。"可见，个人作为承包方聘用劳动者的，一般适用用人单位规定，即个人能够招收非全日制用工。非全日制用工双方当事人可以订立口头协议。口头形式一般适用于短期的即时结清的合同形式。对于以小时为单位的非全日制用工形式，经双方协商同意，可以订立口头劳动合同。但如果劳动者提出订立书面合同的，应以书面形式订立。劳动者可以建立多重劳动关系。非全日制用工双方当事人不得约定试用期。非全日制用工双方当事人任何一方都可以随时通知对方终止用工。终止用工，用人单位不向劳动者支付经济补偿。非全日制用工劳动报酬结算支付周期最长不得超过15日。

（八）劳动基准（劳动条件的最低标准）

1. 一般规定

标准工时是8小时/日，40小时/周，1周休息2天。企业因生产特点不能实行法定工作时间的，经与工会和劳动者协商并经劳动行政部门批准，可以实行其他工作和休息办法，如不定时工作时间和综合计算工作时间。实行综合计算工作时间的，计算周期可以周、月、季或年计算，如果综合计算周期内总实际工作时间超过总法定标准工作时间，需要支付1.5倍劳动报酬；法定休假日安排劳动者工作的，需要支付3倍劳动报酬。国家实行带薪年休假制度。职工累计工作已满1年不满10年的，年休假5天；已满10年不满20年的，年休假10天；已满20年的，年休假15天。对职工应休未休的年休假天数，单位应当按照该职工日工资收入的300%支付年休假工资报酬。

2. 加班

用人单位由于生产经营需要，经与工会和劳动者协商后可以延长工作时间，一般每日不得超过1小时；因特殊原因需要延长工作时间的，在保障劳动者身体健康的条件下延长工作时间每日不得超过3小时，但是每月不得超过36小时。

有下列情形之一的，延长工作时间不受限制：

①发生自然灾害、事故或者因其他原因，威胁劳动者生命健康和财产安全，需要紧急处理的；

②生产设备、交通运输线路、公共设施发生故障，影响生产和公众利益，必须及时抢修的；

③法律、行政法规规定的其他情形。

有下列情形之一的，用人单位应当按照下列标准支付高于劳动者正常工作时间工资的工资报酬：

①安排劳动者延长工作时间的，支付不低于工资的150%的工资报酬；

②休息日安排劳动者，工作又不能安排补休的，支付不低于工资的200%的工资报酬；

③法定休假日安排劳动者工作的，支付不低于工资的300%的工资报酬。

3. 最低工资

最低工资是指劳动者在法定工作时间内履行了正常劳动义务的前提下，由其所在单位支付的最低劳动报酬。最低工资不包括：加班工资；中班、夜班、高温、低温、井下、有毒有害等特殊工作环境条件下的津贴；国家法律、行政法规和政策规定的劳动者保险、福利待遇；用人单位通过贴补伙食、住房等支付给劳动者的非货币收入。最低工资标准一般采取月最低工资标准和小时最低工资标准的形式。月最低工资标准适用于全日制就业劳动者，小时最低工资标准适用于非全日制就业劳动者。

用人单位支付的工资不得低于当地最低工资标准。根据《中华人民共和国劳动法》的规定，最低工资具体标准应当由各省、自治区、直辖市人民政府确定。最低工资标准由省级人民政府规定，报国务院备案。

4. 女职工保护

禁止安排女职工从事矿山井下、国家规定的第四级体力劳动强度的劳动和其他禁忌从事的劳动。不得安排女职工在经期从事高处、低温、冷水作业和国家规定的第三级体力劳动强度的劳动。不得安排女职工在怀孕期间从事国家规定的第三级体力劳动强度的劳动和孕期禁忌从事的活动。对怀孕7个月以上的女职工，不得安排其延长工作时间和夜班劳动。女职工生育享受不少于90天的产假。不得安排女职工在哺乳未满一周岁的婴儿哺乳期间从事国家规定的第三级体力劳动强度的劳动和哺乳期禁忌从事的其他劳动，不得安排其延长工作时间和夜班劳动。

5. 未成年职工保护

不得安排未成年职工从事矿山井下、有毒有害、国家规定的第四级体力劳动强度的劳动和其他禁忌从事的劳动。用人单位应当对未成年职工定期进行健康检查。

（九）社会保险

国家建立了基本养老保险、基本医疗保险、工伤保险、失业保险、生育保险等。国家设立社会保险基金，按照保险类型确定资金来源，实行社会统筹。社会保险基金来源于单位和个人缴费，不足时政府补贴。社会保险待遇具有人身专属性，原则上不得继承。我国《劳动合同法》第四十九条规定："国家采取措施，建立健全劳动者社会保险关系跨地区转移接续制度。"劳动者社会保险关系跨地区转移接续制度是关于劳动者的社会保险关系在不同的地区之间流转的一项制度，其关系到劳动者的社会保险制度从一个地区转移到另外一个地区时的交接。

1. 基本养老保险

（1）参保。职工参加，单位和职工共同缴费；灵活就业人员参加，个人缴费。

（2）基本养老保险基金。基金来源于用人单位和个人缴费以及政府补贴。基金的组成是社会统筹与个人账户相结合。单位缴纳的，计入基本养老保险统筹基金；职工缴纳的，计入个人账户。灵活就业人员缴纳的，分别计入基本养老保险统筹基金和个人账户。个人账户不得提前支取，记账利率不得低于银行定期存款利率，免征利息税，个人死亡的个人账户余额可以继承。

（3）基本养老金待遇。基本养老金由统筹养老金和个人账户养老金组成。基金的领取条件是达到法定退休年龄时累计缴费满15年的，按月领取基本养老金。达到法定退休年龄时累计缴费不足15年的，可以缴费至满15年，按月领取基本养老金；也可以转入新型农村社会养老保险或者城镇居民社会养老保险，享受相应的养老保险待遇。参加基本养老保险的个人，因病或者非因工死亡的，其遗属可以领取丧葬补助金和抚恤金；在未达到法定退休年龄时因病或者非因工致残完全丧失劳动能力的，可以领取病残津贴。个人跨统筹地区就业的，其基本养老保险关系随本人转移，缴费年限累计计算。个人达到法定退休年龄时，基本养老金分段计算、统一支付。

2．基本医疗保险

（1）参保。职工参保的，单位和职工共同缴纳；灵活就业人员参保的，个人缴纳。

（2）基本医疗保险待遇。医疗费用按照国家规定从基本医疗保险基金中支付，由社会保险经办机构与医疗机构、药品经营单位直接结算。下列医疗费用不纳入基本医疗保险基金支付范围：应当从工伤保险基金中支付的；应当由第三人负担的；应当由公共卫生负担的；在境外就医的。医疗费用依法应当由第三人负担，第三人不支付或者无法确定第三人的，由基本医疗保险基金先行支付。基本医疗保险基金先行支付后，有权向第三人追偿。

3．工伤保险

（1）参保。职工参保，单位缴纳保费。

（2）工伤保险待遇。适用工伤保险的条件是职工因工作原因受到事故伤害或者患职业病，并且经工伤认定的，享受工伤保险待遇。其中，经劳动能力鉴定丧失劳动能力的，享受伤残待遇。职工因下列情形之一导致本人在工作中伤亡的，不认定为工伤：故意犯罪；醉酒或者吸毒；自残或者自杀；法律、行政法规规定的其他情形。

工伤保险基金负担的费用包括：治疗工伤的医疗费用和康复费用；住院伙食补助费；到统筹地区以外就医的交通食宿费；安装配置伤残辅助器具所需费用；生活不能自理的，经劳动能力鉴定委员会确认的生活护理费；一次性伤残补助金和一至四级伤残职工按月领取的伤残津贴；终止或者解除劳动合同时，应当享受的一次性医疗补助金；因工死亡的，其遗属领取的丧葬补助金、供养亲属抚恤金和因工死亡补助金；劳动能力鉴定费。用人单位支付的费用包括：治疗工伤期间的工资福利；五级、六级伤残职工按月领取的伤残津贴；终止或者解除劳动合同时，应当享受的一次性伤残就业补助金。停止享受工伤保险待遇的情形包括：丧失享受待遇条件的；拒不接受劳动能力鉴定的；拒绝治疗的。

（3）特殊情况的处理。单位未缴费的，由用人单位支付工伤保险待遇。用人单位不支付的，从工伤保险基金中先行支付，由用人单位偿还。用人单位不偿还的，社会保险经办机构可以追偿。第三人造成工伤，第三人不支付工伤医疗费用或者无法确定第三人的，由工伤保险基金先行支付。工伤保险基金先行支付后，有权向第三人追偿。

（4）职工非因工负伤致残的处理。企业职工非因工负伤致残和经医生或医疗机构认定患有难以治疗的疾病，在医疗期内医疗期终结，不能从事原工作，也不能从事用人单位另行安排的工作的，应由劳动鉴定委员会参照工伤与职业病残程度鉴定标准进行劳动能力鉴定。被鉴定为1～4级的，应当退出劳动岗位，终止劳动关系，办理退休、退职手续，享受退休、退职待遇；被鉴定为5～10级的，医疗期内不得解除劳动合同。

4．失业保险

（1）参保。职工参保，单位和职工共同缴费。

（2）失业保险待遇。领取失业保险金的条件（缺一不可）：失业前用人单位和本人已经缴纳失业保险费满1年的；非因本人意愿中断就业的；已经进行失业登记，并有求职要求的。领取失业保险金的最长期限是累计缴费满1年不足5年的，最长为12个月；累计缴费满5年不足10年的，最长为18个月；累计缴费10年以上的，最长为24个月。失业人员在领取失业保险金期间死亡的，向其遗属发给一次性丧葬补助金和抚恤金。所需资金从失业保险基金中支付。停止失业保险待遇的事由（任选其一）包括：重新就业的；应征服兵役的；移居境外的；享受基本养老保险待遇的；无正当理由，拒不接受当地人民政府指定部门或者机构介绍的适当工作或者提供的培训的。

5．生育保险

（1）参保。职工参保，单位缴费。

（2）生育保险待遇。生育医疗费用包括：生育的医疗费用；计划生育的医疗费用；法律、法规规定的其他项目费用。参保职工未就业配偶也可以享受生育津贴的情形包括：女职工生育享受产假；享受计划生育手术休假；法律、法规规定的其他情形。

综上所述，社会保险的构成如表8-1所示。

表8-1　社会保险的构成

	养老	医疗	工伤	失业	生育
参保对象	职工、灵活就业人员	职工、灵活就业人员	职工	职工	职工
保费缴纳	单位和职工、灵活就业人员	单位和职工、灵活就业人员	单位	单位和职工	单位

6．被派遣的劳动者的社会保险

一般情况下，劳务派遣单位按用工单位提出的被派遣的劳动者的工资基数，办理社会保险。其具体内容如下：按劳务派遣协议书中规定的相关条款，由用人单位每月向劳务派遣单位支付被派遣的劳动者的当月社会保险所需费用；劳务派遣单位为被派遣劳动者办理养老、失业、工伤、医疗和生育保险手续并依法缴纳各项保险；被派遣的劳务者个人应缴纳部分，由劳务派遣单位在发放被派遣劳动者的工资时扣缴。劳务派遣单位按规定为其被派遣人员办理企业职工基本养老保险参保手续；原已参保的被派遣人员，按接续养老关系办法办理；劳务派遣单位作为参保单位，按规定为其被派遣人员办理失业保险参保手续；当地失业保险经办机构为每个被派遣参保人办理失业保险缴费凭证；劳务派遣单位依法为其被派遣人员办理城镇职工基本医疗保险参保手续，参保职工享受相关的基本医疗政策；劳务派遣单位依照国务院发布的《工伤保险条例》为被派遣人员缴纳工伤保险费；派遣单位按有关规定为其被派遣人员办理企业职工生育保险参保手续，参保女职工依法享受生育保险待遇。

7. 非全日制用工的劳动者的社会保险

非全日制劳动者应当参加基本养老保险，原则上参照个体工商户的参保办法执行。非全日制的劳动者可以个人参保，并以待遇水平与缴费水平相挂钩的原则，享受相应的基本医疗保险待遇。用人单位应当按照国家有关规定为建立劳动关系的非全日制劳动者缴纳工伤保险费。从事非全日制工作的劳动者发生工伤，依法享受工伤待遇；被鉴定为伤残5~10级的，经劳动者与用人单位协商一致，可以一次性结算伤残待遇及有关费用。

四、劳动争议

（一）劳动争议认定

劳动争议是指劳动关系双方当事人因执行法律、法规或履行劳动合同、集体合同发生的纠纷。下列纠纷不属于劳动争议：劳动者请求社会保险经办机构发放社会保险金的纠纷；劳动者与用人单位因住房制度改革产生的公有住房转让纠纷；劳动者对伤残等级鉴定结论或职业病诊断鉴定结论有异议而与鉴定机构之间的纠纷；家庭或者个人与家政服务人员之间的纠纷；个体工匠与帮工、学徒之间的纠纷；农村承包经营户与受雇人员之间的纠纷。

（二）劳动争议调解

发生劳动争议，当事人不愿协商、协商不成或者达成和解协议后不履行的，可以向调解组织申请调解；不愿调解、调解不成或者达成调解协议后不履行的，可以向劳动争议仲裁委员会申请仲裁；对仲裁裁决不服的，除《中华人民共和国劳动争议调解仲裁法》另有规定以外，可以向人民法院提起诉讼。

发生劳动争议，当事人对自己提出的主张有责任提供证据。与争议事项有关的证据属于用人单位掌握管理的，用人单位应当提供；用人单位不提供的，应当承担不利后果。

发生劳动争议，当事人可以到下列调解组织申请调解：企业劳动争议调解委员会；依法设立的基层人民调解组织；在乡镇、街道设立的具有劳动争议调解职能的组织。企业劳动争议调解委员会由职工代表和企业代表组成。职工代表由工会成员担任或者由全体职工推举产生，企业代表由企业负责人指定。企业劳动争议调解委员会主任由工会成员或者双方推举的人员担任。

劳动争议仲裁委员会负责管辖本区域内发生的劳动争议。劳动争议由劳动合同履行地或者用人单位所在地的劳动争议仲裁委员会管辖。双方当事人分别向劳动合同履行地和用人单位所在地的劳动争议仲裁委员会申请仲裁的，由劳动合同履行地的劳动争议仲裁委员会管辖。发生劳动争议的劳动者和用人单位为劳动争议仲裁案件的双方当事人。劳务派遣单位或者用工单位与劳动者发生劳动争议的，劳务派遣单位和用工单位为共同当事人。与劳动争议案件的处理结果有利害关系的第三人，可以申请参加仲裁活动或者由劳动争议仲裁委员会通知其参加仲裁活动。当事人可以委托代理人参加仲裁活动。委托他人参加仲裁活动，应当向劳动争议仲裁委员会提交有委托人签名或者盖章的委托书，委托书应当载明委托事项和权限。丧失或者部分丧失民事行为能力的劳动者，由其法定代理人代为参加仲裁活动；无法定代理人的，由劳动争议仲裁委员会为其指定代理人。劳动者死亡的，由其近亲属或者代理人参加仲裁活动。

劳动争议仲裁公开进行，但当事人协议不公开进行或者涉及国家秘密、商业秘密和个人隐私的除外。劳动争议申请仲裁的时效期间为一年。仲裁时效期间从当事人知道或者应当知道其权利被侵害之日起计算。仲裁时效因当事人一方向对方当事人主张权利，或者向有关部门请求权利救济，或者对方当事人同意履行义务而中断。从中断时起，仲裁时效期间重新计算。因不可抗力或者有其他正当理由，当事人不能在规定的仲裁时效期间申请仲裁的，仲裁时效中止。从中止时效的原因消除之日起，仲裁时效期间继续计算。劳动关系存续期间因拖欠劳动报酬发生争议的，劳动者申请仲裁不受规定的仲裁时效期间的限制。但是，劳动关系终止的，应当自劳动关系终止之日起一年内提出。

申请人申请仲裁应当提交书面仲裁申请，并按照被申请人人数提交副本。仲裁申请书应当载明下列事项：劳动者的姓名、性别、年龄、职业、工作单位和住所，用人单位的名称、住所和法定代表人或者主要负责人的姓名、职务；仲裁请求和所根据的事实、理由；证据和证据来源、证人、姓名和住所。书写仲裁申请确有困难的，可以口头申请，由劳动争议仲裁委员会记入笔录，并告知对方当事人。

（三）劳动争议仲裁

劳动争议仲裁必须前置，未经仲裁直接起诉的，法院不予受理。一般劳动争议案件仲裁裁决，当事人不服的，可以自收到裁决书15日内起诉。特殊劳动争议案件"一裁终局"，如追索劳动报酬、工伤医疗费、经济补偿或赔偿金，不超过当地月最低工资标准12个月金额的争议；因执行国家的劳动标准在工作时间、休息休假、社会保险等方面发生的争议。对于此类案件的仲裁，劳动者不服可以起诉，用人单位不能起诉，但具备下列情形的可以申请中级人民法院撤销：

①适用法律、法规确有错误的；
②劳动争议仲裁委员会无管辖权的；
③违反法定程序的；
④裁决所采用的证据是伪造的；
⑤对方当事人隐瞒了足以影响公正裁决的证据的；
⑥仲裁员在仲裁该案时有索贿受贿、徇私舞弊、枉法裁决行为的。

第三节 劳动安全与健康管理

一、劳动安全与健康管理的意义

员工的安全与健康是企业生产力的基础。由于劳动过程中不可避免地存在着不安全、不卫生、不稳定的因素,如果在生产过程中发生事故,员工可能受伤甚至死亡;或者,员工经常生病不能及时完成工作,或者由于疲劳、心理状态不稳定等原因造成差错,势必影响企业的正常运行,给企业带来损失。因此,在以人为本的管理理念下,做好员工的安全健康管理是企业人力资源开发与管理的重要内容。要培育企业的竞争力,就必须做好员工安全健康管理,防止企业宝贵的人力资源因安全健康问题而不能充分发挥作用。

(一)员工安全与健康问题会给企业带来巨大的经济损失

据《中国青年报》报道,我国每年因安全事故造成的直接经济损失,初步测算在1000亿元以上,加上间接损失,达2000多亿元,约占GDP的25%;全国平均每天有380多人丧生于各类事故,事故大省的死亡人数增幅超过了经济增幅;特大事故仍不能有效控制,一次死亡30人以上的特别重大事故平均每年发生15起,主要集中在煤矿和道路交通;职业危害相当突出,每年新发生尘肺病患者大约1万例以上,每年因此死亡5000人左右。职业事故不但造成企业正常生产与运转的中断,给企业带来巨大的经济损失,也给受害者本人及家属带来难以弥补的痛苦和损失。

(二)加强员工的安全与健康管理可以提高企业的竞争力

企业努力创造符合职业卫生标准、安全的工作环境,保护员工的健康,就减少了由于职业事故和职业病所造成的直接经济损失和间接经济损失,既避免了职业病诊疗的开支和工伤事故所带来的损失,又保护了企业的生产力,保证了企业产品的质量和工作任务能按时完成,从而提高企业的经济效益,这也是发展生产力的根本。另外,关注员工的安全与健康,对员工的健康进行管理,可以表现企业对员工的关怀,有利于建立和谐的劳动关系,营造良好的工作环境和氛围,提高员工的工作满意度和积极性。

(三)员工的安全和健康的现状不容忽视

事实证明,职业事故和职业病是可以避免和防止的。居高不下的职业事故反映了企业对员工职业安全的重视不够。并且工伤也不是传统上定义的"危险"职业(比如建筑业和采矿业)才有的问题。实际上由于很多员工更长时间是在密封的大楼里和机械控制的办公室环境中工作,日益发展的技术经济正在引发新的健康问题,甚至新的计算机也成为导致"办公楼综合征"的元素，对头疼和鼻塞这样的症状，可将其归咎为通风不良以及由工作场所刺激物所引起的烟尘所致。此外，长期以来企业一向比较注重员工的生理健康而忽视其心理健康问题，对职业心理保健投入很少。但是员工的心理问题极大地影响着企业的绩效及个人的发展。近年来，随着全球化竞争时代的到来，经济、科技飞速发展，高科技企业迅猛发展，人们的工作、生活节奏越来越快，面临的竞争压力越来越大。在企业中，压抑、抑郁、焦虑、苦闷、不满、失眠、恐惧、无助、痛苦等不良的心理因素像幽灵一样困扰着上至管理层下至普通员工的心理，严重影响了员工的工作效率。

二、劳动安全与健康管理

（一）引发安全事故的原因

导致工作场所事故的基本原因有以下三个：偶然事件、不安全的环境和不安全的行为。偶然事件（比如正在露天工作，阳台上的花盆被风吹下来）会导致安全事故，但是或多或少超出管理的控制，所以我们将集中讨论不安全的环境和不安全的行为。

1. 不安全的环境及其他工作相关因素

不安全的环境是引发事故的一个主要原因。包括：安全设备防护不当；安全设备本身就有缺陷；危险的机械或设备操作程序；不安全的储存（挤压和超载）；照明不当（炫目或光线不足）和通风不当（通风不足和空气源不纯）。出现这样的问题的最基本的补救措施是消除或最大限度地减少不安全环境因素。

虽然事故在任何地方都有可能发生，但是有些区域的危险性更高。比如重型器械的周围；加工和搬运区域的周围；梯子以及脚手架坍塌；手工工具（如凿子和螺丝刀等）和电工设备（如延长线和吊灯等）。除了不安全的环境因素之外，还有三个工作相关因素会导致事故，那就是工作本身、工作进度和工作场所的安全心理氛围。有些工作"天生"就比较危险，如起重机操作、采矿工作等。有些工作"天生"就比较安全，比如办公室的文员。工作的进度和疲劳也影响事故率，在每个工作日开始的5~6个小时内事故率一般不会明显增加。但超过这个时间，事故率增长就会超过工作时数的增加，这部分是由于疲劳所致，部分是因为夜班期间更容易发生事故。有时候事故的发生与工作场所的心理状态有关。从对英国北海地区海上石油工人所遭受的重大事故以及类似的研究结果中，可以清楚地看到工作环境的某些心理因素为不安全的行为的产生提供了"温床"。比如企业中存在着要尽快完成工作的强大压力，处于强大压力且缺乏安全氛围（例如主管人员从来不提安全问题）之下的员工就有这样的心理因素，同样，在员工对公司有敌意、扣发工资以及生活条件很差的地方事故发生率也比较高。暂时性的压力因素，比如工作场所温度高、照明不足以及工作场地拥挤也会导致事故率上升。

2. 不安全的行为

仅仅依靠减少不安全环境因素是不可能消除事故的。人的不安全的行为，比如乱扔材料，不按安全程序进行装载或放置，或用不适当的方式混合化学物质，同样会引起安全事故。不安全的行为可以使哪怕是最成功地减少不安全环境因素的努力徒劳无功，而且遗憾的是，造成这种问题的原因何在也难以找到明确的答案。

（二）如何预防事故

1. 通过强调安全来减少不安全的行为

给员工创造安全的工作环境是企业的责任，作为管理人员必须在口头上和行动上都表明安全的重要性，例如，当员工选择安全行为的时候，及时给予表扬；以身作则，遵守各项安全规则和程序；定期视察工作场地；保持有关安全问题的沟通顺畅；创造合适的安全氛围等。

2. 通过培训来减少不安全的行为

安全培训是减少不安全行为的另一个途径，它对于新员工特别适用。培训的内容包括：安全工作的规定有哪些，安全的工作程序是怎样的。应该告诉员工哪里存在潜在的危险，并帮助员工建立安全意识。

3. 通过激励手段来减少不安全的行为

安全海报和标语有助于减少不安全的行为。某项研究表明，使用安全海报使安全行为增加了20%以上。但是安全海报和标语并不能代替全面的安全计划，企业应该将海报与其他手段结合起来减少不安全行为环境因素和行为。还有，公司的奖励计划在减少工伤事故方面也非常有效。比如有些企业一直给公司的员工发放安全奖金，对于员工完成安全表现在内的关键领域的目标的情况进行评价，然后根据其安全记录发放奖金，再比如有些小企业对于员工参加安全会议、可以识别危险或被证明其安全健康的工作能力给予认可奖。

4. 行为安全教育

行为安全教育是指确定员工造成事故的行为，然后对工人进行培训，使他们避免这些行为。例如，Tenneco公司（制造汽车排气系统）在其20个国家的制造生产场所实施了一个基于行为的安全计划。该企业从质量管理人员、培训管理人员、工程师以及生产工人中挑选出内部顾问，经过培训之后，内部顾问确定了几种关键行为（比如，眼睛注视作业、在执行作业时是否看着自己的手等）作为该公司第一个安全计划要解决的问题，然后内部顾问们进行观察，收集有关行为的数据，制订现场培训计划，让员工们学会正确地采取这些安全行为。

5. 进行安全与健康检查

根据企业的相关安全按规章制度，对所有可能引起安全与健康问题的因素进行例行检查，并对所有的安全事故和"准事故"进行调查。从管理的角度讲，最好设立专门的安全部门来评价企业的安全程度、监控安全结果和提出改进健康与安全管理的工作内容。

本章小结

1. 员工关系管理是指为保证企业及利益相关者的目标实现，对涉及组织与员工、管理者与被管理者、员工之间以及员工与客户之间的各种工作关系、利益冲突和社会关系进行协调与管理的策略、制度、体系及行为。

2. 企业劳动关系主要指企业所有者、经营管理者、普通员工和工会组织之间在企业的生产经营活动中形成的各种责、权、利关系，企业所有者与全体员工的关系，经营管理者与普通员工的关系，经营管理者与工人组织的关系，工人组织与职工的关系。

3. 劳动合同分为固定期限劳动合同、无固定期限劳动合同和以完成一定工作任务为期限的劳动合同。

4. 集体合同又称为团体协议、集体协议等，是指工会或职工推举的职工代表代表全体职工与用人单位依照法律、法规的规定就劳动报酬、工作条件、工作时间、休息休假、劳动安全卫生、社会保险、劳动福利等事项，在平等协商的基础上缔结的书面协议。

5. 劳动争议是指劳动关系双方当事人因执行法律、法规或履行劳动合同、集体合同发生的纠纷。

6. 员工健康与安全的重要意义：①员工安全与健康问题会给企业带来巨大的经济损失；②加强员工的安全与健康管理可以提高企业的竞争力；③员工的安全和健康的现状不容忽视。

7. 导致工作场所事故的基本原因有偶然事件、不安全的环境和员工的不安全的行为。

第九章
职业生涯规划管理

教学目的

通过对本章的学习，使学生熟悉职业生涯规划的内容，然后制定个人职业规划书。引导、指引个人、组织职业生涯合理化。

教学重点

熟悉职业生涯概论；掌握职业生涯管理的方法；熟悉职业生涯发展理论以及个人、组织的职业生涯管理。

教学难点

对个人的职业生涯进行规划与管理实施；将个人与组织的职业生涯规划相结合。

知识目标

掌握职业生涯的含义；了解并掌握职业生涯管理的理论知识；理解分析职业生涯管理理论的分类、方法以及如何更好地运用职业生涯规划；制定职业生涯规划。

引导案例

穿越玉米地

　　田野上,清新的风徐徐地吹着。铺展在你们眼前的,是一片果实累累的玉米地,同时,这也是一片隐藏着无数大大小小的陷阱的玉米地。今天,你们将穿越它。你和你们的对手们将要进行一场有趣的竞赛:看谁最早穿越玉米地,到达神秘的终点,同时,他手中的玉米又最多。也就是说,你穿越玉米地,要比别人更快,手里要有更多的玉米,而且要时刻保证自己的安全,这是"玉米地游戏"的三个生存要素:速度、效益和安全。你可以进行一万种以上的选择,再高明的数学大师都无法计算出这三者之间的最佳比例,或许世界上根本就不存在这样的公式。不同的状态,会产生不同的结果,而每一个最佳的方式,又因为客观环境和条件的变化而变化。穿越玉米地的过程,就是创业决策的过程,N次的选择将产生N种经营状态和结局,穿越的魅力就在这里。你为什么要穿越玉米地?当你的人生开始一场新的角逐时,在你的事业掀开新的一页之际,你曾经认真地直面过这个问题吗?而这个问题又真的有那么重要吗?有一年,一群意气风发的天之骄子从美国哈佛大学毕业了,他们即将开始穿越各自的玉米地。他们的智力、学历、环境条件都相差无几。在临出校门时,哈佛对他们进行了一次关于人生目标的调查。结果是这样的:27%的人,没有目标;60%的人,目标模糊;10%的人,有清晰但比较短期的目标;3%的人,有清晰而长远的目标。以后的25年,他们穿越玉米地。25年后,哈佛大学再次对这群学生进行了跟踪调查。结果是这样的:3%的人,25年间他们朝着一个方向不懈努力,几乎都成为了社会各界的成功人士,其中不乏行业领袖,社会精英。10%的人,他们的短期目标不断地实现,成为各个领域中的专业人士,大都生活在社会的中上层。60%的人,他们安稳地生活与工作,但都没有什么成绩,几乎都生活在社会的中下层。剩下的27%的人,他们的生活没有目标,过得很不如意,并且常常在抱怨他人、抱怨社会、抱怨这个"不肯给他们机会"的世界。其实,他们之间的差别仅仅在于:25年前,他们中的一些人知道为什么要穿越玉米地,而另一些人则不清楚或不是很清楚。目标对于成功和一个人的一生的影响有多重要,上面的故事讲得再清楚不过了。

第一节 职业生涯与职业生涯管理

职业生涯管理是近几年来从人力资源管理理论与实践中发展起来的新学科。随着相关学科的发展,职业生涯管理已逐渐形成了完整的理论架构。

职业生涯管理分为个人的职业生涯管理和组织的职业生涯管理。个人职业生涯管理是以实现个人发展的成就最大化为目的,通过对个人兴趣、个人能力和个人发展目标的有效管理,实现个人的发展愿望。组织职业生涯管理的最终目的是通过帮助员工的职业发展,以获得组织的持续发展,最终实现组织目标。组织职业生涯管理是以提高公司人力资源质量、发挥人力资源效率为目的,通过个人发展愿望与组织发展需求的结合来实现组织的发展。

一、职业生涯的内涵

生涯,广义上理解,"生"自然是与一个人的生命相联系,"涯"则有边际的含义,即指人生经历、生活道路和职业、专业、事业。目前大多数西方学者接受舒伯关于生涯的定义:生涯是生活里各种事态的演进方向和历程,它综合了人一生中的各种职业和生活角色,由此表现出个人独特的自我发展形态。英文单词"Career"在中文中也被直接翻译成"职业生涯",职业生涯是对生涯这一概念的引申。

(一) 职业生涯的概念

在一个人从出生到死亡的整个人生经历中,存在着不同的生命周期空间,有生物社会生命周期、生物生命周期、家庭生命周期和职业生涯周期。在人的生命空间中,最重要的、有决定作用的是职业生涯周期,它是人生存和发展的前提条件。而且,职业生涯周期从任职前的职业教育培训,到寻求职业、就业从业、职业转换、逐步晋升,直至完全脱离职业工作,占据了人生大部分时间,因此对个人及其家庭都有着十分重要的意义。

目前,对职业生涯的含义还没有统一的认识,不同国家的学者从不同的角度对职业生涯的内涵进行了界定。但作为一种客观存在,职业生涯有其基本含义,主要包括如下内容:

①职业生涯是个体的概念,是指个体的行为经历,而非群体或组织的行为经历。

②职业生涯是个职业的概念,实质是指一个人一生之中的职业经历或历程。

③职业生涯是个时间的概念,意指职业生涯期。职业生涯期始于最初工作之前的专门的职业学习和训练,终于完全结束或退出职业工作。实际的职业生涯期在不同个体之间差别很大,有长有短。

④职业生涯是个发展和动态的概念，意味着个人具体职业内容和职位的发展与变化。职业生涯不仅表示职业工作时间的长短，而且内含着职业变更与发展的经历和过程，包括从事何种职业，职业发展的阶段，职业的转换、晋升等具体内容。

（二）职业生涯的特性

（1）独特性。每个人都有自己的职业条件、职业理想、职业选择，有为实现自己的职业理想所做的种种努力，从而有着与别人相区别的、独特的生涯历程。

（2）发展性和阶段性。每个人的职业生涯都是一个发展、演进的动态过程，每个人的职业发展过程都有着不同的阶段。人在不同的生涯阶段有着不同的目标和任务，职业生涯的各个阶段之间具有递进性，是一个具有一定逻辑性的过程。

（3）终身性。每个人的职业生涯作为一种动态发展的历程，是根据个人在不同阶段的企业需求而不断蜕变与成长，直至终身。

（4）整合性。个人所从事的工作或职业往往会决定他的生活形态，而职业和生活二者之间很难区别，因此职业生涯涵盖人生整体发展的各个层面，而非仅仅局限于工作或职位。

（5）互动性。人的职业生涯，是个人与他人、个人与环境、个人与社会互动的结果。人的"自我"观念、人的主观能动性、个人所掌握的社会职业信息和职业决策技术，对于其职业生涯有着重要的影响。

二、职业生涯管理

（一）职业生涯管理的概念

所谓的职业生涯管理是通过分析、评价员工的能力、兴趣、价值观等，确定双方能够接受的职业生涯目标，并通过培训、工作轮换、丰富工作经验等一系列措施，逐步实现员工职业生涯目标的过程。

职业生涯管理主要包括两种：一是组织职业生涯管理，是指由组织实施的、旨在开发员工的潜力、留住员工、使员工能自我实现的一系列管理方法。二是自我职业生涯管理，是指社会行动者在职业生命周期（从进入劳动力市场到退出劳动力市场）的全程中，由职业发展计划、职业策略、职业进入、职业变动和职业位置的一系列变量构成。

（二）职业生涯管理的作用

传统的观点认为职业生涯管理的主要权利和责任在于个人，应当由员工个人来负责计划安排自己的职业生涯。职业生涯是员工个人而非组织的事，所以强调职业生涯发展的自我管理。现代职业生涯管理观点认为，个人与组织在员工职业生涯管理中各负其责，具有不可分割的互动关系。因为成功的职业生涯发展是员工个人特点与组织特点相适应的结果，它可以使员工和组织双赢。对于员工个人来说，通过职业生涯管理，可以获得组织内部有关工作机会的信息，确定职业发展目标，制订行动计划，以实现职业发展目标，有利于自我价值的实现和超越。对于组织而言，除了通过职业生涯管理获得业绩的提升外，还可以防止组织在出现职位空缺时找不到合适的员工来填补，防止员工对组织忠诚度的下降，防止在使用培训和开发项目资金时缺乏针对性。更为重要的是，通过职业生涯管理，组织可以帮助员工管理好职业生涯，从而激发员工高昂的职业动机，引导和维持其积极的职业行为。

第二节 职业生涯管理理论

每个人的职业生涯都要经历许多阶段，只有了解不同阶段的特征、知识水平要求和各种职业偏好，才能更好地促进个人的职业生涯发展。

职业生涯管理理论可以分为静态研究和动态研究两个方面。前者分析人职匹配，即个人特征与岗位的匹配，即职业决定理论；后者研究职业生涯的发展，即职业发展理论。

一、职业决定理论

（一）职业性向理论

美国心理学教授约翰·霍兰德认为，职业性向包括价值观、动机和需要等，是决定一个人职业选择的重要因素。约翰·霍兰德基于自己对职业性向的测试研究，一共发现了6种基本的人格类型或性向。

（1）实际型。具有这种性向的人会被吸引去从事那些包含着体力活动并且需要一定的技巧、力量和协调性才能承担的职业。这些职业包括森林工人、耕作工人以及农场主等。

（2）研究型。具有这种性向的人会被吸引去从事那些包含着较多认知活动（思考、组织、理解等）的职业，而不是那些以感知活动（感觉、反应或人际沟通以及情感等）为主要内容的职业。这类职业包括生物学家、化学家以及大学教授等。

（3）社会型。具有这种性向的人会被吸引去从事那些包含着大量人际交往内容的职业而不是那些包含着大量智力活动或体力活动的职业。这种职业如诊所的心理医生、外交工作者以及社会工作者等。

（4）常规型。具有这种性向的人会被吸引去从事那些包含着大量结构性的且规则较为固定的活动的职业。在这些职业中，雇员个人的需要往往要服从于组织的需要。这类职业包括会计、银行职员等。

（5）企业型。具有这种性向的人会被吸引去从事那些包含着大量以影响他人为目的的语言活动的职业。这类职业包括管理人员、律师以及公共关系管理者等。

（6）艺术型。具有这种性向的人会被吸引去从事那些包含着大量自我表现、艺术创造、情感表达以及个性化活动的职业。这类职业包括艺术家、广告制作者以及音乐家等。

霍兰德的6种人格类型及相应的职业如表9-1所示。

表9-1　霍兰德的6种人格类型及相应的代表性职业

人格类型	人格特点	职业兴趣	代表性职业
实际型	真诚坦率 重视现实 讲求实际 有坚持性、实践性、稳定性	手工技巧、机械、农业、电子技术	机器操作者、飞行员、农民、卡车司机、木工及工程技术人员等
研究型	好奇的、理想的、内向的、有推理能力的	科学、数学	物理学家、人类学家、化学家、数学家、生物学家及各类研究人员等
艺术型	感情丰富的、理想主义的、富有想象力的、易冲动的、有主见的、直觉的、情绪性的	语言、艺术、音乐、戏剧、书法	诗人、艺术家、小说家、音乐家、雕刻家、剧作家、作曲家、导演及画家等
社会型	富有合作精神的、友好的、肯帮助人的、和善的、爱社交和易了解的	与人有关的事：人际关系的技巧教育	临床心理学家、咨询者、传教士、教师及社交联络员等
企业型	喜欢冒险的、有雄心壮志的、精神饱满的、乐观的、自信的、健谈的	领导、人际关系的技巧	经理、汽车推销员、政治家、律师、采购员及各级行政领导者等
常规型	谨慎的、有效的、无灵活性的、服从的、守秩序的、能自我控制的	办公室工作、营业系统的工作等	出纳员、统计员、图书管理员、行政管理助理及邮局职员等

然而，大多数人实际上都并非只有一种性向（比如，一个人的性向中很可能是同时包含着社会性向、实际性向和研究性向这三种性向）。霍兰德认为，这些性向越相似，相容性越强，则一个人在选择职业时所面临的内在冲突和犹豫就会越少。为了便于描述这种情况，霍兰德建议将这6种性向分别放在正六角形的每一个角上，如图9-1所示。

此图形一共有六个角，每一个角代表一个职业性向。根据霍兰德的研究，图9-1中的两种性向越接近，则它们的相容性就越高。霍兰德相信，如果某人的两种性向是紧挨着的话，那么他将会很容易选定一种职业。然而，如果此人的性向是相互对立的（比如同时具有实际性向和社会性向的话），那么他在进行职业选择时将会面临较多的犹豫不决的情况，这是因为多种兴趣将驱使他在多种完全不同的职业之间去进行选择。

霍兰德还设计了职业性向测验量表，通过回答问卷内容，测定个人的人格类型。

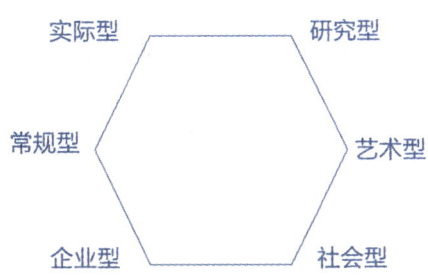

图 9-1　职业性向及职业类型分类

并且还有很详细地对照表解释测量结果,可以从表中找到与不同人格类型相匹配的工作。霍兰德设计的测量表得到了广泛认可,将其运用到职业生涯规划方面,可发挥重要作用。

(二)职业分类方法

职业分类方法在职业指导领域,除了霍兰德的职业分类方法外,主要还有以下3种分类法:

(1) 兴趣分类法。这一方法与人的活动兴趣相联系,把职业划分为户外型、机械型、计算型、科研型、说服型、艺术型、文学型、音乐型、服务型、文秘型10种。

(2) 教育学科分类法。这一方法把专业大类分为人文科学、社会科学、理科、工科、农学、医科、家政、教育、艺术、体育10种,职业则与之近似和相关。

(3) DPTI分类法。这一方法把职业分为与资料打交道为主的工作(D)、与人打交道为主的工作(P)和与事物打交道为主的工作(T)3种。有的学者还增加了"思维性工作"(I)的内容,这一方法,称为DPTI分类法。

(三)职业锚理论

职业锚的概念是由施恩教授提出来的。施恩所说的"职业锚"一词中的"锚"的含义,实际上就是人们选择和发展自己的职业所围绕的中心,是指当一个人不得不做出职业选择的时候,他无论如何都不愿意放弃的职业中至关重要的东西或价值观。具体来说,是指个人进入早期工作情境后,由实际工作经验所决定,并在经验中与自身的动机、需要、价值观、才干相符合,达到自我满足和补偿的一种长期稳定的职业定位。职业锚的核心内容是职业自我观。主要包含以下内容:

①自省的才干和能力,以多种作业环境中的实际成功为基础;

②自省的动机和需要,以实际环境中的自我测试和自我诊断的机会,以及他人的反馈为基础;

③自省的态度和价值,以自我与雇用组织和工作环境的准则和价值观之间的实际遭遇为基础。

施恩根据自己的研究,总结出了五种类型的职业锚:技术职能型职业锚、管理能力型职业锚、安全稳定型职业锚、创造型职业锚和自主型职业锚。

职业锚有助于识别个人的职业抱负模式和职业成功标准；能够促进员工预期心理契约的发展，有利于个人与组织稳固地相互接纳；能增长职业工作经验，增强个人职业技能，提高劳动生产率和工作效率；早期职业锚还可为员工中后期的职业生涯发展奠定基础。

二、职业发展理论

任何一个员工的职业发展都是由不同的阶段构成的，从而形成其特定的职业周期。职业生涯发展理论就是从动态角度研究人的职业行为、职业发展阶段的。职业生涯发展理论对职业指导理论和实践的贡献主要表现在：职业选择并不是个人面临择业时所出现的单一事件，它是一个过程。职业选择和职业发展在个人生活中是一个长期的、连续的过程。同样，人的职业选择心理在童年时期就已经产生了，随着个人的年龄、教育、经验及社会环境等因素的变化，人们的职业心理也会发生变化。因而，可以把一个人的职业发展分为连续的几个阶段，每个阶段都有自己的特征和相应的职业发展任务。对个人而言，如果前一阶段的职业发展任务不能顺利完成，就会影响后一阶段的职业成熟，导致最后职业选择时发生障碍。根据发展理论的观点，由于人的职业发展贯穿于人的一生，职业指导也是一个系统而长期的过程，职业指导应根据人的不同职业发展阶段实行不同方式和内容的指导。该理论的代表人物有萨帕、金兹伯格、格林豪斯和施恩。

1. 金兹伯格的职业生涯发展理论

金兹伯格是职业发展理论的先驱。1949年，金兹伯格及其同事首次提出了他们的职业选择理论的要点。1951年其专著《职业选择》问世。在这本书中，提出了他们职业选择理论的基本观点。

职业选择是一个发展过程，它不是一个单一的决定，而是一个人在一段时间里做出的一系列决定。而且在这个过程中，前后步骤之间有着一种有意义的联系。这个职业选择过程大部分是不可逆转的，因为在这个过程中做出的每一个决定都依赖于个人的年龄和发展。这个过程以一种折中的方式结束。一系列内外部因素影响个人的决定，一个人必须在影响择业的主要因素（兴趣、能力和现实机会）之间取得平衡。

金兹伯格把人的职业选择心理的发展，分为3个主要时期：幻想期（11岁以前）、尝试期（11~17岁）和现实期（18岁以后）。

幻想期：处于11岁之前的儿童时期。儿童们对大千世界，特别是对于他们所看到或接触到的各类职业工作，充满了新奇、好玩的感觉。此时期职业需求的特点是：单纯凭自己的兴趣爱好，不考虑自身的条件、能力水平和社会需要与机遇，完全处于幻想之中。

尝试期：11~17岁，这是由少年儿童向青年过渡的时期。从此时起，人们的生理和心理在迅速成长、发育和变化，有独立的意识，价值观念开始形成，知识和能力显著增长和增强，初步懂得社会生活和生活经验。在职业需求上呈现出的特点是：有职业兴趣，并能客观地审视自身各方面的条件和能力；开始注意职业角色的社会地位、社会意义，以及社会对该职业的需要。但此时，由于长期处于学校学习，对社会、对职业的理解还不全面，对职业主要考虑的还是个人的兴趣，具有理想主义色彩。

金兹伯格又把尝试期分为4个子阶段。

兴趣子阶段：开始注意并培养其对某些职业的兴趣，期盼着将来从事某些职业。

能力子阶段：不仅仅考虑个人的兴趣，同时也注意到个人能力与职业的关系，注重衡量自己的能力，并积极参加各种相关的职业活动，以检验自己的能力。

价值观子阶段：个人的职业价值观逐步形成，能兼顾个人与社会的需要，以职业的价值性选择职业。

综合子阶段：将上述3个阶段的职业相关资料综合考虑，以正确判定未来的职业生涯发展方向。

金兹伯格对人的早期职业生涯的发展做了精心的研究和独到、具体的分析。但由于他是以美国中产阶级的子女作为自己的研究对象，因而其具体的时期和阶段划分不一定符合其他阶层和文化背景的年轻人。但撇开具体年龄阶段的划分不谈，金兹伯格对一个人职业选择心理发展过程的研究还是具有相当的合理性和科学性的。而且，值得一提的是，他虽然着重研究的是一个人的早期职业发展，但并没有因此而否认职业选择的长期性。他认为对于那些从工作中寻求主要满足感的人来说，职业选择是一个终生的决策过程，是他们不断地重新评价如何能够改进自己正在变化的职业目标和工作现实之间的配合。

2. 萨帕的职业生涯发展理论

萨帕是职业发展研究领域中最具权威性的人物，他经过20多年的大量实验研究，提出了一套完整的职业发展阶段模式。这是他对职业发展研究的最主要的贡献，也是其理论最有影响的部分。他把人的职业发展划分为5个大的阶段：成长阶段、探索阶段、建立阶段、维持阶段和衰退阶段。

（1）成长阶段，属于认知阶段。

大体上可以界定为从0~14岁这一年龄段上。在这一阶段，个人通过对家庭成员、老师、朋友的认同及相互作用，逐步建立起自我概念，并经历对职业从好奇、幻想到兴趣，再到有意识培养职业能力的逐步成长过程。萨帕将这一阶段具体分为三个成长期。

①幻想期（10岁之前）：儿童从外界感知到许多职业，对于自己觉得好玩和喜爱的职业充满幻想，并进行模仿。

②兴趣期（11~12岁）：以兴趣为中心，理解、评价职业，开始做职业选择。

③能力期（13~14岁）：开始考虑自身条件与喜爱的职业是否相符，有意识地进行能力培养。

（2）探索阶段，属于学习打基础阶段。

大体上发生在15~24岁这一年龄段上。这一阶段个人将认真地探索各种可能的职业选择，对自己的能力和天资进行现实性评价，并根据未来的职业选择做出相应的教育决策，完成择业及初就业。具体可分为3个时期。

①试验期（15~17岁）：综合认识和考虑自己的兴趣、能力与职业社会价值、就业机会，开始对未来职业进行尝试性选择。

②转变期（18~21岁）：正式进入劳动力市场，或者接受专门的职业培训，由一般性的职业选择转变为特定目标的选择。

③尝试期（22~24岁）：选定工作领域，开始从事某种职业，对职业发展目标的可行性进行实验。

（3）确立阶段，属于选择、安置阶段。

一般为25~44岁这一年龄段。经过早期的试探与尝试后，最终确立稳定职业，并谋求发展的阶段。这一阶段是大多数人职业生涯周期中的核心部分，一般又经过3个时期。

①尝试期（25~30岁）：对初就业选定的职业和目标进行检讨，如有问题则需重新选择、变换职业工作。重点是寻求职业及生活上的稳定。

②稳定期（31~44岁）：最终确立稳定的职业目标，并致力于实现这些目标。

③职业中期危机阶段：在30~40岁中的某一时期可能会发现自己并没有朝着自己的职业目标靠近或发现了新的目标，因而需重新评价自己的需求和目标，处于一个转折期。

（4）维持阶段，属于升迁和专精阶段。

此阶段在45~64岁这一年龄段上。这一阶段的劳动者长时间在某一职业上工作，在该领域已具有一席之地，一般已达到常言所说的"功成名就"情景，不再考虑变换职业，只力求保住这一位置，维持已经取得的成就和社会地位。重点是维持家庭和工作间的和谐关系，传承工作经验，寻求接替人选。

（5）衰退阶段，属于退休阶段。

人达到65岁以上，其健康状况和工作能力逐步衰退，即将退出工作，结束职业生涯。因此，这一阶段要学会接受权利和责任的减少，学习接受一种新的角色，适应退休后的生活，以减轻身心的衰退，维持生命力。

萨帕的职业发展理论系统性极强，具有相当大的合理性。它既是职业指导理论发展史中的里程碑，同时又吸取了已有理论的合理之处，因而涵盖面较广。萨帕的发展理论基本上是一种心理学理论，其关注焦点是选择和配合个人，但它也是一种社会理论，注意到了社会因素对职业选择和职业发展的影响。它把人职的匹配和发展、制约择业的心理因素和社会因素（尽管论述得不够）有机地结合在一起，符合职业选择和职业指导的一般过程。而且萨帕提出的人生职业发展阶段模式具有重要的实践意义，为职业指导计划奠定了科学基础。职业指导人员可以依据被指导人不同的职业发展阶段和特征，进行不同重点的指导。目前，西方国家从幼儿园到十二年级的职业指导计划，基本上是以萨帕的职业发展阶段模式为基础的。

3. 格林豪斯的职业生涯发展理论

金兹伯格和萨帕是从人生不同年龄对职业的需求与态度来研究职业发展过程、划分职业生涯阶段。格林豪斯与之不同，他研究人生不同年龄段职业发展的主要任务，并以此将职业生涯发展划分为5个阶段：

（1）职业准备（典型年龄段为0~18岁）。主要任务是发展职业想象力，对职业进行评估和选择，接受必需的职业教育。

（2）进入组织（18~25岁）。主要任务是在一个理想的组织中获得一份工作，在获取足量信息的基础上，尽量选择一种合适的、较为满意的职业。

（3）职业生涯初期（25~40岁）。学习职业技术，提高工作能力；了解和学习组织纪律和规范，逐步适应职业工作，适应和融入组织；为未来职业成功做好准备。这是该期的主要任务。

（4）职业生涯中期（40~50岁）。主要任务是需要对早期职业生涯重新评估，强化或转变自己的职业理想；选定职业，努力工作，有所成就。

（5）职业生涯后期（55岁直至退休）。继续保持已有的职业成就，维护自尊，准备引退，是这一阶段的主要任务。

4. 施恩的职业生涯发展理论

美国著名的心理学家和职业管理学家施恩根据人的生命周期的特点及不同年龄阶段所面临的问题和职业工作主要任务，将职业生涯分为9个阶段：

（1）成长、幻想和探索阶段。一般0~21岁处于这一职业发展阶段。主要任务：发展和发现自己的需要和兴趣，发展和发现自己的能力和才干，为进行实际的职业选择打好基础；学习职业方面的知识，寻找现实的角色模式，获取丰富信息，发展和发现自己的价值观、动机和抱负，做出合理的受教育决策，将幼年的职业幻想变为可操作的现实；接受教育和培训，开发工作世界中所需要的基本习惯和技能。在这一阶段所充当的角色是学生、职业工作的候选人、申请者。

（2）进入工作世界。16~25岁的人处于该阶段。首先，进入劳动力市场，谋取可能成为一种职业基础的第一项工作；其次，个人和雇主之间达成正式可行的契约，个人成为一个组织或一种职业的成员，充当的角色是应聘者、新学员。

（3）基础培训。处于该阶段的年龄段16~25岁。与上面正在进入职业工作或组织阶段不同，要担当实习生、新手的角色。也就是说，已经迈进职业或组织的大门。此时主要任务一是了解、熟悉组织，接受组织文化，融入工作群体，尽快取得组织成员资格，成为一名有效的成员；二是适应日常的操作程序，应付工作。

（4）早期职业的正式成员资格。此阶段的年龄为17~30岁，取得组织新的正式成员资格。面临的主要任务：承担责任，成功地履行与第一次工作分配有关的任务；发展和展示自己的技能和专长，为提升或进入其他领域的横向职业成长打基础；根据自身才干和价值观，根据组织中的机会和约束，重估当初追求的职业，决定是否留在这个组织或职业中，或者在自己的需要、组织约束和机会之间寻找一种更好的配合。

（5）职业中期。处于职业中期的正式成员，年龄一般在25岁以上。主要任务：选定一项专业或进入管理部门；保持技术竞争力，在自己选择的专业或管理领域内继续学习，力争成为一名专家或职业能手；承担较大责任，确立自己的地位；开发个人的长期职业计划。

（6）职业中期危险阶段。处于这一阶段的是35~45岁。主要任务：现实地估价自己的进步、职业抱负及个人前途；就接受现状或者争取看得见的前途做出具体选择；建立与他人的良师关系。

（7）职业后期。从40岁以后直到退休，可说是处于职业后期阶段。此时的职业状况或任务：成为一名良师，学会发挥影响，指导、指挥别人，对他人承担责任；扩大、发展、深化技能，或者提高才干，以担负更大范围、更重大的责任；如果求安稳，就此停滞，则要接受和正视自己影响力和挑战能力的下降。

（8）衰退和离职阶段。一般在40岁之后到退休期间，不同的人在不同的年龄会衰退或离职。此间主要的职业任务：一是学会接受权力、责任、地位的下降；二是基于竞争力和进取心下降，要学会接受和发展新的角色；三是评估自己的职业生涯，着手退休。

（9）离开组织或职业退休。在失去工作或组织角色之后，面临两大问题或任务：保持一种认同感，适应角色、生活方式和生活标准的急剧变化；保持一种自我价值观，运用自己积累的经验和智慧，以各种资源角色，对他人进行传帮带。

需要指出的是，施恩虽然基本依照年龄增长顺序划分职业发展阶段，但并未囿于此，其阶段划分更多地根据职业状态、任务、职业行为的重要性。例如，职业中期本是人生职业经历中一个大的阶段，但是施恩又专门划出一个职业中期危险阶段，因为35~45岁正是关乎一个人职业命运和前途的关键时期。正是因为施恩教授划分职业周期阶段是依据职业状态和职业行为及发展过程的重要性，又因为每个人经历某一职业阶段的年龄有别，所以他只给出一个大致的年龄跨度，并在职业阶段上与所示年龄有所交叉。

上述几种关于职业发展的理论和职业生涯阶段的划分，各有侧重，各有千秋，但都认为各个阶段是相互联系的，前一阶段的发展情况关系到下一个阶段的职业发展状况，并以"职业成熟"来评判人员的职业成功程度。虽然对个人而言，这些理论过于笼统，无法直接进行各项决策，但它为以后蓬勃兴起的职业管理和职业指导体系的建立奠定了良好的基础。

第三节 个人职业生涯规划

一、个人职业生涯规划的定义

个人职业生涯规划，是指员工个人筹划其人生的工作过程，或者说是设计自己的职业生涯，策划如何度过职业生命周期的规划。职业生涯规划按照时间的长短来分类，可分为人生规划、长期规划、中期规划与短期规划四种类型，如表9-2所示。

表9-2 个人职业生涯规划的类型

类型	定义及任务
人生规划	整个职业生涯的规划,时间长至40年左右,设定整个人生的发展目标,如规划成为一个有数亿资产的组织董事
长期规划	5~10年的规划,主要设定较长远的目标,如规划30岁时成为一家中型组织的部门经理,规划40岁时成为一家大型组织副总经理等
中期规划	一般为2~5年内的目标与任务,如规划到不同业务部门做经理,规划从大型组织部门经理到小组织做总经理等
短期规划	2年以内的规划,主要是确定近期目标,规划近期完成的任务,如对专业知识的学习,2年内掌握哪些业务知识等

● 健康小贴士 ●

1. 学会主动学习

不再被动接受外界安排的学习计划,而是根据自己的事业规划以及社会所提供的学习条件为自己制订个人学习计划,达到自己所希望的学习水平。

2. 学会独立思考

不再满足接受现成的知识、结论,而是要培养创新思维,形成自己对世界、社会和人生的思考。为此,要善于总结适合自己的学习方法,培养自学能力,并学会掌握和利用现代信息技术,积极参与有关的学术活动,扩大职业生涯视野,养成独立学习和思考问题的习惯。

3. 促进全面发展

学会合理安排作息时间,有效使用闲暇时间,积极参加健康的文娱体育活动,培养广泛的生活情趣和文化修养,形成正确的生活价值观念,促进自我在德、智、体、美诸方面的全面发展。

4. 学会心理调节

正确认识自我心理矛盾的发展过程,学习心理自我调节和求助的方法,保持自信、自主、自重、自控的情绪状态。

5. 学会关注他人

能摆脱自我中心的桎梏,懂得"人是一切社会关系的总和"的意义,通过积极参加社会活动,履行公民权利与义务,了解社会生活中的人际关系,学会关注他人,善于帮助他人,并能正确判断"朋友"的关系和行为;能尊重并且接纳不同文化背景、不同年龄、不同生活方式以及不同面貌的人;能以坦诚开放的态度去接纳不同的意见，解决人际冲突。

  6．学会独立生活

  培养自己独立安排生活、解决日常生活问题的能力；学会以成人的生活智慧和责任感处理家庭、社会和个人生活的事务。

二、个人职业生涯规划的内容

（一）个人职业目标的制定

  职业目标是个人职业生涯规划的首要内容，是人生的指针。有了目标，便有了人生奋斗的方向。职业生涯目标的制定包括长期目标、中期目标和短期目标的制定。

  （1）具体制定目标的步骤：自我分析，主要是分析自己的专业、性格、气质和价值观等，找出自己的特点；对自己所处的内外环境如社会发展趋势、经济文化环境等进行分析，确定自己的位置；根据上面的分析结果，选定职业和职业生涯路线，确定朝哪一个方向发展；确定职业目标，并把该目标详细地写出来。通常是先制定自己的人生目标和长期目标，然后再把人生目标和长期目标进行分解，根据个人的经历和所处的环境制定相应的中期目标和短期目标；制订相应的行动计划和落实措施。

  （2）个人人生目标和长期目标的制定。对于个人而言，职业目标是首要的必须的内容。有目标的人生才是有意义的人生。对于积极向上、务实的个人来说，目标无疑是人生的指针。在大多数情况下，长期职业目标和人生目标比较宽泛，不具体，可能随着组织内外部形势的变化而变化，所以在制定时宜以勾画轮廓为主，具体的注意事项有：人生目标、长期目标要尽可能地远大，但不要求具体详细；长期目标不宜过长，但也不能太短，一般以控制在10年左右为宜。确立长远目标，建立自己的事业，能够配合工作环境的需求；在符合自己的价值观的基础上，如果能从市场的角度去探求人生，一定可以得到明晰且可行的目标。与社会发展需求相适应，必须考虑工作环境的需要。眼光要长远一些，不能局限于眼前和近期。要放眼未来，预测可能的职业进步。寻找自己最渴望和追求的东西，用心去思考和发现自己的长远职业目标。了解自己的欲望，是个人谋略的重要工具。有着强烈动力的长远职业目标，必须具有更大的可行性，保证其目标的客观性。

  （3）中期目标的制定。在选定了长期目标后，将其清晰和明确化，就形成许多的中期目标。长期目标、中期目标和短期目标有机联系就形成了个人职业目标体系，具体的注意事项有：中期目标必须清楚、明确和可行，如果个人对中期内期望完成的职业，有清晰而完整的概念，那么这个中期目标的制定就已经完成；每一个中期目标下面应设置衡量目标和能力目标；中期目标制定中有比较明确的时间和语言规定；中期目标应既有激励价值，又要现实可行。

  （4）短期目标的制定。在确定长期目标之后，个人需要以足够的理智，将中期目标分化为一个个具体的短期目标。短期目标是结果和行动之间的桥梁。短期目标是中期目标的具体化、现实化和可操作化。制定短期职业目标的要求及在确定目标过程中应注意的问题：目标要符合社会与组织的需要；目标要符合自身的特点，并使其建立在自身的优势之上，能够与自我价值相一致；目标要高、要远，但决不能好高骛远；目标幅度不宜过宽；注意长期目标和短期目标间的结合。

考虑到组织内外客观环境。每一个中、短期目标均应设立衡量目标和能力目标。这里所说的衡量目标即我们通常所说的为达到长期目标而设立的具体实施目标，它是能够以一定标准衡量是否完成的目标，故称之为衡量目标。而能力目标，顾名思义，则是实现衡量目标所需要的相应能力。衡量目标和能力目标相辅相成，密不可分。当然，在制定人生目标和长期目标时，要多考虑一些自身因素和社会因素，而制定中期目标和短期目标时，则要更多地考虑组织因素。通过制定个人的短期目标、中期目标和长期目标，就形成了完整的个人目标体系的制定。

（二）个人职业目标组合

目标组合是处理不同目标之间相互关系的有效措施，目标组合主要着眼于目标之间的因果和互补关系。各种各样的目标可以从时间上、功能上和全方位上进行组合，其中全方位组合已超出了职业的范畴，它涵盖了人生的全部活动。

（1）进行时间上的组合。职业生涯目标在时间上的组合可以分为并进和连续两种情况：第一，并进组合。并进组合是指同时着手实现两个现行的工作目标或指建立和实现与目前内容不相关的预备职业生涯目标。建立和实现本职工作以外的目标是居安思危，具有长远眼光的表现，需要具备较强的时间管理能力和学习上的毅力。第二，连续组合。连续组合是指一个目标实现之后再去实现下一个，连续而有序地实现各个目标。

（2）进行功能上的组合。职业生涯目标在功能上可以产生因素关系和互补关系。通常情况下，内职业生涯是原因，外职业生涯是结果。比如能力目标的实现，将有利于职务目标的实现；职务目标的实现，会带来经济收入的实现。因此，要想实现因果组合，就需要我们不断更新知识，树立新观念，然后去实践，这样我们的实践能力就提高了，职务提升，成绩突出，报酬也就会不断增加。

（3）互补作用组合。就是把存在互补关系的目标进行组合。例如一个管理人员希望成为一个优秀的部门经理的同时得到MBA证书，这两个目标之间存在着直接的互补作用，实际管理工作为MBA的学习提供实践的经验和体会，而MBA学习又为实际的管理工作提供理论和方法。

（4）全方位的组合。对目标进行全方位组合是指个人事务、职业生涯和家庭的均衡发展，相互促进。这就要求我们在建立职业生涯目标时，应考虑自己在个人发展，家庭生活和职业生涯中的各种愿望。完美的职业生涯规划并不把生活中的其他内容排斥在外，而应在生活中建立不同目标间的协调关系。

（三）设定职业目标实现的途径

（1）增加个人对组织的价值，保住现有工作，为实现个人职业目标奠定基础。一个人只有对组织有价值才能留在该组织中。如果对组织而言，其价值减小，甚至丧失，那就不可避免地被迫离开组织。在个人职业生涯规划中，预期在哪里、哪个工作岗位或哪项工作上能为组织增加价值，并且不是一次性的或几次性的，而是不断地为组织的事业做出贡献，增加对组织的价值。

（2）担当责任更大的工作，并切实完成工作任务。一方面，真正体现出对组织的价值；另一方面，向组织证实自己的实际能力，为实现个人职业目标，获得职业成功创造条件。

（3）预计实现未来目标将需要什么知识和技能，并设计以何种方式来获得这些知识与技能。这是个人职业生涯规划中的核心内容，是职业成功的决定性因素。

（4）提高人际交往能力，处理好人际关系。这里所说的人际关系，主要指组织内工作中的人际关系，包括与上司的关系，与同事的关系，与下属的关系等。人际关系，是一种工作环境，处理得不好，会成为个人职业成功的障碍因素。个人必须加强人际交往，建立良好的人际关系，为个人职业目标的实现开辟坦途。

（5）如果组织内职业道路不通，可以走其他通往组织的路。首先要确定其他组织能否为实现个人职业目标开辟道路。如果职业道路通畅，则需要找准到新组织任职所需要的技能、知识、适应性，然后，有针对性地获得这些能力。

（四）个人职业生涯规划的步骤

个人职业生涯规划，是指个人根据自己的特点，对所处的组织环境和社会环境进行分析，制定自己一生中对事业发展的战略思想与计划安排，职业生涯规划的主要步骤如图9-2所示。

1. 确定人生目标

目标是事业成功的基本前提，没有目标，事业的成功也就无从谈起。目标是人生的起跑点，反映着一个人的理想、胸怀、情趣和价值观，影响着一个人成就的大小。因

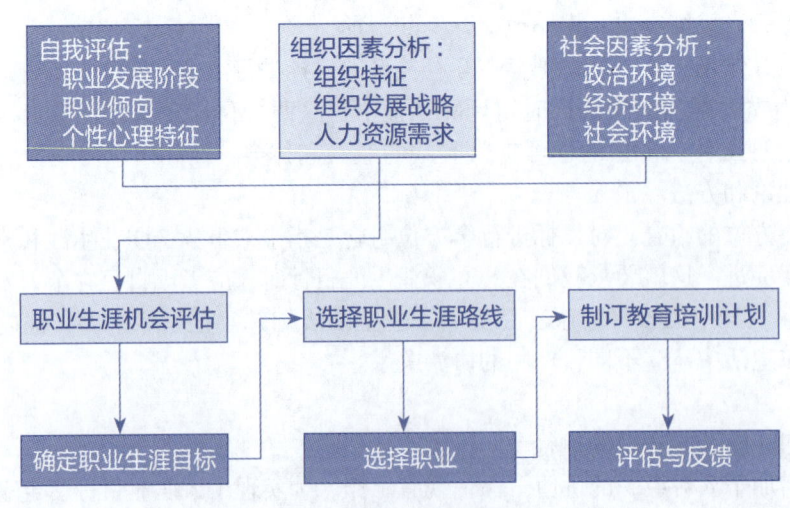

图 9-2 职业生涯规划的步骤

此,设计职业生涯时,首先要确立人生目标。

2. 自我评估

自我评估的目的,是认识自己,了解自己。因为只有认识了自己,才能对自己的职业做出正确的选择,才能选定适合自己发展的职业生涯路线,才能对自己的职业生涯目标做出最佳选择。自我评估包括自己的兴趣、特长、性格、学识、技能、智商、情商、思维方式、思维方法、道德水准以及社会中的自我等。

3. 职业生涯机会的评估

在充分认识组织环境与社会环境之后,应评估各种环境因素对自己职业发展的影响,根据自己的兴趣、爱好与特长,考虑自己的性格、气质与能力等特征是否适合这样的环境发展,对职业发展中的各种机会进行评估。在所有机会的评估工具中,SWOT分析法是最基本的一种。SWOT是四个英语单词Strength,Weakness,Opportunity和Threat的缩写,分别表示优势、劣势、机会和威胁。

一般来说,优势和劣势从属于个人本身,而机会和威胁则更可能来自于外部环境(包括组织环境和社会环境)。因此,当个人评估生涯机会时,SWOT分析便可以派上用场。

优势:自己出色的方面,尤其是与竞争对手相比,具有优势的方面,如语言表达能力强,身体素质好等。

劣势:与竞争对手相比处于落后地位的方面,如不善于交际,活动能力比竞争对手差等。

机会:有利于职业生涯规划和职业发展的一些机会,如组织有部分老干部退居二线,组织产品市场扩大需要一名市场经理等。

威胁:存在潜在危险的方面,如所在组织走向衰落,不喜欢自己这种性格的人来担任直接上司等。

通过SWOT分析,一幅清晰的生涯机会前景将呈现在你面前。想要知道你自己有什么样的生涯发展机会吗?请填写表9-3。

表9-3 SWOT分析方法

优势:	劣势:
机会:	威胁:

运用SWOT分析方法进行职业生涯机会评估时，需要尽可能地对面临的各种职业发展机会进行评估，然后确定职业生涯目标，选出最优发展机会。职业生涯机会评估是制定职业生涯规划相当重要的阶段，职业生涯评估的好坏往往关系到以后的发展机会。错误的职业生涯评估只会使自己耽误时机，错过其他好的发展机会；正确的职业生涯机会评估会使自己成功地抓住机会，使事业取得成功。

4．职业的选择

职业生涯规划正确与否，直接关系到人生事业的成功与失败。据统计，在选错职业的人当中，有80%的人在事业上是失败者。正如人们所说的"女怕嫁错郎，男怕选错行"。由此可见，职业生涯规划对人生事业发展是何等重要。如何才能选择正确的职业呢？至少应考虑以下几点：①性格与职业的匹配；②兴趣与职业的匹配；③特长与职业的匹配；④内外环境与职业相适应。

5．职业生涯路线的选择

在确定职业和职业发展目标后，就面临着职业生涯路线的选择，即是向行政管理路线发展，还是向专业技术路线发展；是先走技术路线，再转向行政管理路线，等等。由于发展路线不同，对职业发展的要求也不相同。因此，在职业生涯规划中，必须做出选择，以便使自己的学习、工作以及各种行动措施沿着你的职业生涯路线或预定的方向前进。职业生涯路线的选择是人生发展的重要环节之一。由于发展路线不同，对职业发展的要求也就不同。

（1）进行职业生涯路线的选择。在选择路线时，首先要对职业生涯要素进行系统的分析。可以考虑以下4个方面的问题。

①希望向哪条路线发展？主要是根据个人的爱好兴趣、价值观、理想和成就动机等主观因素，计划出自己希望朝哪条路线发展，如是向专业技术方向发展，还是向行政管理方向发展？以便确定自己的目标取向。

②适合往哪条路线发展？主要考虑自己的性格、经历、特长、学历、家庭影响等一些客观条件对职业路线选择的影响，确定自己的能力取向。

③能够朝哪条路线发展？个人能够向哪一条路线发展，主要考虑自身所处的社会环境、经济文化环境、政治环境和组织环境等，决定自己的机会取向。

④哪条路线可以取得发展？选择自己希望的发展道路后，进一步综合分析各方面的因素，判断自己的这条职业目标的实现路线是否可以取得发展。

（2）挑选最佳路线。通过系统地分析自身因素和环境因素，权衡利弊，做出路线的选择，挑选出能实现自己目标的最佳路线，如图9-3所示。

（3）画出职业生涯V形图。典型的职业生涯路线图是一个"V"字形的图形。图形的一侧表示从事管理活动路线，一侧表示从事专业技术路线，如研究、开发。当然，现在年轻人的职业生涯路线远远不只两种，而且会出现S形（螺旋上升）、W形（横向转换、起伏）等形态。这里主要为了说明人们在进行职业生涯道路选择时的思路，所以没有描述职业生涯规划的曲折性。

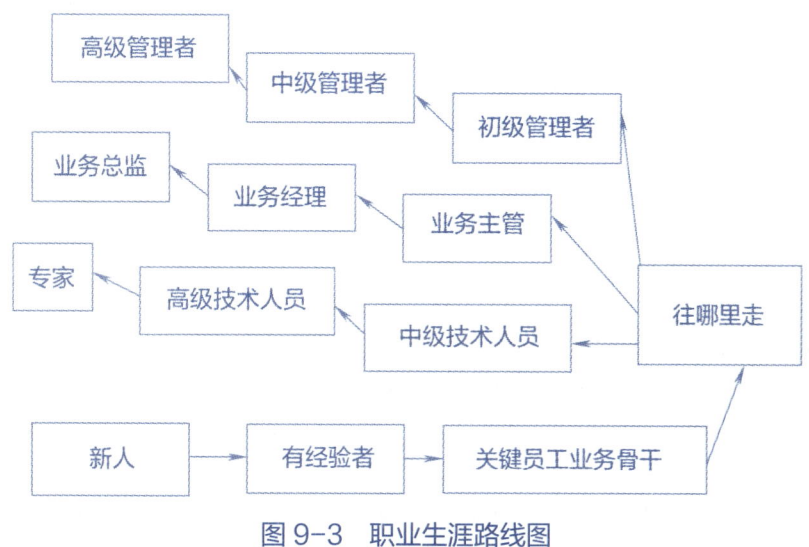

图 9-3 职业生涯路线图

选择职业目标实现路线的步骤：对职业生涯要素进行系统的分析→挑选最佳目标路线→画出职业生涯路线图。

图9-4是一个刚刚大学毕业参加工作的22岁的年轻人的职业生涯V形图，即V形图的起点是22岁。从起点向上发展，V形图的左侧是从事行政管理路线，右侧是从事专业技术路线。

图中按照年龄或时间将路线划分为若干部分，将专业技术等级和行政职务等级分别标在路线图上，作为他自己职业生涯的目标，如选择专业技术路线则可以按照图中右发展方向努力。

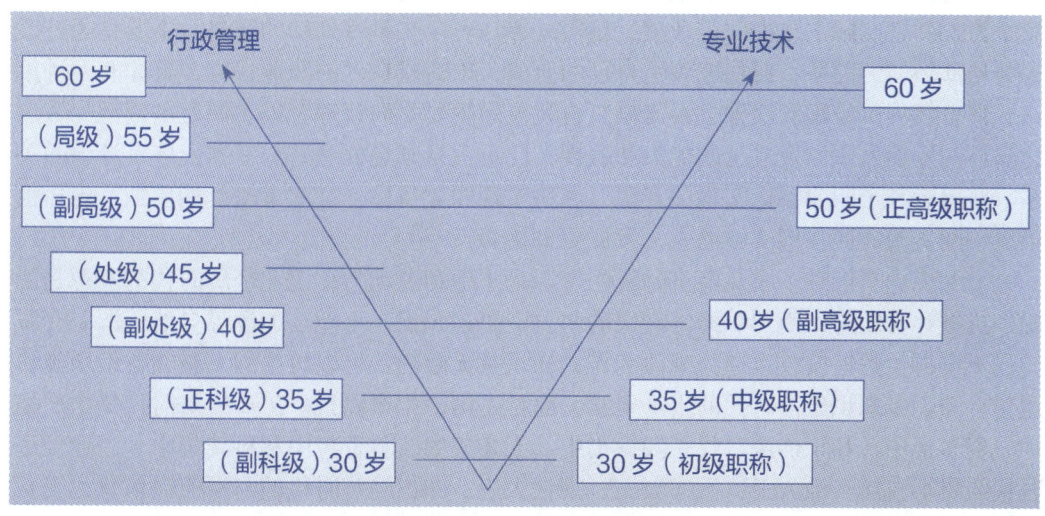

图 9-4 职业生涯 V 型图

（4）设定职业生涯目标。职业生涯目标的设定，是职业生涯规划的核心。一个人事业的成败，很大程度上取决于有无正确适当的目标。没有目标如同驶入大海的孤舟，四望茫茫，没有方向，不知道自己走向何方。只有树立了目标，才能明确奋斗方向，犹如海洋中的灯塔，引导你避开险礁暗石，走向成功。

目标的设定，是在职业生涯规划、职业生涯路线选择之后，对人生目标做出的选择。其选择是以自己的最佳才能、最优性格、最大兴趣、最有利的环境等信息为依据。通常目标分为短期目标、中期目标和长期目标。短期目标一般为1~2年，短期目标又分为日目标、周目标、月目标、年目标。中期目标一般为3~5年，长期目标一般为5~10年。

（5）制订行动计划与措施。在确定了事业生涯目标后，行动便成了关键的环节。没有达成目标的行动，目标就难以实现，也就谈不上事业的成功。这里所指的行动，是指落实目标的具体措施，主要包括工作、训练、教育、轮岗等方面的措施。例如，为完成目标，在工作方面，你计划采取什么措施提高你的工作效率？在业务素质方面，你计划学习哪些知识，掌握哪些技能提高你的业务能力？在潜能开发方面，你计划采取什么措施开发你的潜能等，都要有具体的计划与明确的措施。而且这些计划要特别具体，以便于定时检查。

（6）评估与反馈。俗话说："计划赶不上变化。"是的，影响职业生涯规划的因素很多。有的变化因素可以预测，而有的变化因素难以预测。在这种情况下，要使职业生涯规划行之有效，就需要不断地对职业生涯规划进行评估与修订。其修订的内容包括职业的重新选择、职业生涯路线的选择、人生目标的修正和实施措施与计划的变更等。

6. 职业生涯目标的实现策略

制定了各级职业生涯目标，如何采取适当的策略，如何达到职业生涯目标？实现各级职业目标主要采取以下两种策略：一是练内功的策略，主要是通过培训，提高自己的竞争力，并在实际工作中取得业绩，获得外界认可；二是练外功的策略，主要是通过改善与外部环境的关系，或适度表达自己的愿望，来达成自己的职业目标，具体有两种策略，即自我展示策略和注重关系策略。自我展示主要是向管理者或掌握发展资源的人表达自己的发展愿望以及自己的能力和表现；注重关系则是处理好与掌握发展资源者的关系，获得有利于职业目标实现的资源，尽快实现职业目标。这些策略可能单独实施，也可以一同实施，而一同实施的人，发展更有优势。

（1）练内功策略。农业经济时代的资源是土地和劳动力；工业经济时代的资源是能源、机械和劳动力；而知识经济时代的主要资源是知识。土地、能源等自然资源是有限的、不可再生的，按收益递减规律运作；知识是无限的、可以再生的，按收益倍增规律运作。知识是知识经济时代的生产要素，而且是第一生产要素。工业经济时代是生产集中、资本集中；知识经济时代是知识集中、人才集中、教育集中和科技集中。工业经济时代的财富流向石油大王、汽车大王、钢铁大王；知识经济时代的财富流向信息大王、软件大王、数码大王、基因大王。比尔盖茨造就了3000个百万富翁。知识膨胀的速度，过去是每30年翻1倍，现在是1~2年翻1倍。知识如此重要，而知识的更新速度又如此之快，如果还像过去一样，一次学习管一生，是一定会落伍的。现在许多下岗的人员再就业困难，原因之一就是知识和技能陈旧，而且缺乏学习能力。但提高专业知识和技能水平也非容易的事，需要挤时间、花精力和经费参加各种学习和自学。现在的培训资源还是比较丰富的，个人可根据自己的经济状况、精力，适当选择适合自己的专业知识和技能培训渠道和培训方法。很多组织都会提供在职培训，这也是一种感受式、实践式的培训，应该积极地参与。在职培训有许多优点，经济实惠，单位有时间和经济保证，现实可行。在职培训的形式较多，主要有以下几种：工作扩大化；岗位轮换；工作丰富化；长期培训和学历教育等培训方式来留住和吸引员工。

（2）练外功策略。在西方，教师和家长总是以表扬为主，所以人们对自己总是信心十足，有信心就有动力，就会找到施展自己才华的领域；在中国，传统文化崇尚谦虚、谨慎，并将此视为美德，因此人们习惯于隐藏自己的优势，除非不得已，不愿轻易地表现自己。

如果组织的考核机制健全，有比较科学的考核标准，并有可行的考核程序，即使谦虚的人，也会因为机制的健全而能被组织领导识别出来。如果管理制度不科学，经验性、主观性太强，考核程序随意，则有能力的人也会被埋没。为了充分地开发自己，服务于组织，使组织更有活力，个人应该主动地展示自己，否则就会出现不公平现象。这种不公平既有损于个人的职业生涯规划，也危害组织的健康成长。我们反对过分地巴结领导，但不反对适当地展示自己，让上级更多地了解、认识自己，通过这个过程，也让领导们改变态度，客观、公正地评价下属。

自我展示的内容包括两个方面：一是自己的职业理想和追求；二是自己的实际工作表现。职业生涯的开发少不了组织领导的支持，由于有时管理者对识人、用人方面还有不少的缺陷，因此，毛遂自荐也不失为一种可取的策略。只要自己能根据组织的实际，合理地呈现自己的职业理想和追求，想必不会受到歧视和压制。当然，如果提出的要求过高，对自己的评价不切实际，也可能会造成负面的印象，对职业生涯规划造成消极的影响。有许多领导或上级会认为个人过于狂妄，似乎是在威胁自己的地位，产生防卫性反应，给员工"穿小鞋"。对于自己的工作成绩，特别是上司不怎么熟悉的领域，应该通过交流，呈现给上司，让他们认识到你的工作及你的重要性。

自我展示是把双刃剑，用得好，能促进自己的职业生涯规划；用得不好，则可能成为自己在组织中发展的障碍，因此，自我表现要讲究策略和艺术。

首先，应如实地向上司反映自己的情况。在日益注重自我价值的今天，已经得到许多人的认可，"酒香也怕巷子深"，合理地推销自己已经不是什么坏事；但处理得不好，很容易人感到与上级交往过密，全心全意巴结上级，结果让同事感到讨厌。让同事产生反感，既不利于自己的升迁，也有损于自己的人际工作环境。随着管理的民主化，群众的意见变得更加重要，如果失去了群众，就失去了重要的支持力量；每个人都处在与人的交往之中，如果人际关系紧张，就会影响自己的工作心情，影响相互的合作，最终影响自己的工作表现。

其次，注意上司的个性特征。如果上司是一个开明的领导，你不妨大胆地展示自己，因为这些领导本身有很强的自信心，不害怕竞争；如果是气量较小、心胸狭窄的领导，则应该注意表达形式和机会，否则，不仅得不到发展机会，可能还会失去机会。越是无能的领导，越怕任用能干的下属。

最后，在展示自我时，注意以展示自己的客观表现为主，少谈愿望和态度。客观表现是实实在在的，就是上级认为你有表现欲，也仅此而已，不至于让上司感到你有权力欲，感受到潜在的威胁，而对你进行约束。

（3）关系策略。关系是一个敏感但又无法回避的话题。尽管关系不是中国人的专利，但中国人却特别看重。中国人的人际或社会关系依其亲疏程度可以分成三类，即家人关系、熟人关系及生人关系。家人关系是指个人与其家人（父母、子女、兄弟、姊妹及其他家人）之间的关系；熟人关系是指个人与其熟人（亲戚、朋友、邻居、师生、同事、同学及同乡等）之间的关系；生人关系是指个人与生人（与自己无任何直接或间接的持久性社会关系的人）之间的关系。中国人强调内外有别。与熟人和生人相比，家人是自己人，熟人及生人是外人；与生人相比，家人及熟人是自己人，生人是外人。而家人关系中又可依对象的不同而分为亲疏不等的关系，熟人与生人关系也是如此。这种以自我为参考点，向外圈扩散（越向外关系越疏远）之类似同心波纹的人际或社会关系网，称为"差序格局"。这三种社会关系中的人际对待原则、方式、效果等都不同，具体见表9-4。

表9-4 三种社会关系在人际对待原则、方式和效果上的差异

关系类别	对待原因	对待方式	互依形态	互动效果	
				正面情绪	负面情绪
家人关系	讲责任	全力保护	无条件相互依赖	无条件信任，亲爱之情	负罪感、沮丧，其他焦虑、愤怒或敌意
熟人关系	讲人情	设法通融	有条件互相依赖	有条件信任，喜好之情	耻感，其他焦虑、愤怒或敌意
生人关系	讲利害	便宜行事	无任何互相依赖	有缘之感，投好之情	耻感、愤怒或敌意

例如，在我国的组织中，民营组织可能家人关系、熟人关系多，而国有组织则是熟人关系、生人关系多。由于人与人之间在不同的关系上处理方式是不同的，因此，为了在社会交换上取得优势，人们可能会想办法处理好这些关系，不让人与人之间成为生人关系，至少要转化为熟人关系，有时甚至转换成家人关系（通过联姻的方法）。在家人关系中，彼此要讲责任，即责任原则，关系双方尽可能尽当事人的责任，而不那么期望对方做对等的回报（社会交换的期望最低），如父母亲对子女很少想到回报，而子女对父母也是理所当然，没有想到父母的回报。在熟人关系中，相互要讲人情，即人情原则，以双方过去所储存的已有人情为基础，以自己觉得合适的方式与程度，从事进一步的人情来往。因无血缘关系，人情的亏空或赊欠是有限度的，自然会期待对方回报，社

会交换的预期中等。比如朋友之间，如果不是礼尚往来，关系就会疏远，而这在兄弟姐妹之间出现的可能性相对较低。如果是生人关系，即相互之间没有任何实质性关系，彼此相遇或打交道，只能依照当时的实际利害情形而行事，即利害原则，在交往时会精打细算，斤斤计较，对给与取的平衡或公道相当敏感，对回报的期望也很高，在社会交换中的预期最高。在三类关系中，个人所受到的待遇差异很大。家人所受的待遇最好，熟人次之、生人更次之。因此关系是决定待遇的重要影响因素关系本身就是一种极其重要的资源。人们以认关系、拉关系、套关系等手段，从无关系（生人关系）转变为有关系（熟人关系），以获得享受对熟人的较好待遇的机会；以认干亲、拜金兰、结婚姻及过继等方法，从熟人关系转变为家人关系或准家人关系，以享受对家人的特殊待遇的机会。

既然关系可以看成一种重要的资源，而在职业生涯规划中，培训、晋升、轮岗等又是需要社会资源支持的，那么，关系就成为人们关注的问题。特别是在当今社会，我国在人力资源管理方面，由于受体制的制约，组织管理者的责任、权利和义务不统一，组织管理的好坏不是判断管理水平的最重要因素，因此，许多人在任人唯贤或任人唯亲的问题上，很难摆脱人情或关系的束缚，屈服于关系是管理者不得已的事情。尽管我们反对拉关系、走人情，但为组织利益和个人利益考虑，如果你有能力也有成绩，适当注意关系，更有利于发挥你的潜力。

第四节 组织职业生涯规划

一、组织的职业生涯观

每个组织都有自己的运转目标，每个组织都有自己的组织结构，每个组织也都有自己的用人需求。组织为了顺利达到自身的目标，必须基于成员们的能力、人格、需要、动机，使用本组织的人力资源，这就要对员工进行规划。

但是，员工规划的着眼点是不同的：20世纪70年代至80年代，组织的人员规划是立足于组织选拔人员的规划。近年来，发达国家的经济组织对于员工的规划，已经进入到"职业生涯规划"阶段。其立意已经不仅是把"对员工前途的提供与帮助"作为员工激励的手段，而且也成为组织管理工作的新思路，其"新"处在于组织发展与员工发展的互相促进。因此，职业生涯规划成为现代组织用人和长期发展的战略性任务。从人力资源开发与管理的角度看，组织的职业生涯规划也构成现代人力资源管理的重要内容。

二、组织中职业生涯的两条路:技术与管理

在任何组织中,员工都有从事技术性工作和管理性工作的两种可能,即有走技术专家和管理者两条不同的职业生涯发展道路。这两条路对于人们所从事的职业岗位来说,有着工作性质的差别。应当指出,"技术"道路在这里是广义的,它不仅仅是指工程师、研发人员等职业,还包括会计师、广告师、测评师等业务精英的职业。根据工作性质的不同,组织合理地选拔人员,根据个人的素质潜能帮助其寻找合适的工作目标并进行培训,是组织对员工进行职业生涯设计的重要工作内容。究竟选择哪一条道路,最终要根据员工的能力专长、人格特征条件和个人意愿。下面对管理者与技术专家两种工作任务进行分析,详见表9-5。

表9-5 管理者与技术专家的工作比较

管理者的任务	技术专家的任务
• 劝导、指导、指挥他人	• 好为人师
• 对情感和态度很敏感	• 富有直觉和创造性
• 评价他人的工作	• 评价数据系统或方法
• 预算、分析和控制成本费用	• 对技术工作不惜代价
• 有很好的表达能力	• 有高超的分析能力
• 传达上级意图,实施组织政策	• 善于逻辑推理,不喜欢照搬照抄
• 指出使用什么方法	• 确定具体方法
• 根据不充足的材料做出决策	• 收集的数据多多益善
• 承认组织机构的等级制	• 承认客观事实的层次性
• 寻求各种经营目标之间的关系	• 寻求各种技术之间的关系

从组织方面进行职业生涯管理,主要是对员工的职业发展进行引导,以期尽量达到员工与组织的共同发展,为员工提供职业发展机会,帮助员工实现职业计划等目的。组织的职业生涯管理主要有以下几方面内容:协调组织目标与员工个人目标;帮助员工制订职业计划;帮助员工实现职业计划。

三、协调组织与员工目标

要协调组织目标与员工个人目标,应做好以下工作。

(一)树立人力资源开发思想

人力资源管理强调组织不仅要用人,更要培养人。职业管理正是培养人的重要途径。组织只有牢固树立了人力资源开发的思想,才能真正实施职业管理。

（二）了解员工需求

员工的需求是多样化的，不同的员工有不同的主导需求。组织只有准确把握员工的主导需求，才能采取针对性措施满足其需求。特别是组织的骨干员工，他们在个人发展上的愿望更为迫切，职业计划更为清晰，组织尤其应注意重点了解和把握。

（三）组织与员工结为利益共同体

组织在制定目标时，要使组织目标包含员工个人目标，还要通过有效的沟通使员工了解组织目标，让他们看到实现组织目标给自己带来的利益。在组织目标实现后，组织要兑现自己的承诺。

本章小结

1. 职业生涯的特性有独特性、发展性、阶段性、终身性、整合性和互动性。职业生涯管理主要包括两种：一是组织职业生涯管理，二是自我职业生涯管理。职业生涯管理理论可以分为静态研究和动态研究两个方面。
2. 职业分类方法在职业指导领域，除了霍兰德的职业分类方法外，主要还有以下三种分类法：兴趣分类法、教育学科分类法、DPTI分类法。
3. 职业锚有助于识别个人的职业抱负模式和职业成功标准；能够促进员工预期心理契约的发展，有利于个人与组织稳固地相互接纳；能够增长职业工作经验，增强个人职业技能，提高劳动生产率和工作效率；早期职业锚还可以为员工中后期的职业生涯发展奠定基础。
4. 职业生涯规划按照时间的长短来分类，可分为人生规划、长期规划、中期规划与短期规划四种类型。

第十章 国际化人力资源管理

教学目的

通过本章学习使学生对国际化人力资源管理有一个全面的了解,掌握国际化人力资源管理的概念与特点,对国际化人力资源管理在企业内部的地位和作用有一个清楚的认识。

教学重点

国际化人力资源管理的概念与特点;国际化人力资源管理的模式。

教学难点

国际化人力资源的招募和甄选;国家化人力资源跨文化管理的内涵和特征。

知识目标

掌握国际化人力资源管理的概念与特点;了解国际化人力资源管理的模式;熟悉国家化人力资源跨文化管理的内涵和特征。

> **引导案例**

打破区域疆界，弹性运用人力

在全球化的时代，企业绕着地球做生意，企业专业服务顾问公司也要跟着客户"趴趴走"。随着中国经济迅速发展，专业服务顾问公司也将办公室移到中国，以便近距离服务顾客。全球金融海啸后，企业的全球移动力更加重要。因应未来，资诚全球联盟组织重新调整经营方针，将全球300个服务区域进行整合，切割为东、西、中三个区块，以提升各区域人才流动弹性。"市场分工越细、人才流动越困难"。资诚企管顾问公司执行董事林琼瀛指出，顾问公司必须跟着客户走，透过跨区域整合机制能把国家界限模糊化、释出更多人才异地工作机会，等到客户有需求，可以立即反映，调派人手、无时差，让各分公司之间人才互通有无，弹性运用人力。资诚在海外的外派员工，一部分是短期外派，期间1~2年，他们跟着客户的"项目"，在有限时间内，协助建置完成特定任务；另一部分人则是长期派驻到其他国家分公司工作，以深耕当地。

资诚成立于1970年，目前员工已超过两千人，为了让公司永久发展、在地深耕，更清楚地规划人才的职业生涯发展地图，以培养更多企业未来接班人，针对不同阶级人才，规划不同训练课程的资诚企业大学，便是奠基于此而成立。好人才须经过重重训练关卡，才能脱颖而出。资诚企业大学中共有六个学院，包含领导、管理及语文等，课程内容从最基本的时间管理到领导力训练及兼顾员工内在涵养的美学课程，应有尽有。

资诚会计师事务所人资发展部副总陈碧桂指出，资诚每年招募300~400名新人，并针对每一个层级，设计不同的必修学分，新进人员约提供120小时的必修课，修完一套课程，才能升级。课程内容多元化，目的是要培养人才多元化视角。林琼瀛指出，金融海啸的启示是环境变化态势快速，完全超乎想象。企业经营唯有走向全球化，才能站稳利基，因此，内部人才也要跟得上脚步。具有高移动性的人才才是未来竞争世界所需。林琼瀛认为，移动性的概念，又分为硬实力（如语文和独立运作能力）与软实力（思考的弹性）。多元化的内部教育训练学习课程，让员工的学习范畴不停留在制式化纸上谈兵，而是学习从不同角度思考事情，陈碧桂强调，"从内在去创造员工感动，才能真正改变员工的想法"。

未来全世界的每个角落都可能变成工作场域，好人才要随时调整脚步，快速适应不同环境，交出最好的工作成果，因此，资诚更具体地结合集团全球资源，将训练移到海外，例如2009年年底在上海举办的"大中华区未来领导人集训营"，就是将大中华区的事务所精英汇集一地，进行实战训练营。这个营队每年固定举办三个梯次，主要针对副总级人才进行一对一的训练。

当了十年讲师的林琼瀛指出："区域性力量惊人！"大中华区域中的各地事务所派出精英人才，在三天训练检验评量，通过营队中举办的各种不同活动，测试人才的能力。他说："具有潜力的接班人回来后还要提出反馈报告，针对所见所学提出成果报告，并将启发分享给其他同仁，甚至转化为未来决策数据库。"

　　企业想要培养人才具有弹性的决策力，训练方式必须要跟得上脚步。林琼瀛分析："跳脱舒适圈，看到不同的风景，受到的冲击是训练人才弹性思维很重要的一部分。"陈碧桂指出，资诚设计教育训练课程有个"7∶2∶1"的比例原则。其中，让员工在实践中学习占70%；职场前辈提供经验传承，协助培养独立思考的能力占20%；教育训练占了10%。资诚全球联盟组织也设有"创世纪公园"，让世界各地的未来领导人花3~5个月时间在华盛顿进行训练，除了专业型的训练，如领导技巧和管理等课程，还有社会服务型的课程。这些事情看起来显然和主要核心事业无关，但却能培养员工多角度的思考，陈碧桂强调："珍贵经验，对他们来说，也是最好的非货币报偿。"

　　问题探讨：

（1）在全球化的时代，资诚采用了哪种人力资源战略运用其人力？

（2）哪些外在与内在的环境变化会影响企业管理人才培养？

（3）企业有哪些方法可以培养管理人才面对环境变化的能力？

第一节 国际化人力资源管理概述

一、企业国际化与跨国公司

随着经济全球化的日趋深入,各国企业与外国企业之间的联系日益密切。企业为了扩大市场份额,必须要选择国际化扩张。本国企业要跨国界到所在国进行投资,并购所在国的企业,销售自己的产品和技术,通过在国外建立子公司、跨国并购、跨国建立合资企业等方式成为国际化企业。

(一)企业国际化经营概念

对于"国际化经营",许多学者从不同的角度给出了类似而又有区别的定义。罗伯克在《国际经营和多国企业》一书中给出的定义是:"国际化经营是指企业超越国境的包括商品、服务、资本及人力资源等交易,以及技术转让和人力资源管理等在内的各项事业活动。"

约翰·费耶维舍在《国际经营管理》一书中指出:"尽管人们可以给国际经营一个复杂的定义,但是它只有一个最基本的特征,即它是涉及两个或更多国家的经营活动,或者说其经营活动被国界以某种方式所分割。"

理查德·罗宾逊在他的著作《国际化经营》中提出:"国际经营是企业在一个以上的国家内,对公共社会或个人产生影响的经营活动。"

综上所述,我们可以理解为:国际化经营是指企业在国与国之间从事生产经营活动,包括在全国范围内实行生产资料的配置,以及其他超出国境的各种经营活动。

(二)国际企业与跨国公司

国际企业在许多情况下也被称为跨国公司或多国企业。但是,从严格意义上来讲,国际企业与跨国公司是有区别的。

英国著名的跨国公司研究人员约翰·H.邓宁将国际企业定义为"国际企业的概念,简而言之就是在一个以上的国家拥有或者控制生产设施(如工矿山、炼油厂、销售机构及办事处等)的企业",由此可见,只要在一个以上的国家进行生产、经营活动,就可以被称为国际企业。

"跨国公司"的概念与国际企业相比,要更加严密。1972年,由联合国秘书长指出的知名人士小组在题为《跨国公司对发展和国际关系的影响》的报告中,给"跨国公司"下了一个定义:"跨国公司就是在他们总部所在的国家之外拥有或控制着生产服务设施的企业。这种企业不一定是股份或私人的公司,他们也可能是合营组织或国有的企业。"

1983年,在联合国跨国公司中心发表的第三次调查报告——《世界发展中的跨国公司》中，对跨国公司进行了更为严格的定义，"跨国公司的定义应指这样一种企业：①包括设在两个或两个以上国家的实体，不管这些实体的法律形式和领域如何；②在一个决策体系中进行经营，能通过一个或几个决策中心采取一致对策和共同战略；③各实体通过股权或其他方式形成的联系，使其中的一个或几个实体有可能对其他实体产生重大影响，特别是同其他实体分享知识资源和分担责任"。

哈佛大学商学院著名的雷蒙德·弗农教授和小路易斯·T.威尔斯还结合发达国家跨国公司的特点提出了他们有关跨国公司的定义："它们在一个国家设立母公司，并在其他许多国家拥有一些分支机构。这种类型企业的经营方式，使得它们的分支机构在不同的国家，但是仍然具有下述特征：①它们以共同的所有权为纽带而相互联系；②它们依赖于共同的资源组合，如货币的信用、信息和系统以及商标和专利；③它们受控于某个共同的战略。"

虽然关于跨国公司的各种定义互有区别，但是一般都认为跨国公司是那些在其他国家或地区拥有和控制子公司，从事跨国生产经营活动的企业，是多种文化、多国、跨越全球的系统；这种系统拥有共同的所有权和战略，共同分享资源，承担责任。从管理的角度看，跨国公司在国内的或母国的活动仅仅作为公司在世界范围内活动的一部分。显然，对外直接投资是跨国企业最明显的特征。

跨国公司要想在所在国市场取得成功有赖于很多因素，比如成功的人力资源战略、营销策略以及决策者的应变能力和对所在国市场的熟悉程度等。归根结底，人力资源管理是决定跨国公司跨国经营成败的关键因素。因此，国际化人力资源管理的研究与实践具有非常重要的意义。

二、国际化人力资源管理的概念与特点

（一）国际化人力资源管理概念

著名管理学家摩根认为，国际化人力资源管理是人力资源管理活动、企业经营所在国类型和员工类型三个维度的互动组合。

（1）人力资源管理活动，包括人力资源的获取、分配与利用的过程，也就是人力资源管理的六项基本活动，即人力资源规划、员工招聘、绩效管理、培训与开发、薪酬计划与福利、劳动关系。

（2）与跨国人力资源管理相关的三种国家类型，即所在国、母国和其他国。所在国是指海外建立子公司或分公司的国家；母国是指公司总部所在的国家；其他国是指劳动力或者资金来源国。

（3）跨国公司的三种员工类型，即所在国员工、母国员工、其他国员工。简而言之，国际化人力资源管理主要是指跨国公司的人力资源管理，是跨国公司在国际经营环境下，有效利用和开发人力资源管理活动或管理过程。

（二）国际化人力资源管理的特点

与国内公司相比，跨国公司面临着更加复杂的经营环境，包括政治环境、法律环

境、经济环境、文化环境等，使得国际化人力资源管理比国内人力资源管理复杂得多。国际化人力资源管理具有以下主要特点。

（1）更丰富的人力资源管理活动。由于国际化人力资源管理涉及两个以上的国家，所以内容更加丰富。例如，外派员工赴任前的培训、与所在国政府和所在社区的关系、语言的培训和翻译、国际税收、外派人员的家属安置等。

（2）更多外部因素的影响。国际化人力资源管理所在国政府的类型、经济状况及可接受的工商企业运营方式等诸多外部因素的影响。例如，外派员工的薪酬是以所在国的货币作为计价单位的，而本国与所在国货币汇率的变化将影响这些外派员工实际收入的增加或减少。诸如此类的问题都需要国际人力资源管理加以考虑与协调。

（3）更多风险。因为受更多外部因素的影响，国际化人力资源管理因此会面临更多的风险与挑战，包括外派人员的失败会给公司的经营带来很大的损失，所在国的政治、法律制度的变化有可能直接影响公司的人力资源战略，国际政治局势的动荡、地区冲突、治安恶化等更是国际化人力资源管理不得不面临的巨大风险。

（4）更高的人力资源管理成本。国际化人力资源管理成本要远远高于国内人力资源管理成本。比如外派人员的薪酬福利、培训成本、差旅费用等都是相当可观的开支。

三、国际化人力资源管理的模式

人力资源全球化是站在世界经济全球化的时代高度提出的，它摒弃了跨国公司的母国性和民族性等地域的局限，将跨国公司作为全球经营的企业而采取的以全球人力资源为开发与管理对象的人力资源管理形式。其本质是从人力资源的角度确保企业融入全球化经济，为企业的全球化战略提供人才保障。

国际化人力资源管理的模式，希南和霍华德 V.珀尔马特根据跨国公司在标准的制定、评估、控制、沟通和协调，以及员工管理内容提炼出四种国际化人力资源管理模式。

（一）民族中心型管理模式

在这种管理模式中，跨国公司将在本国母公司中的管理政策、管理风格、管理知识、评价标准与工作方法直接移植于海外子公司，这些海外子公司由母公司派出管理人员和技术人员。同时，海外子公司一般都倾向于遵循母公司的人力资源管理习惯，只有母国的管理人员才能作为晋升公司高级管理人员的首选。母公司对子公司人力资源管理的政策严格控制，海外子公司关键的管理与技术岗位均由母公司直接派遣，聘请的所在国管理人员仅限于信息服务部门，所在国雇员普遍从事次要或辅助性工作。在这种情况下，子公司的人力资源管理就需要在母公司的规定与所在国当地的员工可以接受的政策之间进行协调，工作难度比较大。民族中心型管理模式的一个重要特征：母公司进行战略性的决策，海外子公司只能遵照执行，很少有自治权。民族中心型管理模式适用于跨国公司的子公司所在国文化种族差异小的情况。由于子公司是初建，与母公司之间联系密切，它们之间的交流是十分必要的；同时也有利于经营活动中技术的保密。其缺点在于：重要决策权在跨国公司总部手中，海外子公司管理人员难以就当地需要成功地与总部进行沟通，所在国员工的职业生涯发展也常常受限，母公司的管理风格和文化进入子公司后，可能会引起摩擦和冲突。

（二）多中心型管理模式

在这种管理模式中，母公司与子公司基本上是相互独立的，子公司根据当地环境采取合适人力资源管理政策，其重要管理岗位可以由所在国当地员工担任，人力资源管理人员也由当地人员担任，这实质上是本土化的一种做法。多中心型管理模式的主要特征：海外各子公司有一定的决策权，子公司由所在国当地人进行管理，母公司很少派出管理人员。采用多中心型管理模式的优点：①减少了工作中由于语言不同形成的交流和沟通障碍，避免高级管理人员及其家庭的适应问题和对管理人员进行培训的费用；②减少了由于文化背景、种族、宗教等方面差异造成的误解和矛盾；③使用所在国当地人才避免了一些敏感的政治风险；④可以利用所在国低工资的优点来吸引高质量的人才；⑤减少子公司人员的频繁流动。其主要缺点：雇用所在国当地人员往往不了解整个母公司的国际化经营战略；当地人员由于所接受的教育、业务经验和文化环境不同，不善于沟通、协调该子公司与跨国公司其他部分的关系；当地人员的提升会受到限制，简单地说，提升到一定的职位，就不能再提升了。

（三）地区中心型管理模式

在这种模式中，子公司按照地区进行分类，如欧洲区、亚洲区、北美区等。各个地区内部的人力资源管理政策尽可能地协调，子公司的管理人员由本地区任何国家的员工担任。地区内部的协调与沟通程度很高，而在各个地区与母公司总部之间的沟通与协调是很有限的。地区中心型管理模式的主要特征：人员可以到外国任职，但只能在一个特点的区域内。这种管理模式的主要优点：能促进子公司在地区内人员互动。其缺点：在地区内可能形成"联邦主义"。

（四）全球中心型管理模式

在这种模式中，海外子公司可以在全球范围内配置母国人员、所在国人员和第三国人员，也称无国籍策略。在世界范围内任何可能发现优秀员工的国家开展招聘和选拔，不分录用人国籍、种族和文化背景，只要达到受聘的要求便聘用。更重视高级管理人员是否适合职位要求，而淡化任何对个人国籍或任职国家的考虑。全球中心型管理模式的主要特征：跨国公司全球范围内配置人力资源，只强调能力而不介意所聘用人员的国籍。这种模式的主要优点：跨国公司在全球范围内充分、合理地利用人力资源，有助于形成大批的具有国际经验的高级管理人员，建立跨国公司文化。其缺点：培训和工作调配的成本很高，外派人员的报酬高出高于所在国籍的员工。这种策略常为一些大型跨国公司所采用。荷兰飞利浦公司在选用子公司管理人员时，就采用了这种策略。

四、国际化人力资源管理的影响因素

（一）文化差异的影响

对国际化人力资源管理影响最大的因素是跨国公司的子公司所在国家和地区的文化。文化是一个内涵丰富、博大精深的范畴，它是由特定群体成员共同形成的涵盖了价值观念、行为准则、知识、信仰、艺术、风俗、习惯等要素的总称。文化是社会与人们共同生活的基础，来自不同国家、种族、民族、地区的人，会由于不同程度的文化差异而引发管理和沟通问题。

文化之所以对人力资源管理非常重要，是因为它不仅在最大程度上影响甚至决定了教育与人力资本、政治与法律制度和经济制度，而且决定了各种不同人力资源管理实践的有效性。各国的文化差异深深影响着人力资源管理实践及效果。

在对于文化差异的诸多研究成果中，文化维度理论是跨文化理论中具有较高影响力的一个理论，由荷兰管理学者吉尔特·霍夫斯泰德提出。该理论是实际调查的产物，起初并无理论构架，20世纪70年代末，霍夫斯泰德有机会对分布在40个国家和地区的11.6万名IBM员工进行文化价值观调查。通过对各国IBM员工对于大量问题的回答进行分析，霍夫斯泰德发现有四大因素可以帮助我们区分民族文化对雇员的工作价值观和工作态度的影响。1980年，他在《文化的影响力》一书中发表了该研究的成果。这四大因素或4个维度是：①个体主义与集体主义（着眼于个体还是集体的利益）；②权力距离（人们对社会或组织中权力分配不平等的接受程度）；③不确定性回避（对事物不确定性的容忍程度）；④男性主义与女性主义（追求物质还是强调人际和谐）。20世界80年代后期，霍夫斯泰德又重复了10年前的研究，但这次包括了66个国家和地区。这次的研究不仅证实了这四个维度，同时又发现了一个新的维度——长期导向与短期导向（着眼于现在还是放眼于未来）。该研究的结果发表在他1991年出版的《文化与组织》一书中。

1. 个人主义/集体主义指数

个人主义/集体主义指数指的是有利于自我利益的行为取向。个人主义/集体主义指数较高的文化反映的是一种以"自我"为中心的思维，通过对个人进取心加以鼓励和感受，强调的是个人主义；而个人主义/集体主义指数较低的文化反映的则是一种以"集体"为中心的思维，一般强调个人服从集体，强调的是集体主义。个人主义存在于关系比较松散的社会之中，在这样的社会里，每个人都必须照料自己和家庭；而集体主义则存在于人们生来就融入的、具有很强凝聚力的社会中，只要人们对团体保持忠诚，团体就会持续地提供保护。个人主义/集体主义指数较高的国家包括美国、澳大利亚和英国等，个人主义/集体主义指数较低的国家包括韩国、印度尼西亚等。

2. 权力距离指数

权力距离指数指的是人们对社会不平等，即在某一社会制度中上下级之间的权利不平等的容忍度。权力距离指数高的文化往往等级森严，社会成员将社会角色和家庭出身等视为权势和社会地位的源泉。而在权力距离指数较低的文化中，人们通常更加重视平等，将知识和尊重视为权势的源泉。较高的权力距离指数一般反映了人们对上下级之间差距的认可，认可掌握权势的人理应享有特权；而较低的权力距离指数则反映了更为平等的观点。

3．不确定性回避指数

不确定性回避指数指的是社会成员对于模棱两可或不确定性的容忍程度。不确定性回避指数较高的文化常常难以忍受不确定性，因此会对新思想或新行为持怀疑态度，人们的焦虑感较强，甚至抱残守缺、死守规范不放。在这种文化中，会存在很多正式的规则和法规，供人们回避风险。不确定性回避指数较低的文化对于新思想和不同的观点比较容忍，人们的焦虑程度较低，一般也乐于冒险，正式的规则和法规也相对较少。

4．男性主义/女性主义指数

男性主义/女性主义指数指的是一个社会倾向于男性的性别角色还是女性的性别角色在男性主义/女性主义指数较高的文化中。从市场的角度看，在男性主义/女性主义指数较高的社会中，主流的价值是金钱、成功与物质。相反，在男性主义/女性主义指数较低的文化中，市场的主流价值是强调生活的品质、环境保护和帮助别人。日本、奥地利、意大利等国家在这项指数上的得分较高，而泰国、智利、荷兰等国家在此项指数上的得分较低。

5．长期导向/短期导向指数

长期导向/短期导向指数指的是一个民族追求短期利益还是追求长期利益。追求长期利益的国家，比较有代表性的就是日本。日本企业一般强调长远利益，甚至有可能牺牲利润来赢得市场占有率。具有短期导向的国家则注重眼前利益，美国就是这种文化维度的典型代表。

国际化人力资源管理面临的最大挑战，就是如何整合来自不同民族、不同国度、不同文化背景的人力资源，以发挥整体优势，而这五个维度有助于我们理解在管理来自不同文化背景的员工时，可能会遇到哪些潜在问题及应该采取哪些相应的措施。比如美国是一个推崇个人主义文化的国家，因此对来自美国的员工就应该重视基于个人的绩效评价和报酬激励，而在中国和日本等推崇集体主义文化的国家，企业就应该重视基于集体或团队的绩效评价和报酬激励。

霍夫斯泰德的实证研究方法的一个最大的好处就是每一个国家在每一个维度上都有一个得分，可以用量化的方式来表达文化差异，而不只是定性而已，如表10-1所示。

表10-1 中国、韩国、印度、美国在五个文化维度上的量化

国家 文化维度	中国	韩国	印度	美国
个体主义	21	18	48	91
权力距离	63	60	77	40
不确定性规避	49	85	40	46
男性主义倾向	51	79	56	62
长期导向	118	75	61	29

从表10-1中可以看出，中国和韩国在个体主义维度上的得分远远低于美国，而在权力距离上的得分则显著高于美国，印度又高于中国和韩国。在不确定性规避上，中国、印度、美国无显著差异，而韩国则显著高于其他国家。这样的关系同样表现在事业成功导向上，韩国人对事业成功的重视程度最高。在长期导向上，中国的得分最高，美国的得分最低，韩国、印度居中。

（二）教育与人力资本

人力资本是行为者通过教育、培训、干中学等途径获得的经济价值的知识、技能以及经验的总和。企业在向国外市场进行扩张的任何决策过程中，在国外发现和维护高质量员工队伍的潜力，是一个非常重要的依据。因此，一国的人力资本状况会成为影响国际化人力资源管理的重要因素。

教育是指按照一定要求培养人的工作，主要指学校培养人的工作：初等教育、高等教育、成人教育、教育方针与教育政策等。不同国家的人力资本水平存在着很大的差异，造成这种差异的一个非常重要的变量是劳动者受教育的机会。一个国家的教育投入大，劳动者受教育机会多，其人力资本就相对较高。而人力资本的状况可能深刻地影响其他国家跨国公司进入该国市场的愿望和行动。具有较低人力资本存量的国家，对于那些主要由高技术职位构成的企业通常不会有什么吸引力，因此只能吸引对技能要求很低，同时愿意支付的工资水平又很低的一些企业。比如，美国企业之所以愿意将那些低技术、低工资的制造业和一些流水线的工作转移到墨西哥去，就是因为它们在墨西哥能够以非常低的工作获得低技术的工人。

（三）政治制度

政治是指政府、政党、社会团体和个人在内政及国际关系方面的活动。一个国家的政治制度、政府政策、国际关系等对于国际化人力资源管理会产生强烈的影响。政治制度与政府政策强制性地提出某些人力资源管理的相关要求，比如在招聘、培训、薪酬、雇用以及裁员等方面，都在直接影响国际化人力资源的实践。例如，许多发展中国家的管理人才和专业技术严重缺乏，它们就制定政策鼓励跨国公司对本国投资，其目的就是

发挥跨国公司培训本国人才的作用。因此，在政策上引导跨国公司大量招聘、培训和发展本国资源。

（四）法律制度

法律是指由国家立法机关制定，国家政权保证执行的行为规则的总和。一个国家的法律常常反映了关于何种行为构成合法行为的社会规范。世界上绝大多数国家在人力资源管理方面都制定了相应的法律。比如，美国之所以能在消除工作场所中的歧视方面处于世界领先地位，是因为反歧视在美国文化中有着重要的地位，进而制定了相应的法律，以消除这种不良现象。又如，美国社会对追求薪酬制度公平具有一种坚强的信念，因此美国政府制度了《公平劳工标准法》以及其他一些法律和规章制度，为各种各样的工作确定了最低工资标准，进而促成薪酬制度公平的实现。

（五）经济制度

经济制度是指人类社会发展一定阶段上的生产关系的总和。一个国家经济制度会通过多种方式对国际化人力资源管理产生影响。一个国家的文化与其经济体制是紧密融合在一起的，并且这些制度对该国的人力资本开发提供了多方面的激励。在中国，个体接受教育与人力资本开发的成本较低，对于开发人力资本的经济激励也很小，因为增加人力资本并不一定会得到货币报酬。在美国，一个人在不付出较高成本的情况下，很少有机会能够开发人力资本。那些在人力资本方面进行了投资，尤其是通过教育进行投资的人，确实比其他人更有能力获得货币报酬。有关研究表明：美国一个人的正规受教育年限每增加一年，其薪酬水平就会上升10%~16%。

另外，经济制度还会通过对总薪酬征税直接对国际化人力资源管理产生影响。由于各国的税收政策及税率不同，会导致跨国公司的外派员工实际带回家的货币收入存在相当大的差别。因此，那些在其他国家从事经营活动的公司，不得不向外派员工提供具有竞争力的实际可支配收入，而不是总收入，以留住与激励员工。

第二节 国际化人力资源管理的内容

一、国际化人力资源招募与甄选

（一）国际化人力资源的来源

国际化人力资源的来源包括三个部分：母国来源、所在国来源和第三国来源。

1. 母国来源

母国来源具有以下优势：在跨国公司创建的早期阶段，任用母国人员更有利于传播技术和保守技术秘密，有利于和总部保持良好的沟通、配合与交流，熟悉总部的目标、政策和管理；有助于母国人员的管理和开发，在公司形成具有国际经验的经理人员人才库。但是母国来源也有不足之处：外派员工很难适应外国语言和所在国社会、经济、政治与法律、文化环境，失败率高，特别是外派人员配偶的就业问题很难解决；外派人员的高福利会给所在国人员带来不公平感，可能引起所在国的民族情绪；所在国坚持经营本土化，要求提拔本地人员到高层位置。

2. 所在国来源

所在国是跨国公司人力资源中比重最大的来源。所在国人员有很多本土的优势：熟悉当地的环境，没有文化上的隔阂，管理费用较低，有利于公司组织内部的沟通；能够为所在国的员工提供更多的职业发展机会；员工稳定性较好，可以保持管理政策的连续性。所在国人员不足之处：无法使母国员工获得国际任职经验和跨文化管理经验，限制了公司员工的国际化工作需求，不利于与母公司交流。

3. 第三国来源

相对于母国员工和所在国员工，第三国员工有其自身的优势：可能具备出色的技术或者丰富的国际管理经验，具有更大的文化适应性，同时，其管理成本比外派员工要低。第三国员工也有不足：所在国对来自特定国家的人员具有敏感性，可能在所在国员工的合作上会有一些被排斥的情况发生，他们的任职可能受制于所在国就业政策的限制。

（二）选聘外派员工的标准

外派人员可以分为四类：公司高层领导人、重要职能部门经理、解决难题的能手与一般员工。由于每一类人员的工作职责与当地文化接触程度以及在某个国家停留的时间不尽相同，因此对于特定人员的选拔标准是有区别的。对于国际化经营人员来说，具备一些特殊的个性、性格、知识以及适应环境的自我定位能力非常重要。选聘外派员工主要应考虑以下几个标准。

1. 适应能力

个人对环境变化的适应能力是针对本国外派人员和第三国人员的首要能力。在国外为本国公司工作的外派人员必须对当地的文化特别敏感，而在本国为外国公司工作的当地人员则必须尽快适应子公司的要求和工作方式。

2. 独立工作能力

在国外工作的管理人员要能够独当一面，有更强的独立工作能力，因为他们往往需要对复杂多变的外部环境，在不请示国内母公司总部的情况下在现场独立地做出决策和应对。

3. 年轻与年长者优势结合

外派年轻的管理者，由于受现代教育与全球经济一体化观念的影响，更乐于到海外任职，也愿意更多地了解外国文化。但是年长的管理者更有经验、更加成熟，这也是海外任职所需要的。为同时利用这两种人的优势，很多公司将年轻人和年长者同时派往海外的同一机构，以便取长补短、互相学习、相得益彰。

4. 健康与家庭状况

外派的管理者人员必须有良好的身体和精神状态，他们应该精力充沛并喜欢旅行。同时，海外任职会影响员工的配偶及其子女。

5. 意愿与责任感

外派海外管理者的标准是个人有驻外工作的意愿和对工作的责任感。只有真正选择了从心理上接受海外工作的员工，才能提高外派人员的成功率，降低外派人员的失败率。

（三）跨国公司招聘员工应注意的问题

1. 适应当地的劳动法和社会传统

许多跨国公司的海外子公司在选择、招聘员工时，时常面临当地缺乏有经验的管理者和技术人员以及熟练员工，而非熟练员工又供过于求的情况。有些国家雇用员工必须通过政府的劳动就业部门。劳动就业部门或是简单推荐人员给跨国公司，或是只批准跨国公司在特定的区域内招聘特定的工种。在日本，外国公司难以雇用到优秀的员工，有些日本人宁愿"留守家中"为本国公司服务，也不愿意为外国雇主服务。许多国家制定更加自由的劳动法规同时指导工会的活动，其结果往往是员工的期望增加，要求更高的工资。因此，海外子公司在招聘员工时，必须注意当地的劳动法规等有关规定。

2. 注意所在国的种族、民族和宗教

所在国的种族、民族和宗教等问题也困扰着跨国公司的子公司的人力资源招聘与选择，有些情况若要尊重所在国的劳动法规，就会与母国的文化发生冲突。在某些多民族或多种族的国家，人们的社会地位与种族或民族有关。因此，子公司选择员工时必须注意这些问题。在雇用当地特殊的员工时，有些意外事件也会发生。例如，在一个多文化的社会里，来自某个宗教组织的成员可能难以被另一个宗教组织的成员接受。因此，海外子公司在招聘时要注意不能与所在国的宗教信仰相冲突。

3. 雇用和提升当地人

几乎所有国家的法律都要求雇用和提升当地人员。大多数国家，特别是发展中国家都要求外国企业雇用一定比例的本国人，经过一段时间后，完全雇用本国人。

二、国际化人力资源配置

国际化人力资源配置要本着"思维全球化和行动当地化"的原则来进行管理。通常跨国公司在海外进行投资，就必须雇用相对一部分当地员工。这主要是因为当地员工熟悉当地的风俗习惯、市场动态以及政府方面的各项法规，而且和当地的消费者容易达成共识，雇用当地雇员无疑方便了跨国公司所在国当地拓展市场、站稳脚跟。

近几年跨国公司人力资源配置本土化趋势已日趋明显。从本土化程度看，来自不同的国家、不同行业的跨国公司以及不同的所在国在人员配置方面表现出不同的特征。从母国看美国跨国公司海外子公司人员的本土化程度最高，日本跨国公司海外子公司依然倾向于使用外派人员，欧洲不同国家的跨国公司国外的子公司本土化差异程度差别明显，但基本上居于美国、日本两个极端之间。从所在国角度看，设在发达国家的跨国公司子公司的人员本土化程度普遍高于设在发展中国家和地区的子公司。从人员配置上的层次上看，跨国公司在高级管理职位上往往大量使用母国外派人员，在中级管理职位上更多地使用所在国人员，而在低级管理职位上则主要启用所在国人员，基本上不使用或仅使用少量外派人员。同一级别的职位表现出来的本土化程度也不相同，人力资源管理者是本土化最高的职位，而财务管理者这个职位的本土化最低。

三、国际化人力资源培训与开发

国际化人力资源培训按照人员的来源可以分为外派人员的培训、所在国员工的培训和第三国人员的培训。培训一般要针对不同的对象制订不同的培训计划和内容，使外派人员或在第三国招聘的员工尽快适应工作环境，提高工作技能，主要从以下几个方面入手。

1. 培训对象

国际化人力资源培训与开发的对象是不同的，具体有如下几种类型：一是新员工上岗培训。这类培训计划一般是对新员工进行引导性培训，并常常是基础性的，如安全培训、管理培训、文化培训、业务培训等。二是专业技术员工的培训。技术员工的培训计划通常是由设在特定地点的培训班进行的。这类培训涉及技术理论、知识和技能，包括技术工艺、质量控制、程序编制、维修、新技术运用等。这种课程大部分是内部的，因为它们与跨国公司的特定技术和工作方法相关，常常涉及公司的商业机密。三是管理人员培训。这类培训计划包括经营管理、数据处理、人力资源管理、市场营销、会计核算、统计分析、组织文化等方面的知识培训。此类人员培训常常由母公司组织，而且经常反复培训，以便跟上新产品和新技术的最新发展。

2. 培训目标

在岗位分析和工作绩效分析的基础上，确定培训需求，建立具体、可量度、能实现的培训目标。国际化人力资源培训的主要目标包括：全面提高企业员工的技能和文化素质；提高派往国外的员工的跨文化技能；通过对员工行为，尤其在文化差异管理能力方面培训来提高员工的工作效率；提高员工在不同文化背景下的人际交往能力，改善顾客与员工之间的关系；在开展海外业务时减少文化冲突，并为员工提供更多的跨文化经历。

3. 培训内容

根据国外的成功经验，跨文化培训可以分为四个阶段，并有对应的内容：一是预备教育阶段。时间一周左右，主要内容包括所在国的情况介绍、文化差异、工作任务、职责与待遇、家庭安排等。二是启程前教育阶段。时间一般为5天左右，其内容包括所在国的语言训练（主要加强口语和听力训练），从不同角度进行跨文化的教育，介绍旅途和抵达后的注意事项，遇到紧急情况的处理办法等。三是抵达后教育阶段。这个阶段主要介绍公司情况、周围环境以及所在国公司的实际工作情况等。四是回国前训练阶段。这个阶段主要是外派人员调回本国前给予的训练，以便最大限度地减少回国时可能遇到的问题。

4. 培训模式

国际化人力资源培训模式主要有以下几种：

（1）角色扮演模式。即假设一种特定的工作环境，由若干个受训者组成小组，代表不同的部门和个人，扮演各种指定的角色，如总经理、人力资源经理、财务总监、营销经理、秘书、会计等。他们针对特定的条件、环境及工作任务进行分析、决策和运作。

（2）职务轮换模式。职务轮换是避免职务专业化及其缺陷的一种方式，从而使员工的活动得以多样化，避免产生厌倦，使管理者更全面地掌握企业各种职能的管理知识和艺术。

（3）工作指导培训模式。工作指导培训是在职培训中极为有效的方式，可以快速并大量地培养新员工。培训实施者首先解释和示范工作内容后让受训者能完全独立工作为止；或者是由高级技术人员对一般技术人员予以现场指导和培训，对错误和偏差做出指正，提高一般员工的技能水平。

这种工作指导培训模式对受训者完成相对单一的工作任务非常有效，其有效性归功于为受训者提供了广泛的练习机会并能得到帮助性很强的信息反馈。

（4）案例教学模式。案例教学是提高管理人员决策能力及其分析和解决问题的能力的有效培训模式，它要求受训人员积极参与而不是被动接受。案例教学取材于真实的经营环境，采用相似的组织机构、人员关系和时间，运用同样的资源约束、竞争压力、数据和信息，训练学员的战略、政策观点和实际处理问题的能力。案例教学时，将学员置于模拟的商业工作环境之中并且替代需要做出一系列决策的业务经理的位置。这些真实、特定的案例要求受训者提出经过深思熟虑的分析，进行公开的辩论，并且最后做出应当采取行动的决策。但在案例教学培训时要注意：一是注重案例的精选，要有代表性；二是培训教师要结合教学内容和培训目标来选择案例；三是案例要能启迪管理人员阐述的观点。

（5）头脑风暴模式。头脑风暴模式是一种通过会议的形式，让所有参与者在自由愉快、畅所欲言的气氛中，相互陈述、提问和追问，自由交换想法或点子，不断地进行思想碰撞激发与会者创意及灵感，以产生更多创意的方法。一般员工、管理者、监督者、高层领导都可以参与，培训的目标是培养参加人员的创造性能力，激发创造性思维，以得到创造性构想。学习和掌握这一方法，不仅能培养员工的创造性，还能提高工作效率，塑造一个富有创造性的工作环境。

（6）高级管理人员培训模式。很多人认为培训就是对员工的再教育。事实上，从某种意义上讲，高级管理人员更应该接受培训，因为高级管理人员的职责是对整个企业的经营管理负责，其能力、知识和态度都是关系企业生死成败的关键。但由于培训对象的特殊性、过程的特殊性，对其采取的培训方法应灵活、简单。主要方法有：①座谈法。即高级管理人员与培训专家坐在一起交流，专家将信息传递给高级管理人员，达到培训的目的。②讨论法。即一位或几位专家来与高级管理人员一起探讨某个或几个问题，高级管理人员在辩论、认同、反驳、总结的过程中，必将获得对企业未来趋势较清楚的认识。③考察法。企业高级管理人员参与各种社团、集会和经济论坛等组织的活动，通过接触社会上的各种人物和专家，从中得到信息，获得知识的积累。

四、国际化人力资源绩效管理

国际化人力资源绩效管理比国内人力资源绩效管理更复杂、更具有挑战性，这是因为需要考虑更多的因素，如公司的整体经营战略、母国与所在国业绩的不可比性、国际环境的多变性、跨国业务发展的不同阶段和成熟程度、不同类型人员的不同考核指标、绩效评价者的不明确性等。国际人力资源绩效管理主要包含以下几个要点。

1. 绩效计划

跨国公司要为各种类型的员工确立绩效目标，并制定绩效标准。无论是母国外派人员所在国员工还是第三国员工，他们的绩效目标都必须明确，并要注意绩效标准的具体性和可测性。绩效目标分为硬性目标、软性目标和情境目标。硬性目标是可视的、可以量化并直接测量的，如销售额、市场占有率等；软性目标倾向于以关系和特性为基础，如领导人风格或人际技巧；情境目标则试图将绩效发生的情境作为考虑因素，例如，跨国公司经常通过金融工具在子公司之间进行交易来尽可能地减少外汇风险。

2. 绩效监控

跨国公司在跨地区、跨文化经营的同时，都必须有一套有效的制度和方法来监控绩效，以确定绩效有利于公司经营战略的实现与竞争力的提升。这也是母公司控制子公司运营的重要手段。一方面，管理者要持续不断地实施绩效沟通，将之贯穿绩效管理的整个过程，而不仅是年终的考核沟通；同时，重视双向的建设性沟通，以追踪绩效的进展、发现并解决问题。另一方面，做好信息的收集、观察和记录工作，为下一步的绩效评价做好资料上的准备。

3. 绩效评价

绩效评价是国际化人力资源绩效管理的核心环节。由于国际化人力资源的复杂性，使得绩效评价问题非常复杂。一般而言，国际化人力资源绩效评价需要重点关注以下两个问题。

（1）员工的绩效评价。不同的文化对员工绩效评价的衡量对象和方法都具有重要的影响。在权力距离比较大的社会，目标设定的过程存在着困难，因为高级管理人员拥有比较高的地位和权力，下属员工认为应该等待上级向自己布置工作任务，如果员工自己要求参与目标的制定则会被认为是越权，而高级管理人员如果试图让员工一起制定员工工作目标则被认为没有完成自己的工作。另外，在不确定性回避程度比较高的社会中，由于员工规避风险的程度高，他们往往不愿意承担有挑战性的工作，这也为目标的设定带来了困难。

许多员工绩效评价都注意到区分其文化的个人主义和集体主义，因为文化会影响评价方法的有效、评价结果的可接受性。要想使与某种文化差别较大的评价制度为员工所接受，需采用循序渐进的策略。其中，美国是个人主义倾向比较高的国家，他们信奉个人的权力、义务与报酬紧密联系的文化价值观，同时强调法律和机会上的平等。中国、日本及韩国是集体主义倾向比较高的国家，他们认为，员工是集体的一员，强调个体的绩效评价则试图将员工个体与集体分离开，因此，对员工集体的绩效评价比对员工个人进行评价更为重要。

（2）管理人员的绩效评价。对外派的管理人员进行绩效评价时会遇到一些特殊的困难突出的问题时缺少一个客观公正地评价这些外派管理人员的评价标准。如在文化差异、信息不充分、工作环境不稳定等方面都会导致绩效评价失误。要正确地评价外派管理人员，跨国公司在管理人员绩效评价的政策上要考虑以下几个方面：一是要客观估计外派管理人员工作环境的困难程度。例如，对于美国的跨国公司，它派到中国工作的管理人员的工作难度就显然要比它派到英国的管理人员的工作难度要大。因此，在绩效评价中对两个国家的外派管理人员的评价尺度就应该有所差别。二是在绩效评价中要以所在国当地的评价意见为主，以母公司总部的评价意见为辅。三是如果母公司总部确定最终的正式评价结果，最好征求一下被评价对象正在工作的国家和地区工作过的管理人员的意见，这样会减少评价偏差。四是根据外派管理人员工作地点的文化特征，对母公司的评价标准进行适当的修改，以增强绩效体系的适应性。

4. 绩效反馈

跨国公司的经营活动遍布各个国家，跨越不同的文化和语言，这就使得国际化人力资源绩效反馈异常复杂和困难。对于因地域上的分散而导致母公司与子公司之间，子公司与子公司之间信息交流及通信联系困难的情况，管理者要充分利用全球资源和机会，促使组织体系内部的母公司与子公司之间密切配合、互相协作、互通情报、交流信息，以尽可能保证绩效反馈渠道的畅通。另外，对于因语言不同而导致高级管理人员之间、管理人员与员工之间信息传递困难的情况，管理者要克服心理障碍，加强语言学习，重视换位思考，以实现绩效反馈及沟通无障碍。

五、国际化人力资源薪酬管理

国际化人力资源薪酬管理必须考虑当地劳动力市场的工资水平、劳动报酬方面的法规和文化倾向，同时还要与母公司的整体经营策略保持足够的一致性，各子公司的人力资源经理要为所在国的员工、母公司派出的员工和第三国的员工分别制定不同的薪酬制度。这里主要对国际化人力资源薪酬政策的目的与要求、多元报酬体系和外派人员的薪酬体系等方面进行介绍。

1. 国际化人力资源薪酬政策的目的与要求

跨国公司在各个国家子公司的人力资源经理在工作中面临着很多困难，在不同的国家对于员工的养老金、社会保障、医疗保险和其他各种福利的管理规定存在着很大的差别。例如，在有些国家的公司在传统上要为员工提供住房、上下班的交通条件和年终奖奖金，而在另外一些国家却不是这样。所以，国际化人力资源制定薪酬政策要做到：一是与跨国公司的总体战略以及企业的需求一致；二是能将人才吸引到跨国公司最需要的地方并留住他们，因此要有竞争性，而且要认识到诸如出国服务的激励、税收平等以及合理费用的报销等因素的作用；三是要有利于公司以最经济的方式调动外派人员；四是要适当考虑行政管理的公平和方便。与此同时，外派人员的一些个人目标与需要通过公司的薪酬政策的实施得以实现，这些个人目标包括：获得在国外的福利、社会保险和生活费用等；增加收入；满足职业生涯发展和回国安排等方面的需要。

2. 国际化人力资源的多元化报酬体系

国际化人力资源需要多种不同的报酬体系，要为所在国的员工、母国派出的员工和第三国的员工分别开发出不同的薪酬制度。这方面的关键问题就是薪酬外部公平性问题和薪酬激励问题。由于在物价水平有所差别的不同国家工作，外派员工的生活费用有所差别，因此需要在整个组织范围内执行统一的与工作性质相适应的基本工资，然后根据员工所在的国家和地区的具体情况，用各种专项补贴来实现薪酬的公平性。此外，与国内员工相比，外派员工的薪酬公平性在实现上会涉及特殊的国别差异问题。解决这一问题的方法是国际化中的购买力平等化方法，即外派员工的薪酬水平至少应该使他们在所在国保持与在本国时相同的住房条件、商品和服务水平以及储蓄水平，如果出现缺口则由公司来弥补。当前多数跨国公司对外派员工实行海外服务奖金或津贴制度。

3. 外派人员的薪酬体系

外派员工薪酬主要包括基本薪酬、税务补偿、奖金、出国服务奖励或艰苦条件补贴、津贴和福利等。

（1）基本薪酬。确定外派员工基本薪酬有两种方式：一种是采用本国标准，即与员工来源国同类职务的薪金水平相联系，依他们的国籍不同而完全不一致，这容易产生不公平的问题；另一种是与本公司系统内各级职务的薪金水平相联系，同级同酬，这种做法较好地实现了公正，但当跨国公司活动的国度经济发展水平与本国差距较大时，又带来了与当地工资水平悬殊的矛盾,因此需要靠奖金和津贴等补充形式做适当的调整。

(2)税务补偿。外派员工会面临双重纳税的问题。一方面,在外国的收入首先要在收入发生地交纳个人所得税;另一方面,在员工本国的纳税义务。比如,美国要求其公民对在其他国家所得收入进行纳税,即使他在该国已经纳税。雇主负责向本国或所在国支付个人所得税,数额用员工税前收入中扣除。对双重纳税的问题,雇主可以通过税务补贴来解决。

(3)奖金。外派员工获得的奖金通常有两类:一类是与业绩相关的奖金;另一类是不与业绩联系,只与底薪联系的奖金。奖金包括海外工作奖金、满期工作奖金等项目。

(4)出国服务奖励或艰苦条件补贴。母国员工通常会收到一份奖金作为接受出国派遣的奖励,或作为对在派遣过程中所遇到的艰苦条件的补偿。出国服务奖励一般为基本工资的5%~40%,根据任职、实际艰苦情况以及派遣时间的长短而有所不同。

(5)津贴。津贴是对员工在海外工作支付的补助,通常包括以下项目:住房津贴、生活费用津贴、探亲补贴、子女教育津贴、搬家费、特权享受津贴和配偶补助等。

(6)福利。与货币形式的薪酬相比,国际福利更复杂,需要解决许多问题。由于各国的福利管理实务之间存在很大的差异,因此使得养老金计划、医药费和社会保险费等的转移变得很难。此外,一些适用于国际化人力资源的特殊福利值得关注。例如,许多跨国公司提供体现和特殊假期,作为驻外人员定期休假的一部分;每年的探亲福利中通常包括家庭成员回国的机票费,也包括为驻外人员的家属提供免费的机票去工作所在国附近的疗养地疗养。除疗养福利外,还有在艰苦地区工作的驻外人员应获得额外的休假费用和疗养假期。

六、国际化人力资源劳动关系

不同国家的劳动关系形式不仅来自文化方面的差异,也来自各国劳工组织特有的历史。在进入一个国家前,跨国公司一定要考虑工会对公司的影响程度,例如,英国工会是在没有政府干预的条件下发展起来的,这种缺乏政府干预的劳工关系使得资方和工人之间发展成强烈的对抗关系;德国文化更加注重规避不确定性,承认工会的合法性,政府强有力的作用促使劳资双方关系较为和谐的发展;法国的工会则有强烈的意识形态取向,这种意识形态的工会倾向于在同一组织中争夺工会成员,这样的后果是对资方有利而有损于工人的利益;日本的工会则被吸收进公司组织架构之中,并在很大程度上支持资方。不同国家的工会倾向于采取不同的组织架构,这反映了其不同的意识形态和取向。跨国公司在进行与其他国家相关的战略决策时,必须考虑与工会相处及相关劳动法的影响。此外,国际化人力资源管理要始终提高员工满意度作为员工关系管理的基础工作。例如,熟悉所在国的相关劳动法律法规,理解并尊重当地员工的信仰、风俗习惯,并将这些贯穿到日常管理政策的制定中;积极吸纳当地员工参与管理,进而促进劳资双方关系和谐,并使公司对当地的人文、市场等外部环境更加熟悉。

第三节 国际化人力资源跨文化管理

一、跨文化管理概述

跨文化管理是20世纪70年代后期在美国逐步形成和发展起来的一门新兴的边缘科学。它研究的是在跨文化条件下如何克服不同文化的冲突，进行卓有成效的管理。它研究的目的是在于如何在不同形态的文化氛围中，设计出切实可行的组织结构和管理机制，最合理地配置企业资源，特别是最大限度地挖掘和利用企业人力资源的潜力和价值，从而最大化地提高企业的综合效益。

（一）跨文化管理的含义

跨文化管理是指对不同文化背景的人、事、物的管理。美国著名管理学家彼得·德鲁克认为，国际企业的经营管理"基本上就是把政治、文化上的多样性结合起来进行统一管理的问题"。跨文化管理的重点就是针对不同的国家、不同形态的文化或者文化要素之间相互对立、相互排斥而发生的冲突，进行卓有成效的管理。

跨文化管理的核心是人的管理。一方面，跨文化管理的客体是人，即企业的所有员工跨文化管理的目的就是促进不同文化的融合，形成一种新型的文化，而这种新型的文化只有根植于企业所有员工的心中，通过企业员工的思想、价值观、行为才能表现出来，才能真正实现跨文化管理的目的，否则跨文化将流于形式。另一方面，实施跨文化管理的主体也是人，即企业的经营管理人员。在跨国公司中，母公司的企业文化可通过企业的产品、经营模式等转移到国外子公司，但更多的是通过熟悉企业文化的经营管理人员转移到国外分公司。在跨国公司的资源转移中，除资本外就数经营管理人员的流动性比较大。因此，跨文化管理的主体或关键是国际化人力资源管理，二者通常是相通的，跨文化管理的原理和规律可以指导并应用于国际化人力资源管理。

（二）跨文化管理的原因

跨文化经营具有相当的优势，这是跨国企业进行跨文化经营的动因和机遇。但是跨国公司在跨文化经营过程中，不可避免地要碰到因为文化差异而引起的冲突。这些矛盾和冲突如果正确对待，不仅不会形成障碍，而且会是企业发展的动力和创新的源泉，相反，如果企业不能正确认识和对待跨文化冲突，企业很可能就会陷入一个内耗严重、士气低落、经济效益持续下降的困境之中。所以，研究在跨文化条件下如何进行有效管理的问题非常重要。跨文化管理的形成主要有以下几个原因。

1. 文化差异的客观存在

文化差异的存在是不证自明的，没有人能否认世界文化的多元性，从有人类以来，不同的地理环境、气候环境决定了人们不同的思维方式、语言、价值观念、风俗习惯、宗教信仰、法律规范、管理方法、经营理念以及组织架构等。再加上历史的偶然因素，就形成了人类世界具有丰富异质性的文化现象。目前，世界上主要有两种大的文化流派，即西方文化与东方文化。西方人注重培养自立自强的精神，决定了西方人的独立个体自强的意识。东方人注重集体主义精神，决定了东方人团结合作意识。由此可见，由于生活环境的差异，导致了世界各地的文化差异，而这种差异是导致跨文化管理的客观原因。

2. 跨文化的认识方式

文化的差异是客观存在的，但是如果企业管理者能够正确认识文化差异，并且采取相应的措施进行跨文化管理，不仅能消除跨文化冲突所带来的负面影响，而且还会充分利用文化差异，有效地配置跨国公司的人力资源。所以文化差异的客观存在还不是跨文化管理的主要原因，主要原因是企业管理者和员工的跨文化认识问题。一般来说，在跨文化差异问题上有以下几种错误的认识因素。

（1）无视文化因素。由于企业管理人员或者员工没有足够深入探究行为背后的价值观和规范，无视文化因素的存在，导致企业管理中跨文化的矛盾与冲突的产生。事实上，文化因素无处不在，只有善意理解文化因素，才有可能在文化的意义上避免误解和沟通不畅，从而避免企业中的信息孤岛和文化短路。

（2）缺少对本国文化和所在国文化的了解。由于文化的范围非常广泛，涉及企业管理中的各个方面，企业的管理人员要充分了解和熟悉本国文化都需要较长的时间，要了解所在国的文化内涵，更需要艰苦的努力。这就使得企业的管理人员虽然意识到了文化因素的存在，但是并不能深刻了解或者全面了解异质文化内涵。即使管理人员付出了相当多的努力来熟悉异质文化，但管理人员固有的文化体系也制约着其对新文化的理解。文化引导着人的心理建构，心理建构则深刻影响着人的观察方式、行为方式和决策方式，影响着人的思维结构。在个固有文化体系中成长起来的个人，具有一定的文化局限性，固有的思维结构和知识结构会形成对其认识的文化桎梏。这样就会不可避免地产生文化冲突。

（3）假设相似。这是指人们想象的或以为认识到的相似性在客观观察中并不存在。这种假设相似是因为人们往往有寻求共同点以建立良好的人际关系的愿望。人们往往从感情上愿意很快找到人或文化之间的相似之处，而这些相似之处并不存在，这种现象的结果就是幻想的、实际并不存在的互相理解以及盲目认为的误解，这样就形成了跨文化工作团队合作中的困难。

（4）文化自恋。文化自恋也就是一种种族优越感，是指认定一种种族优越于其他种族认为自己的文化体系比其他文化价值体系优越。如果一位跨国公司的管理者以此观点对待所在国的人，他就可能被当地人所记恨，也可能遭到抵制，这样他就无法管理该公司。

以上四个方面是企业跨文化管理中存在的四个认识方面的原因。认识方面的原因是根本原因。文化的客观差异是我们不能改变的，但是我们可以通过学习、交流、沟通来改变我们的认识，只有这样，跨文化管理中的问题才能得到圆满的解决。

3. 跨文化冲突

文化冲突是指不同形态的文化或者文化要素之间产生的冲突，又包含了在一家公司内部由于员工来自不同的文化背景而产生的冲突。文化冲突必然导致跨文化沟通障碍。跨国公司合作经营的实践表明，合资公司内部因为来自文化价值观的碰撞而导致的合作双方的对峙、冲突越来越多，进而造成公司组织机构的低效率和市场机会的丧失样的跨国合资公司很有可能在新一轮的竞争中陷入困境，甚至被市场淘汰。

（三）跨文化管理的作用

跨文化管理的作用主要表现在以下几个方面。

1. 有利于解决文化冲突问题

当跨国公司实施跨国经营活动时，来自不同文化的概念、价值观以及态度等也进入了所在国，这种跨文化交流无疑给其他国家和本国的企业员工带来了文化冲突和挑战。在跨国公司内部，来自不同文化的成员间的绝大多数误会、冲突和交际障碍都可以归咎于各种特有的文化要素，这些障碍包括错误的概念、成见、文化敏感缺损，或者干脆就是文化上的歧视。跨文化管理能够为持不同文化价值观的员工建立良好的跨文化沟通渠道和有文化融合力的组织机构和运行机制，从而更好地解决跨国公司面临的文化冲突问题。

2. 有利于促进全球化和本土化的优势互补

在全球化和本土化之间达到平衡是跨国公司战略制定与实施的基本原则，也是获得全球市场竞争优势的战略保障。通过有效的人力资源跨文化整合，跨国公司可以根据自身的经营目标、竞争实力和企业所在国的文化环境以及母国文化与所在国文化之间的差异来选择不同比例的全球化与本土化相结合的战略，最后决定是采用地方本土化战略，还是采用全球标准化战略，以及最大限度地实现全球化和本土化的优势互补。

3. 有利于增强跨国公司的核心竞争力

企业跨国经营面临的是具有诸多差异的经营环境，企业经营环境的文化差异是企业跨文化管理的现实背景。对于跨国企业而言，企业创新的重要动力来自当地顾客的个性化、多样化需求。因此，只有在了解、融入当地文化的基础上，才能更有效地开拓占领当地市场，满足客户需求。跨文化管理有利益融合不同国家的管理人员之间的文化传统和思想差异，形成跨文化沟通与和谐的具有所在国特色的经营理念，有利于企业开拓国际市场，增强企业的国际竞争力。

二、跨文化管理的策略

跨国公司跨文化人力资源整合的策略有以下几种。

（一）文化本土化策略

跨国公司的国外子公司为了在所在国或地区实现市场利益最大化，充分满足本地市场的需求，适应本地区文化，利用本地区人才和经营组织销售适应特定地域的产品和服务。

本土化策略包括生产经营本土化、科研开发本土化、人力资源管理本土化、市场观念本土化。其中，人力资源管理本土化对于形成跨文化沟通具有重要意义。跨国公司的海外子公司无论是管理者还是普通员工，一般都在所在国招募、选拔及任用。这样有利于跨国公司降低海外派遣人员和跨国经营的高昂费用，有利于与当地社会文化融合、减少当地社会对外来资本的危机情绪；有利于子公司在所在国任用管理人员方面，主要考虑的是该员工的工作能力及与岗位的匹配度，选用最适当该岗位的职员。

（二）文化相容策略

格局不同文化相容的程度又可以细分为两个不同的层次：一是文化的平行相容策略，这是文化相容的最高形式，习惯上称为"文化互补"。就是在跨国公司的子公司中并不以母国的文化或是开发国的文化作为子公司的主体文化。母国文化和所在国文化之间虽然存在着巨大的文化差异，但却并不排斥，反而互为补充，同时运行于子公司的操作中，充分发挥跨文化的优势。一种文化的存在可以充分弥补另外一种文化的许多不足及其比较单调的单一性。美国肯德基公司在中国经营的巨大成功可谓是运用跨文化优势，实现跨文化管理成功的典范。二是隐去二者的主体文化，采用和平相容策略。就是虽然跨国公司中的母国文化和所在国文化之间存在着巨大的文化差异，而二者文化的巨大不同也很容易在子公司的日常运作中产生"文化摩擦"，但是管理者在经营活动中却刻意模糊这种文化差异，隐去二者文化中最容易导致冲突的主体文化，保存二者文化中比较平淡和微不足道的部分。由于失去了主体文化那种对不同国籍的人所具有的强烈影响力，使得不同文化背景的人可以在同一公司中和睦相处，即使发生意见分歧，也很容易通过双方的努力得到妥协和协调。

（三）文化创新策略

文化创新策略即母公司的企业文化与国外子公司当地的文化进行有效的整合，通过各种渠道促进不同的文化相互了解、适应、融合，从而在母公司和当地文化基础之上构建一种新型的国外子公司企业文化，以这种新型文化作为国外子公司的管理基础。这种新型文化既保留着强烈的母公司企业文化的特点，又与当地的文化环境相适应；既不同于母公司企业文化，又不同于当地企业文化，是两种文化的有机整合。因为要从全世界角度来衡量一国或地区文化的优劣是根本不可能的，这中间存在一个价值标准的问题，只有将两种文化有机地融合在一起，才能既含有母公司的企业文化内涵，又能适应国外文化环境，从而体现跨国企业的竞争优势。

（四）文化规避策略

这是当母国的文化与所在国的文化之间存在着巨大的不同，母国的文化虽然在整个公司的运作中占了主体，可又无法忽视或冷落所在国文化存在的时候，由母公司派到子公司的管理人员，就必须特别注意在双方文化的重大不同之处进行规避，不要在这些"敏感地带"造成彼此文化的冲突。特别在宗教势力强大的国家更要注意尊重当地的信仰。

（五）文化渗透策略

文化渗透是个需要长时间观察和培育的过程。跨国公司派往所在国工作的管理人员，基于其母国文化和所在国文化的巨大不同，并不试图在短时间内迫使当地员工服从母国的管理模式。而是凭借母国强大的经济实力所形成的文化优势，对于公司的当地员工进行逐步的文化渗透，使母国文化在不知不觉中深入人心，东道国员工逐渐适应了这种母国文化并慢慢地成为该文化的执行者和维护者。

（六）借助第三方文化策略

跨国公司在其他的国家和地区进行全球发展时，由于母国文化和所在国文化之间存在着巨大的不同，而跨国公司又无法在短时间内完全适应由这种巨大的"文化差异"而形成的完全不同于母国的所在国的经营环境。这是跨国公司所采用的人力资源管理策略通常是借助比较中性的，与母国的文化已达成一定程度共识的第三方文化，对设在所在国的子公司进行控制管理。用这种策略可以避免母国文化与所在国文化发生直接的冲突。如欧洲的跨国公司想要在加拿大等美洲地区设立子公司，就可以先把子公司的海外总部设在思想和管理比较国际化的美国，然后通过在美国的总部对在美洲的所有子公司实行统一的管理。而美国的跨国公司想在南美洲设立子公司，就可以先把子公司的海外总部设在与国际思想和经济模式较为接近的巴西，然后通过巴西的子公司总部对南美洲其他的子公司实行统一的管理。这种借助第三国文化对母国管理人员不了解的所在国子公司进行管理，可以避免资金和时间的无谓浪费，使子公司在所在国的经营活动迅速有效地取得成果。

（七）文化占领式策略

文化占领式策略是一种比较偏激的跨文化管理策略，是全球发展企业在进行国外直接投资时，直接将母公司的企业文化强行注入国外的子公司，对国外子公司的当地文化进行消灭，国外子公司只保留母公司的企业文化。这种方式一般只适用于强弱文化悬殊，并且在当地消费者能对母公司的文化完全接受的情况下采用，但从实际情况来看，这种模式采用得非常少。

总之，全球跨国企业在进行跨文化管理时，应在充分了解本企业文化和国外文化的基础上，选择自己的跨文化管理模式，从而使不同的文化达到最佳组合，形成自己的核心竞争力。

三、跨文化管理的人员整合方法

在跨文化企业中，组织文化的不同导致其人力资源管理方式不同。组织文化的距离越大，其人力资源管理方式的差异越大，可能带来的矛盾与冲突会更严重。为避免或解决这种矛盾与冲突，需要在具体实施跨文化人力资源管理中了解具体的人员整合方法。主要内容有以下几个方面。

（一）进行跨文化培训

培训对于企业来说至关重要。培训是更新员工知识体系、改变员工思维系统，对员工进行再教育的重要途径。跨文化培训的主要内容包括：对本企业的组织文化和所在国民族文化的认识与了解；文化的敏感性、适应性的训练；语言学习；跨文化沟通与冲突的处理能力培训；地区环境模拟等。通过培训，可以使参加学习者深刻认识并理解不同文化之间存在的客观差异，能够主动地、有意识地从文化差异的角度理解问题。通过培训，还可以使参加学习者更好地认识、理解自己文化和其他文化的发展、变化、优势和不足，能够主动地吸收异质文化中使用价值高的文化特质为我所用，提高自己的管理水平。通过培训，还可以使参加学习者掌握不同的背景知识，掌握与人打交道的技巧，改变态度和偏见。

要做好企业的跨文化培训工作，需要企业在甄选员工时，除了注重良好的敬业精神，还必须选拔那些思想灵活、具有一定的适应能力和创新能力，能接受不同的意见，最好是那些受过不同文化教育、能运用不同语言的人。

（二）建立共同的价值观

跨文化管理的人员整合，是在企业内部建立一个被广泛认同的崇高的价值观体系，能够充分调动各方面的积极性和主动性，并在企业使命和价值观的背景下，进行员工之间的沟通和管理。价值观体系包括经营宗旨、价值观念、道德行为准则、组织结构整合。其中，价值观念是跨文化管理人员整合的核心，也是难度最大的一个问题。要把原来不同文化背景下员工的不同价值取向、处世哲学统一在一个价值观体系中，并给员工以心理上的约束和行为上的规范，比确定企业经营宗旨要复杂得多。事实上，一个企业缺乏明确的价值准则或价值观念不明确，是很难获得经营上的成功的。

（三）推进人力资源本土化进程

跨国公司的子公司在所在国推进人力资源本土化，是企业组织行为和人力资源配置的基本要求。本地的优秀员工及管理层更了解所在国消费者的需求，更能帮助企业将其一流的科学技术及其成功的经验扎根于所在国文化，为其在所在国的发展奠定基础。而且，他们熟悉当地的社会文化、生活习俗、法律法规，企业任用他们等于培养了自己的市场快速反应队伍，他们能够根据不同地区的市场变化，做出敏捷的反应，维护和提高公司效益。

（四）建立跨文化沟通机制

跨文化沟通是指来自不同文化背景的人们之间的信息传递过程。跨国企业在组织内部建立正式和非正式的跨文化沟通和学习机制，鼓励不同文化背景下的员工坦诚相待，表达自己的困惑和对问题的理解，减少由于各种文化差异而导致的沟通障碍，是实施有效沟通的前提。这就需要跨国企业高级管理层从制度上予以保障，举行定期的或者不定期的沟通会，或者通过电子信箱，举办员工聚会等方法给员工沟通提供便利。

（五）实施人本管理

"以人为本"是跨文化管理的核心。以人为本就是把人视为既是管理与服务的对象又是管理的积极参与者，视为企业的重要资源，通过经济和行政的手段，调动和发挥员工的积极和创造力，引导员工实现预定的目标。全球化经营企业在跨文化管理中必须强调对人的管理。既要让经营管理人员深刻理解母公司的企业文化，又要选择具有文化整合能力的经营管理人员到国外子公司担任跨文化管理的重要职务，同时还要加强对企业所有成员的文化管理，让新型文化真正在管理中发挥重要作用，从而使经营企业在与国外企业的竞争中处于优势地位。

本章小结

1. 国际化经营是指企业在国与国之间从事生产经营活动，包括在全国范围内实行生产资料的配置，以及其他超出国境的各种经营活动。
2. 国际化人力资源管理主要是指跨国公司的人力资源管理，是跨国公司在国际经营环境下，有效利用和开发人力资源管理活动或管理过程。国际化人力资源管理有四种国际化人力资源管理模式：①民族中心型管理模式；②多中心型管理模式；③地区中心型管理模式；④全球中心型管理模式。
3. 国际化人力资源的来源包括三个部分：母国来源、所在国来源和第三国来源。
跨文化管理是指对不同文化背景的人、事、物的管理。跨文化管理的核心是人的管理。一方面，跨文化管理的客体是人，即企业的所有员工。跨文化管理的目的就是促进不同文化的融合，形成一种新型的文化，而这种新型的文化只有根植于企业所有员工的心中，通过企业员工的思想、价值观、行为才能表现出来，才能真正实现跨文化管理的目的，否则跨文化将流于形式。另一方面，实施跨文化管理的主体也是人，即企业的经营管理人员。

参考文献

[1] 陈维政,余凯成,黄培伦. 组织行为学高级教程[M]. 第2版. 北京:高等教育出版社,2015.

[2] 方振邦,徐东华. 战略性人力资源管理[M]. 第2版. 北京:中国人民大学出版社,2015.

[3] 董克用. 人力资源管理概论[M]. 第4版. 北京:中国人民大学出版社,2015.

[4] 赵曙明. 人力资源战略与规划[M]. 第3版. 北京:中国人民大学出版社,2012.

[5] 彭剑锋. 战略人力资源管理:理论、实践与前沿[M]. 北京:中国人民大学出版社,2014.

[6] 秦志华. 企业人力资源管理原理[M]. 北京:清华大学出版社,2008.

[7] 王吉鹏. 企业文化热点分析[M]. 北京:中国发展出版社,2006.

[8] 何国玉. 人力资源管理案例集[M]. 北京:中国人民大学出版社,2004.

[9] 曹嘉晖,张建国. 人力资源管理[M]. 成都:西南财经大学出版社,2009.

[10] 黄维德,刘燕. 人力资源管理实务[M]. 上海:立信会计出版社,2002.

[11] 萧鸣政. 人员测评理论与方法[M]. 北京:中国劳动社会保障出版社,2004.

[12] 张德. 人力资源开发与管理[M]. 北京:清华大学出版社,2001.

[13] 张呈综. 人力资源概论[M]. 杭州:浙江大学出版社,2010.

[14] 卿涛. 人力资源管理概论[M]. 北京:清华大学出版社,2006.

[15] 张海枝. 人力资源管理[M]. 重庆:重庆大学出版社,2014.

[16] 初宇平. 人力资源管理教程[M]. 北京:中国经济出版社,2016.

[17] 伍娜. 人力资源管理——理论、方法与实务[M]. 成都:西南财经大学出版社,2017.